COLLECTION CADOT

UN FRANC LE VOLUME

1 fr. 25 cent. pour les pays étrangers.

LOUIS NOIR

LE
COUPEUR DE TÊTES

PREMIÈRE SÉRIE

PARIS

DEGORCE-CADOT, ÉDITEUR,

37, RUE SERPENTE, 37.

LE COUPEUR DE TÊTES

OUVRAGE DU MÊME AUTEUR.

Jean Chacal . . . . 1 vol.

Sceaux. — Imprimerie E. Dépée.

LOUIS NOIR

LE COUPEUR DE TÊTES

PARIS
A. DEGORCE-CADOT, EDITEUR
37, RUE SERPENTE, 37

LE COUPEUR DE TÊTES

PROLOGUE

La scène que nous allons décrire se passait quelques mois avant le drame que nous tentons de raconter ; elle fut le point de départ de cette émouvante série d'événements dont les uns, mystérieux et sombres, semèrent au loin l'épouvante et l'inquiétude ; dont les autres, éclatants et glorieux, étonnèrent l'Afrique entière, et donnèrent une immortelle renommée à cette petite troupe de chasseurs de lions, d'autruches et d'antilopes qui réalisa l'une des plus audacieuses entreprises des temps modernes ; et ce, au milieu d'innombrables périls, d'obstacles invincibles, de péripéties sanglantes, avec une mort affreuse en perspective et le plus splendide résultat qu'une imagination humaine puisse concevoir. Après avoir conduit nos lecteurs au fond de ces régions inconnues, où se trouvaient ensevelies d'incalculables richesses, dont le hasard révéla la trace aux deux héros de notre drame, nous laisserons dormir dans les sables ces trésors presque fabuleux jusqu'au dénoûment terrible de cette œuvre gigantesque.

Ce début pourra sembler bizarre.

Forcé de suivre pas à pas les différentes phases de cette

histoire vraie dans ses plus petits détails, nous étant imposé le devoir d'être de la plus scrupuleuse exactitude, nous ne sommes pas maître d'agencer ce récit à notre guise.

C'est en plein désert que débute ce drame. C'est en plein désert que nous le ferons commencer. . . . .
. . . .

I

Les tombes ouvertes.

Il fait nuit.

Une nuit d'Afrique, étincelante de clarté.

Le ciel, resplendissant des feux qui scintillent dans l'azur, verse à flots la lumière sur une immense plaine qui, fauve espace, s'étend à perte de vue, morne et désolée.

Plus triste que la mer, cette étendue silencieuse, que rien n'agite, porte au cœur un vague effroi.

Rien dans l'air.

La brise est muette.

Rien sur terre.

Le sol est d'une aridité désespérante.

Pas un brin d'herbe.

Pas un cri de bête fauve.

Pas un chant d'oiseau.

C'est la solitude absolue, c'est le désert!

Ce silence de mort pèse lourdement au voyageur qui s'égare dans ces profondeurs ; son âme y éprouve toutes les angoisses de l'isolement et une terreur intense le saisit.

Rares du reste sont ceux qui s'y aventurent.

Pourtant, loin du chemin des caravanes, deux silhouettes se profilaient sur la surface plane du sol.

C'étaient deux chasseurs européens, deux de ces hommes qui s'en vont, sans peur, guetter l'autruche aux abords des oasis, bravant le yatagan des Arabes, la dent des panthères et les fureurs du simoun, ce vent qui brûle et qui tue.

Que venaient-ils faire dans cette région perdue à cent lieues de toute fontaine, de toute tribu !

Là, point de pâturage pour l'antilope : point de gibier ; point d'amis, ni d'ennemis ; personne...

Ils étaient armés jusqu'aux dents ; ils marchaient d'un pas rapide et n'échangeaient pas un mot.

Ils semblaient aller droit à un but.

Mais quel but ?

La plaine était unie, aussi loin que l'œil pouvait s'étendre.

Tout à coup ils s'arrêtèrent.

— Nous approchons, dit l'un.

L'autre regarda autour de lui, puis se courba sur le sable et le tâta de la main.

— Oui, dit-il, nous ne sommes plus éloignés.

Ces voix avaient un timbre étrange au milieu du calme qui régnait.

Tous deux, ils dégagèrent leurs baguettes de fusil et les enfoncèrent dans le sol ; puis ils attendirent quelques minutes, les retirèrent et passèrent le fer entre leurs doigts, les examinant ensuite aux rayons de la lune.

— Nous y sommes, dit l'un.

— Nos baguettes sont très-humides, dit l'autre, le puits n'est pas profond.

— Combien devons-nous avoir d'avance sur les Mozabites ? demanda le premier.

— Depuis le jour où nous surprîmes leur secret, nous avons dû les devancer de sept heures ; j'ai calculé notre marche pour qu'il en soit ainsi ; du reste, on ne voit rien absolument à l'horizon.

— Mangeons et buvons alors.

Ils s'assirent.

D'un lourd sac, chacun tira un biscuit, de la viande séchée et fumée, et fit un frugal repas.

Les deux chasseurs burent dans une gourde qui pouvait

contenir dix litres de liquide, une gorgée d'eau mêlée d'absinthe, puis ils se mirent à causer.

C'étaient deux hommes remarquablement beaux, ayant l'un trente ans, l'autre vingt environ ; ils avaient des traits fins et distingués, des têtes d'une rare énergie et l'apparence robuste d'hommes accoutumés à vivre en plein air au milieu de fatigues incessantes.

Leurs allures étaient farouches.

Leurs figures étaient loyales.

Après avoir fini leur repas, ils commencèrent à creuser dans le sable deux trous de la longueur d'un homme ; de temps à autre, ils se couchaient dedans ; puis ils se relevaient et recommençaient leur travail.

On eût dit qu'ils se préparaient des tombes.

Ils échangeaient quelques paroles de temps à autre ; c'était un dialogue entrecoupé.

Enfin, ils finirent leurs fosses, car c'était de véritables fosses.

— Maintenant, dit l'un, enterrons-nous !

Ils échangèrent une poignée de main cordiale, placèrent au fond du trou leurs armes et les autres objets qui leur appartenaient, puis ils s'étendirent au fond de ces tombes.

— Pourvu, dit le plus âgé, qu'ils n'arrivent pas avant que la brise n'ait soufflé.

— Elle se lève dans une demi-heure, dit l'autre après avoir regardé les étoiles ; nous ne risquons rien.

Au désert le vent souffle à de certains moments bien connus de ceux qui le parcourent.

Couchés dans leurs trous, les chasseurs ramenèrent avec leurs bras le sable sur leurs corps qu'ils ne purent ensevelir complétement ; mais quand ils eurent fait tout ce qu'ils pouvaient faire de cette besogne, ils se tinrent immobiles, laissant au vent le soin de finir le reste.

Ils avaient placé dans leurs bouches un roseau qui devait dépasser le sol et leur apporter de l'air aux poumons.

Vers onze heures du soir, la brise s'éleva brusquement et de son aile cingla les sables.

Il arriva ce qui arrive toujours dans les plaines poussiéreuses ; sous un vent fort, les creux se comblent avec une rapidité surprenante; c'est ce qui fait que le pied n'y laisse point de traces et qu'elles sont unies comme des lacs.

Peu à peu il ne resta plus apparence du travail fait par les chasseurs.

Cette ruse est fréquemment employée au désert où des troupes entières se dérobent de la sorte aux poursuites, pour peu qu'elles aient une avance de plusieurs heures sur leurs adversaires.

Le jour vint.

Deux hommes étaient sous le sol, respirant et vivant; mais nul ne s'en fût douté.

Deux *tombes ouvertes,* comme disent les Arabes!

II

La tombe fermée !

Les heures s'écoulèrent lentes, bien lentes sans doute pour les chasseurs.

L'aurore vint.

A l'horizon, rien ne parut.

Peu à peu pourtant, à mesure que le soleil, se dégageant d'une brume empourprée, montait dans le ciel, trois ombres noires surgissaient vers le Nord ; c'étaient trois Mozabites. Comme tous les Sahariens, ils portaient le burnous brun et marchaient la face demi-voilée ; on eût dit des spectres tranchant, par leur sombre aspect, sur le fond éblouissant du sable jaune, aux reflets d'or.

Ils gagnèrent du terrain, grandirent, se dessinèrent plus nettement et arrivèrent enfin.

Comme les chasseurs, ils sondèrent le sol, reconnurent le voisinage du puits, le puits lui-même, mais une immense inquiétude s'était emparée d'eux ; ils tremblaient de tous leurs membres ; ils étaient pâles sous leur teint de bistre ; l'angoisse les étouffait.

Celui qui semblait dominer les deux autres et dirigeait leurs recherches se plaça sur le puits ensablé, s'orienta avec soin et se mit en marche.

Il fléchissait à chaque pas qu'il comptait et ses compagnons le suivaient haletant.

Tout à coup ils s'arrêtèrent tous trois.

En ce moment, le sable se soulevait légèrement à quelques cents pas d'eux; les deux chasseurs avaient dégagé leurs têtes, qui toutefois dépassaient à peine le sol; leurs cheveux ensablés ne permettaient point qu'on les distinguât.

Les deux chasseurs, par un mouvement des paupières, dégagèrent la poussière dont leurs yeux étaient couverts, et ils regardèrent dans la direction des Mozabites.

Ceux-ci avaient tiré de dessous leurs burnous des pioches arabes et des pelles, instruments légers à manche court; ils s'étaient mis à creuser avec une sorte de frénésie.

Leur travail dura longtemps.

Ils ouvrirent une sorte de tranchée au fond de laquelle ils s'enfonçaient à mesure que le travail avançait.

Tout à coup l'un deux poussa un cri, se baissa précipitamment et ramassa une poignée d'or.

Lui et ses deux compagnons, brisés par l'émotion, furent un moment paralysés, stupides, sans volonté et sans force; puis soudain se jetant sur leurs outils, ils déblayèrent le sable avec rage.

Ils mettaient à jour une couche de lingots, de pierres précieuses, de bijoux, de pièces de monnaie et, enfonçant leurs outils dans ces richesses amoncelées, ils n'en trouvaient pas le fond.

Il y avait là des millions, des millions et encore des millions!.....

Cependant, au loin, paraissait une caravane; les chasseurs la virent et se levèrent brusquement.

Pour eux, l'approche de cette troupe était inattendue.

— Une caravane! dit l'un à voix basse et avec un froncement de sourcils.

— Il faut en finir avant qu'elle puisse distinguer ce que nous faisons! Elle est encore bien loin!

— Eh bien! soit. Finissons-en.

— Pas une minute à perdre, alors!

— Pas de coup de feu pourtant.

— Que faire ?
— Viens !

Ils rampèrent vers la tranchée, qui avait environ déjà trois mètres de profondeur, et quand ils furent près du bord, brusquement ils sautèrent sur les Mozabites, comme deux tigres eussent bondi sur des proies.

Les Mozabites éblouis, fascinés, n'avaient rien entendu ; ils étaient courbés sur le trésor, le fouillant avec passion, avec folie.

Les chasseurs, le poignard en main, surprirent ces trois hommes, qu'un coup de foudre n'eût pas frappés plus vite ; en un instant, il y eut trois blessés se débattant sur les diamants, les perles et les douros, qu'ils baignaient de leur sang.

Cette pourpre liquide tachant ces amoncellements de richesses produisait un effet bizarre, qui eût donné froid au cœur à des hommes qui n'eussent pas été de bronze.

Les deux chasseurs, sans se soucier d'achever ces malheureux, remontèrent les talus de la tranchée en s'emparant des pelles et se hâtèrent de la combler.

Les blessés râlaient, se débattant, se cramponnant au talus, retombant, se relevant, hurlant ; mais ils perdaient tant de sang par de si profondes blessures, qu'ils ne purent lutter longtemps contre la mort atroce dont ils étaient menacés.

Après avoir longtemps piétiné sur les brillants, l'argent et l'or qui rendaient des sons singuliers sous leurs coups de talons désespérés, les misérables faiblirent, se couchèrent aveuglés par la pluie de sable qui tombait du haut du trou et ils moururent étouffés.

Atroce supplice !

De la joie délirante passer à ce trépas, c'est le comble de l'horreur.

. . . .

La caravane était encore à deux lieues quand le trou fut comblé ; le sable est si facile à remuer !

Une heure plus tard, l'avant-garde des voyageurs arrivait au puits que les chasseurs avaient eu le temps de déblayer ; ils pensaient bien qu'on les avait vus occupés à remuer le terrain ; ils donnaient ainsi le change aux nouveaux venus, dont ils ne redoutaient pas l'approche, le secret étant caché ;

avec leur coup d'œil sûr, ils avaient reconnu une caravane de commerçants paisibles.

L'avant-garde, dépêchée par la caravane, se composait de trois cavaliers.

— Tiens, c'est Bel-Kassem et ses fils ! dit un chasseur à l'aspect des Arabes.

— Tant mieux, fit l'autre.

Bel-Kassem sourit en reconnaissant les Français, et leur cria :

— Salut sur vous, tueurs de lions !

— Salut sur toi, cheik (chef) ! répondirent-ils.

— Qu'Allah soit loué, continua le cheik, de vous avoir placés sur ma route !

— Nous sommes enchantés de voir Bel-Kassem, dirent ensemble les chasseurs.

Et l'un d'eux :

— Mais pourquoi diable viens-tu à ce puits perdu qui ne mène à rien. Ce n'est pas un chemin de caravane que tu suis !

— Non, mais vous allez me comprendre.

Et descendant de cheval, il jeta les rênes à ses fils et dit aux chasseurs en riant :

— J'attends ici deux autres caravanes ; l'une a été retardée et ne viendra que dans deux mois ; nous allons à Tombouctou, un long voyage. Attendre deux mois dans une oasis où l'on paye le droit de séjour, c'est perdre beaucoup d'argent ; je connaissais ce puits et j'y amène ma caravane. Ici pas d'impôt à payer. J'enverrai en ravitaillement mes chameaux quand les vivres manqueront, et j'aurai économisé bien des douros.

— Toujours sage et bien avisé ! fit le chasseur.

Et il continua :

— Nous autres, nous partons !

— Quoi, déjà !

— Oui, nous sommes pressés.

— Je le regrette.

— Adieu, Bel-Kassem !

— Au revoir ; le prophète vous protége !

Et les chasseurs s'éloignèrent, forcés d'abandonner ce trésor enfoui sous le bivac de cette caravane, qui ne se douta jamais qu'elle foulait une fortune immense.

A une lieue du puits l'un des chasseurs dit à l'autre :
— Deux mois ! je crois que j'ai bien fait de partir !
— C'est vrai, dit l'autre ; nous aviserons à organiser notre bande pour revenir à ce trésor et l'enlever d'un seul coup.
— Et après ?...
— Après, à nous le monde...

Ils disaient cela avec un calme inouï ; pas trace de regret ou d'espérance sur le visage, pas d'émotion au cœur, pas de trouble dans l'âme.

On eût dit que ces deux hommes avaient été taillés dans du granit.

Telle fut la préface du drame que nous allons écrire, drame dont les premières scènes se déroulèrent en France, quelques mois plus tard, au milieu des circonstances les plus bizarres.

FIN DU PROLOGUE

PREMIÈRE PARTIE

I

Où il est parlé d'une piste extraordinaire rencontrée dans une forêt par le père Antoine. — Où l'on trouve de bien jolies choses sous la robe de Jeannette, et où l'on voit entrer en scène un homme qui donna bien du fil à retordre à la justice.

Les vieux châteaux s'en vont.

Les uns s'écroulent, et personne ne relève plus leurs murs ruinés ; les autres sont démolis par des spéculateurs enrichis qui ont le mauvais goût de préférer une villa dans le style moderne, aux manoirs du moyen âge ; d'autres enfin sont réparés tant bien que mal ; et l'on voit des donjons féodaux déshonorés par des replâtrages inintelligents qui jurent avec l'ensemble de l'édifice.

Le château de Lavery, l'un des plus imposants du Berry, avait subi l'une de ces ineptes transformations.

Jadis majestueux, solennel, il était devenu, à l'époque où ce drame commence, mesquin, amoindri, hideusement accouplé qu'il était avec un lourd pavillon, conception barbare d'un architecte béotien, incapable de comprendre les lois de l'harmonie.

Autrefois ce magnifique édifice couronnait le plus beau site du Berry ; à cette heure, il gâtait un paysage pittoresque, bien déchu du reste de son ancienne splendeur.

Au temps des Lavery, comtes et barons fameux dans l'histoire de nos guerres civiles, une vaste forêt, couverte de hautes futaies, descendait des flancs escarpés d'une colline abrupte ; mais les grands arbres en avaient été abattus et les massifs semblaient décapités.

Un Vandale avait passé par là.

On comprenait instinctivement que les Lavery avaient cessé d'être maîtres de ce domaine qui n'avait plus rien de seigneurial ; la vie manquait à ces vastes bâtiments autrefois pleins de bruits ; l'abandon était visible ; plus d'animation, de gaieté, de serviteurs nombreux.

Dans le château, le silence !

Dans le pavillon moderne, le calme.

Un vieux garde et une jeune paysanne, causant sur le pas d'une porte, composaient tout le personnel de la maison : triste déchéance !

Le garde était un ancien soldat d'aspect rude et qui semblait devoir être dur aux braconniers et aux maraudeurs ; on l'appelait le père Antoine. La jeune fille, qui se nommait Jeannette, offrait avec lui un contraste complet ; dans les villages voisins, on jasait sur son origine peu connue ; on la trouvait trop distinguée pour une cuisinière.

Car Jeannette était cuisinière.

Mais quelle jolie ! quelle délicieuse ! quelle ravissante cuisinière ! On eût dit d'une petite duchesse déguisée en bergère pour jouer quelque champêtre opérette.

Et d'abord un pied d'enfant perdu dans un petit soulier où il était trop à l'aise pour qu'on pût juger de sa tournure ; mais, sous le jupon, retroussé par mégarde, le tissu grossier d'un bas bleu dessinait une adorable cheville et une naissance de mollet qui jetait des éblouissements aux regards assez bien avisés pour se porter là.

La robe pleurait de la ceinture au genou qui pointait, riche en piquantes révélations et trop délicat pour n'être pas l'indice d'une exquisse pureté de formes, clairement indiquées du reste sous les plis indiscrets de l'étoffe.

La main brunie avait des ongles roses effilés et si miraculeusement transparents que les paysans d'alentour prétendaient assez poétiquement qu'ils étaient de verre; quant aux doigts, ils avaient cette configuration psychique, si rare au village, voire à la ville; vrais doigts d'artiste, souples, affinés, élégants, dont chaque jointure se creusait en une fossette qui semblait appeler les baisers discrets.

La tête blonde, vaporeuse, idéalisée, semblait être l'incarnation d'un rêve; les bandeaux dorés d'une soyeuse et opulente chevelure l'encadraient chastement, puis se tordaient en tresses luxuriantes qui flottaient jusqu'au-dessous de la ceinture.

Au milieu du visage mélancolique et doux, brillaient discrètement deux grands yeux bleus, tendres, limpides, empreints d'une tristesse songeuse, que ne démentait point le sourire allangui d'une bouche mignonne faite pourtant pour les chansons et contrastant par sa galante tournure avec la virginale expression des traits.

Mais quelque profond chagrin, caché dans les replis du cœur, fermait cette bouche fraîche aux expansions de la joie.

Avec son front pur, ses joues au galbe antique, son nez au type grec légèrement modifié par un développement tout gaulois des narines, avec son menton délicatement ciselé et terminant merveilleusement l'ovale suave de cette tête d'ange, avec toutes ces divines perfections d'une petite madone, Jeannette n'avait de sensuellement féminin dans sa pâle physionomie que ses lèvres ardentes.

Le buste était en quelque sorte la reproduction charnelle d'une déesse de marbre telle que nous en ont léguées les grandes époques de la sculpture.

Un corsage de droguet accusait déjà et la gorge naissante et les ondulations serpentines des hanches dont les contours avaient les grâces harmonieuses de ces statues de la Renaissance, dans lesquelles le ciseau de l'artiste voilait la volupté des formes sous la longueur des lignes.

Jeannette était arrivée à cette heure fugitive de la vie des jeunes filles, où la nature a des indécisions adorables; de même que la rose à peine épanouie cesse d'être un bouton charmant, sans être fleur encore; de même Jeannette n'était plus une enfant, car elle avait dans la mate carnation de son teint une morbidesse grosse de révélations et ses yeux se voilaient parfois d'une langueur qui décelait les aspirations d'un cœur tourmenté par de vagues désirs ; mais, piquante opposition, gestes, regards, sourires et pose, restaient candides, prouvant sa pudique ignorance ; elle avait ces étonnements effarouchés, ces alarmes subites, qui donnent aux adolescences féminines un effarement craintif, dont sont si friands les raffinés d'amour.

Telle était la jolie fille qui causait avec le garde Antoine.

La soirée était tiède ; une soirée de juin pleine de parfums et de lumière.

La jeune fille, assise devant la façade de la maison, respirait les fraîches senteurs qu'apportait la brise passant par-dessus la forêt.

Elle tenait en main un de ces tricots que fabriquent excellemment les femmes du Berry ; mais les doigts travaillaient machinalement; la pensée était ailleurs.

La petite paysanne écoutait en souriant d'un air incrédule, les propos de son interlocuteur ; non que le vieux garde à la trogne bourgeonnée lui contât fleurette, mais il affirmait de si étranges choses que la jeune fille refusait d'y ajouter foi, malgré les explications réitérées et la ténacité de l'homme qui narrait un fait dont il avait été témoin.

— Quand je vous dis, Jeannette, répétait le garde, qu'il y a quelque chose de louche dans la forêt ; qu'elle est pleine de bohémiens, dont j'ai relevé les traces sous bois.

— Allons donc, père Antoine, répondait la jeune fille ; vous êtes fou ! Il n'y a point de voleurs dans le pays, vous le savez aussi bien que moi.

— C'est vrai que la contrée est honnête, fit le garde, et que la gendarmerie n'y a pas *grand'chose* à faire ; mais mon chien a aboyé sur une piste, en hérissant son poil, et cette piste-là, voyez-vous, Jeannette ! ce n'est pas celle d'un brave garçon ; j'ai vu sur le sable de la tranchée une allongée de pas singuliers, — quand je dis une, c'est quinze ou vingt que je devrais dire, — ils sont au moins ça les gueux !

— Tous les jours les bûcherons vont au bois ; vous vous effarouchez d'un rien.

— Ça n'est pas un pied de bûcheron qui marque de cette façon-là !

« Imaginez-vous que les brigands, car pour des brigands, c'en est, sont chaussés avec des espèces de pantoufles ; probablement pour ne pas faire de bruit, et...

La jeune fille, fatiguée des contes du père Antoine, se leva brusquement et rentra dans le pavillon sans mot dire, se contentant de hausser les épaules.

Le garde n'en parut point surpris.

— Toujours la même, cette Jeannette, fit-il ; douce comme du lait d'ordinaire, et, par moment, sauvage comme une biche. On lui cause tranquillement ; elle vous écoute de même ; elle vous répond. Puis, tout d'un coup, crac, la porte au nez ! La voilà partie sans qu'on sache quelle lubie lui a passé par la cervelle, à cette enfant !

Et en manière de réflexion :

— Drôle de petite fille tout de même !

Sur ce le père Antoine prit une prise, fit demi-tour et entra dans une petite maisonnette à lui réservée ; il s'y munit d'un fusil à deux coups, chargé à balles, mit son couteau de chasse à sa ceinture, siffla son griffon et s'éloigna en murmurant entre ses dents :

— Je n'ai pas la berlue ; je sais ce que je dis ; jamais Antoine n'a pris une vessie pour une lanterne ; il y a des brigands en forêt et je m'en vais leur dire deux mots. C'est fâcheux que monsieur ne soit pas là ; je voulais le prévenir ; mais Jeannette l'avertira.

Et il s'enfonça dans le bois après avoir visité consciencieusement les amorces de son fusil.

A une demi-lieue du château son griffon s'arrêta tout à coup....

Le père Antoine étouffa un cri de surprise et se jeta dans le fourré, il avait vu...

II

Où l'on voit entrer en scène un homme qui donna bien du fil à retordre à la justice.

Jeannette, en rentrant, s'assit sur un escabeau de bois et se mit à rêver, elle n'entendit point la porte s'ouvrir derrière elle et livrer passage au régisseur du château, une sorte de paysan, vêtu en bourgeois, qui cligna de l'œil d'une façon significative en regardant la petite cuisinière.

Certes, ce rustre qui laissait à l'office un trésor pareil à cette jeune fille dont nous avons buriné le portrait était un sot, n'ayant pas le moindre sentiment des égards dus aux chefs-d'œuvre de la nature ou de l'art ; à moins que, calcul profond, il ne tînt à cacher cette jolie fille au fond d'une cuisine, pour quelque secret motif. Car il paraissait l'apprécier.

Il était là, convoitant ces richesses, non en fin connaisseur qui apprécie chaque détail, mais en brute qu'affamait le plaisir et que surexcitait un ensemble frappant ses appétits sensuels, sans rehausser la passion par les enthousiasmes que la beauté inspire aux natures élevées.

Il regardait... Il haletait...

Son œil brun avait cet éclat grossier que ternissent et le gonflement des paupières et les filets de sang dont s'injecte la prunelle des cuistres d'un certain tempérament quand ils sont secoués par un flot de sang leur montant au cerveau.

Il avança lentement, sur la pointe de ses énormes pieds, arriva jusqu'à Jeannette toujours perdue dans son rêve, et se penchant sur son col y déposa un baiser gluant qui laissa une bavure immonde sur le satin de la peau.

La jeune fille fit un bond, poussa un cri, se retourna indignée, puis resta muette de stupéfaction en reconnaissant le régisseur du château.

Celui-ci interpréta cet étonnement à son avantage.

— Viens çà, Jeannette, ma petite, dit-il, en cherchant à lui prendre la main ; nous avons à causer tous les deux et tu seras bien surprise quand tu sauras de quoi je veux te parler.

Il l'attirait à lui.

Elle, sans répondre, se dégagea brusquement et, leste comme une biche effarouchée, se sauva à l'autre bout de l'office, près de la fenêtre.

Le régisseur s'approcha souriant en homme sûr du succès et, comme elle étendait les bras pour le repousser, il lui dit, noyant sa phrase dans un sourire béat :

— Là ! n'aie donc pas peur, petite ; on ne refuse pas d'embrasser son prétendu !

Évidemment le régisseur comptait sur un grand effet; il le produisit, mais point tout à fait dans le sens qu'il espérait.

Au lieu de rougir de joie, Jeannette pâlit et chancela ; puis s'appuyant d'une main à un bahut, l'autre pressée contre son cœur qui battait à rompre.

— Son prétendu ! s'écria-t-elle.

Le régisseur se trompa sur la signification de cette exclamation ; il n'y vit que de l'étonnement.

— Oui, Jeannette, répéta-t-il, oui ma belle, je veux t'épouser ; tu as seize ans révolus et tu es en âge pour prendre un mari ; dans un mois, tu t'appelleras madame Billotte, gros comme le bras ; c'est ça qui va étonner les filles de Précy !

Jeannette se taisait.

Les yeux baissés, cherchant à se remettre, elle garda un silence assez long qu'elle rompit pour s'écrier avec une brusque explosion de mépris et de résistance.

— Moi ! Votre femme !

Malgré la répulsion qui éclatait dans le ton dont ce fut dit, le régisseur conserva son illusion :

— Oui ! toi ! dit-il. Ça te surprend, n'est-ce pas? Mais je

t'ai appréciée et tes bonnes qualités m'ont décidé à te prendre pour ménagère.

Elle fit un geste indigné.

Près d'elle, était pendu au mur un tout petit miroir qui lui renvoyait sa jolie figure par-dessus l'épaule du rustre ; il se passa en quelques secondes une scène muette et singulière ; elle se regarda pendant un instant, se vit belle, radieuse et se sourit ; puis son regard tomba sur ce mari qui se présentait et un sentiment d'invincible répulsion se peignit sur son visage.

Le régisseur était un gros homme trapu et pansu, suintant le suif par tous les pores ; un vrai porc à l'engrais ; le col gras débordait le paletot ; la bedaine crevait le gilet ; les joues pendaient lâchement ! et, sous la peau, la bile jaunâtre s'étalait par larges plaques.

Une expression populaire d'une énergie et d'une vérité saisissantes : paquet de couenne ! peignait le régisseur d'un trait.

Rien de plus odieux pour une fille aux instincts délicats que cette masse de chair aux émanations rances ; mais à la répugnance physique se joignait l'incompatibilité morale.

La tête de cet homme avait un caractère odieux.

Le front large était puissant, mais bas et déprimé ; ces fronts écrasés qui regagnent en étendue ce qu'ils perdent en hauteur, dénotent des natures fort dangereuses, capables d'appliquer au vice une profondeur d'intelligence inouïe ; non de cette intelligence claire, lucide, nette, mais de celle qui est faite de ruses, d'embûches, de dissimulation, de fraude et de ténébreuses combinaisons.

L'œil était vulgaire, sans éclat au repos, étincelant sous le feu du désir ; le nez épaté à la base était pourtant busqué au milieu de sa courbure ; ayant ce double caractère de la rapacité et de la débauche.

Sur des lèvres épaisses, lippues, toujours corrodées par un souffle fiévreux, jetez un sourire bête de paysan gonflé d'amour-propre, mais marquez les coins de la bouche d'un rictus féroce et vous aurez le portrait complet d'un homme qui offrait (car ce drame est malheureusement trop vrai) un mélange bizarre de force et de couardise, d'énergie et de faiblesse, de génie et de sottise, d'ambition folle et de platitude d'esprit.

Du reste, mi-paysan et mi-bourgeois, il avait du campagnard tous les vices, sans ses vertus : avare, sordide, rampant devant la puissance, bouché à toute jouissance artistique, obtus pour les choses de l'esprit ; d'autre part, s'étant frotté aux citadins, il avait pris leurs défauts, sans leurs qualités : il s'habillait comme eux, mais ne changeait de costume que tous les cinq ans ; il portait le paletot avec des mains crasseuses et des cheveux incultes ; il était arrogant, suffisant, bouffi d'orgueil comme une outre est gonflée d'air.

La lecture d'un journal politique et quelques relations avec des gens bien élevés lui avaient ouvert de certaines perspectives et inspiré une soif effrénée de richesses et d'honneurs ; mais si, par échappées, s'ouvrait devant lui de vastes panoramas, s'il avait de grandes idées, c'était seulement sur certains points de l'horizon intellectuel ; le reste échappait à son regard borné. Sans instruction, sans éducation, il avait des visées très-hautes, les moyens de les réaliser, et il était resté rustre.

Lorsque de pareils hommes, sortant de leur sphère, se lancent dans quelque grande entreprise, ils étonnent par la rapidité de leur transformation ; fouettés par une sorte de rage qui les enivre et les lance à corps perdu, ils jettent qui les a connus dans la stupéfaction, par leurs audaces, leurs succès rapides et l'insolence de leur fortune.

On a vu de ces sortes de gens s'élever subitement, combiner les scélératesses les plus hasardées, les faire réussir et, retranchés derrière leur million comme en un fort, y braver l'opinion, la loi impuissante, les vengeances désarmées.

Tout homme de cette trempe a besoin d'une première base pour s'élever, d'un tremplin pour bondir ; depuis longtemps le régisseur travaillait patiemment à jeter les fondements de sa fortune.

En deux mots, voici les antécédents de ce coquin que plus d'un soupçonnait d'être un misérable, malgré l'isolement où il se cantonnait, mais que personne n'eût cru capable de hautes visées.

Il était le frère de la dernière comtesse de Lavery qui, avant son mariage, était une paysanne, mais une paysanne de la tournure et de la valeur de Jeannette, une paysanne digne de ceindre son front d'une couronne de comtesse ; M. de Lavery, du reste, en avait jugé ainsi.

On disait que la jeune fille, élevée au château, n'était point la fille du bonhomme dont elle portait le nom; que du côté paternel, elle avait une illustre origine, dissimulée par un mariage avec un petit fermier qui avait consenti à fermer les yeux sur le passé; bref, il y avait là un mystère de famille.

Le comte avait épousé cette jeune fille, sœur aînée du régisseur, simple paysan alors, depuis intendant du château.

M. de Lavery et sa femme moururent du choléra à deux jours d'intervalle, en 1832, laissant deux orphelins : un fils et une fille. Leur oncle Billotte devint leur tuteur.

Il fit élever la petite fille loin du château, par une nourrice, et il garda le garçon près de lui ; mais un jour ce dernier disparut sans qu'on pût le retrouver; il avait profité du sommeil de son oncle, lourd sommeil d'ivresse, pour le ficeler comme un saucisson et le battre à outrance.

La justice informa.

Il parut résulter des témoignages unanimes de la domesticité, que Raoul de Lavery était un enfant au caractère indomptable, qu'il avait des vices précoces que son tuteur avait en vain cherché à étouffer; enfin, il fut démontré que le pauvre M. Billotte avait eu bien du fil à retordre.

Quant au jeune comte, on suivit sa trace hors du château pendant quelques lieues, puis on la perdit.

Impossible de savoir ce qu'il était devenu, et jamais on n'avait eu de ses nouvelles.

Quant à sa sœur, on s'en occupa aussi et le bon M. Billotte fournit les reçus d'une maison d'éducation parisienne, qui lui donnait quittance des frais que nécessitait l'éducation de l'enfant, alors âgée de trois ans; la maison était tenue par des religieuses, elle avait la meilleure réputation et l'on ne trouva rien à redire aux dispositions prises par le tuteur.

Depuis, les années s'étaient écoulées.

Billotte s'était peu à peu établi en maître au château, dont il avait renvoyé les vieux serviteurs le lendemain de son installation; il administra les biens de ses pupilles de façon à en tirer, pour lui, le plus de profit possible et il se tailla, dans le domaine de Lavery, une fortune considérable.

On s'était accoutumé, du reste, à le considérer comme le seigneur du lieu; et l'on avait oublié le jeune comte qu'on croyait mort, et sa sœur qui, toujours au couvent, n'avait jamais paru au château.

Elle devait, comme Jeannette, avoir quinze ans.

Billotte, en somme, était bien tranquille.

Le château et le domaine, loin de tout voisinage, étaient à l'abri de toute curiosité indiscrète ; personne ne s'enquérait des faits et gestes du régisseur.

Il y avait bien quelques parents éloignés ; mais, pour différents motifs, on ne les avait jamais vus.

Et voilà comment maître Billotte avait pu tailler et rogner à l'aise dans la forêt, vendant très-cher en sous-main les beaux arbres, qu'il cédait ostensiblement à vil prix ; trouvant, pour les récoltes, des acquéreurs qui payaient en apparence une voiture de grains deux cents francs et en comptaient six cents à M. le régisseur du château.

Comment ce drôle en était-il venu à proposer sérieusement le mariage à Jeannette, la petite cuisinière qu'il avait toujours assez rudement traitée, c'est ce qui eût semblé bien étrange à ceux qui le connaissaient !

Il se voyait sûr d'une réponse favorable, et il était repoussé.

L'affront le froissa.

Puis peut-être tenait-il essentiellement à ce mariage, car il eut un mouvement de dépit violent.

— Eh ! fit-il, tu n'as pas l'air de m'aimer beaucoup, petite ; pour une laveuse d'assiettes c'est pourtant un bon parti que le propriétaire d'un château, d'une ferme, de trente hectares de terrain et d'une forêt immense !

Il en était venu à croire tout cela sa propriété ; mais la fillette combattit cette illusion.

— Cela ne vous appartient pas, monsieur Billotte, dit-elle résolûment et en face.

— Bah ! fit-il d'un air dégagé, c'est comme si c'était à moi. J'en ai encore l'administration pour longtemps et j'ai même lieu de croire pour toujours.

Il se frotta les mains en homme sûr de son fait et escomptant un avenir certain ; une phrase de Jeannette lui causa pourtant une surprise désagréable.

— Et si M. Georges venait ? dit-elle.

Le régisseur leva la tête en homme qui reçoit un coup inattendu; Jeannette n'était au château que depuis six mois, et il ne la croyait point instruite de certaines particularités; il fut vivement contrarié, surtout quand elle ajouta :

— Il est majeur, M. Georges !

— Qui t'a dit cela ? demanda-t-il, l'œil brillant et le poing crispé de colère.

— Je sais et ça suffit, répondit-elle, que M. Georges est parti parce que vous étiez un méchant tuteur.

— Moi ! s'écria-t-il.

— Oui, vous.

— Tu mens.

— Que non, que non, monsieur.

— On t'a fait de faux rapports !

Jeanne trouva un argument écrasant.

— Alors, si vous étiez bon, pourquoi est-il parti à l'âge de douze ans ?

Le régisseur ne trouvait pas un mot.

— Pauvre M. Georges, continua Jeannette, il s'est bien vengé de vos méchancetés; il est parvenu à vous attacher, à vous bâillonner et à vous battre !

Le régisseur crispa les poings.

— À vous battre, insista-t-elle, pendant plus d'une heure, et il vous a laissé noir de coups.

— Un ingrat ! Un misérable qui avait des vices dont je voulais le corriger, gronda le régisseur.

— Vous le frappiez comme un chien de chenil, lui, l'héritier d'un grand nom !

— Je suis son oncle.

— Si peu ! dit Jeanne avec ironie.

Ce mot parut impressionner maître Billotte.

Il réfléchit assez longuement, puis brusquement :

— Ah çà, dit-il, pourquoi soutiens-tu ce garçon-là, Jeannette ? Tu as tes raisons.

— D'excellentes ! dit-elle.

— Peut-on les connaître ?

— Pas encore.

— Pourquoi ?

— Parce que j'ai des motifs pour me taire.

Maître Billotte pâlit un peu.

Trouver rebelle une fillette que l'on s'est habitué à voir soumise, se sentir résister en face par une enfant si douce, que l'on n'en attendait pas l'ombre d'une résistance, il y avait là de quoi irriter un butor !

Maître Billotte s'emporta.

— Si tu ne parles, je te chasse, s'écria-t-il.

— Tant mieux ! répondit-elle.

Puis elle voulut se diriger vers sa chambre ; mais auparavant elle lança cette phrase :

— Avant de me chasser, vous me direz sans doute, monsieur Billotte, qui je suis ?

— Qui tu es ?...

— Oui, je désire le savoir.

— Une enfant trouvée, ma fille, une enfant ingrate que j'ai élevée par charité...

— Ah !...

Ce ah ! fut prononcé d'un ton singulier qui inquiéta maître Billotte.

— Tu doutes ? fit-il.

— Non ! dit-elle. Seulement, je désire que vous me donniez quelques renseignements sur l'hospice où vous m'avez prise, car enfin vous m'avez prise quelque part avant de me faire élever par cette vieille fermière, qui m'a tant tourmentée et tant battue aussi.

Ce sujet de conversation parut désagréable au régisseur, car il esquiva la réponse.

— C'est bon, c'est bon, tu sauras cela le jour de notre mariage, dit-il, oubliant subitement le congé qu'il avait donné à Jeannette.

Celle-ci le lui rappela.

— Vous m'avez chassée, dit-elle, je pars. Quant à ce mariage, n'y comptez point.

— Allons donc !

Et il fit mine de s'approcher.

— Jamais ! fit-elle en reculant.

— Mais, petite folle, apaise-toi donc. J'ai eu un mouvement de mauvaise humeur qu'il faut oublier ; je t'aime, tu reste et je t'épouse.

Il fit un pas, la bouche en cœur, le sourire aux lèvres, la main tendue, l'œil en coulisse.

Mais elle, fière, énergique, le foudroya d'un regard qui le cloua sur place.

En ce moment, on entendit dans la forêt une détonation lointaine.

— Tiens! murmura le régisseur, quelqu'un qui chasse sur mes terres. Voilà qui est fort!

— Vos terres! fit Jeanne provocante.

— Oui, mes terres.

— Tenez, s'écria la jeune fille, je suis révoltée à la fin de vous entendre.

« Ce château, ces fermes, cette forêt, rien de tout cela n'est à vous, excepté ce que vous en avez volé.

— Peut-être, au contraire, tout cela m'appartiendra-t-il sous peu, fit-il ; mon neveu est mort, tout le fait croire.

— Et votre nièce ?

— Ma nièce ?

— Mais oui. Avez-vous oublié que vous avez une nièce, monsieur Billotte ?

Le régisseur se décontenança.

— Jeannette, fit-il baissant de ton, tu es méchante; ma nièce est à Paris, au couvent : cette petite désire entrer en religion ; elle a une vocation très-prononcée, elle me laissera son bien.

Puis câlin :

— Vois, ajouta-t-il, comme nous serons heureux, riches, considérés et puissants.

« J'ai des idées.

« D'abord je veux me faire nommer député ; tu ris, mais c'est plus facile que tu ne le crois, quand on est grand propriétaire et influent dans son pays.

« Nous irons vivre à Paris.

« Tu seras là, dans un hôtel, comme une petite reine, et tu y auras des robes de soie et des domestiques.

« Tu me regardes comme un gros paysan, mais j'apprendrai tout ce qu'il faut savoir pour ressembler à ce qu'ils appellent un gentilhomme.

« Sois ma femme et tu verras. »

Insensible, elle laissa tomber ces mots :

— Je ne veux pas du bien volé.

Sous ce coup, il bondit.

Mais plusieurs coups de feu arrivèrent jusqu'à lui et détournèrent son attention.

— Que se passe-t-il donc ? murmura-t-il.

Et il appela :

— Antoine ? Antoine ?

— Le garde est au bois : dit Jeannette.

La fusillade continuait.

— Ah çà mais, c'est une battue, gronda le régisseur; qui peut avoir l'audace de tuer mes faisans sans ma permission !

Il ouvrit la fenêtre et interrogea l'horizon; mais le jour baissait déjà.

— Enfin, pensa-t-il, Antoine est sous bois, je saurai à quoi m'en tenir.

Puis se retournant :

— Du bien volé ! reprit-il avec une colère sourde, tu as dit du bien volé ! Jeannette ?

— Certainement.

Et elle le défia du regard.

Se dominant, le régisseur demanda d'un ton patelin :

— On ne peut donc plus hériter d'un neveu et accepter la fortune d'une nièce qui se fait sœur ?

— Pour le neveu, vous aurez été cause de sa mort ; quant à la nièce...

Jeannette hésita.

Des gouttes de sueur perlaient au front de maître Billotte, qui haletait tout en cherchant à dissimuler son trouble sous un air indifférent.

— L'aurais-je pas assassinée ! fit-il.

— Je le crains, dit-elle sérieusement.

Il éclata de rire.

Mais tout à coup, il poussa un cri de surprise ; le griffon du garde revenait en boitant et couvert de morsures profondes.

— Sacrebleu ! qu'est-il donc arrivé ? Voilà Noirot qui rentre ensanglanté.

Il se précipita dehors.

Le feu continuait au bois, incessant, précipité.

— Tonnerre ! C'est une vraie battue ! exclama-t-il, ils sont au moins dix tireurs !

Et il inspecta Noirot.

— Les chiens de ces braconniers l'ont mordu ; dit-il. Mais qu'est devenu Antoine ?

« Allons prévenir la gendarmerie. »

Il rentra tout inquiet pour mettre son chapeau et prendre un fusil.

— Ils sont une douzaine de chasseurs au moins là-bas ; dit-il, je vais les faire pincer.

« Quant à ma nièce, petite, elle se porte comme toi et moi, et je ne sais qui a pu te donner de pareilles idées.

— Ainsi, vous soutenez qu'elle est au couvent ?
— Oui.
— Vous mentez.
— La preuve ?
— La voici.

Jeannette tira de son corsage une lettre dont la suscription portait :

A mademoiselle Jeanne de Leury,

au couvent des Oiseaux,

Paris.

puis en renseignement :

Sortie du couvent depuis douze ans ; à renvoyer à son oncle, M. Billotte, régisseur du château de Lavery.

Et quand il eût bien lu, blanc comme un linceul, Jeannette lui dit lentement :

— Qu'est-elle devenue depuis douze ans, la petite demoiselle Jeanne ? Pouvez-vous le dire ?

Le régisseur froissait la lettre.

En ce moment, des hurlements retentirent, suivis de cris de douleur, comme en poussent les chiens que l'on corrige d'un coup de pied.

Jeannette et le régisseur levèrent les yeux en même temps et ils aperçurent, à la fenêtre, une tête coiffée singulièrement.

La tête regardait à l'intérieur.

— Le garde avait raison, dit Jeanne avec effroi, c'est un brigand ! un bohémien !

Et elle s'enfuit...

Le régisseur était cloué sur l'escabeau par la surprise.

III

Où le père Antoine et les deux gendarmes de Précy-les-Avaloirs assistent à une chasse comme on n'en avait jamais vu.

Le père Antoine, qui croyait avoir trouvé des traces bizarres dans les bois était un vieux garde imbus de préjugés surannés, lesquels s'étaient enracinés dans sa cervelle, comme les souches des vieux hêtres dans sa forêt.

C'était, du reste, une figure typique et originale.

Le nez rubicond des ivrognes, la trogne enluminée des buveurs, marquaient, sur sa face, l'enseigne de son vice; mais, soigneux du décorum, le père Antoine ne se grisait qu'à huis clos; d'un naturel gai, aimant à rire comme à boire, le garde était néanmoins trop infatué de l'importance de ses fonctions pour conserver l'air jovial que la nature lui avait donné; il se composait un maintien sévère à la hauteur de sa mission et ne riait qu'à la maison ou entre amis, notamment avec messieurs les gendarmes de Précy-les-Avaloirs; le bourg voisin.

Bon homme au fond, mais inexorable dans le service, tel était le père Antoine dont la Providence avait fait un brave garçon, que l'uniforme avait rendu grincheux, taquin et rude au pauvre monde,

Ignorant comme une carpe, le cerveau bourré de sottises, il était incapable de comprendre quoi que ce fût en dehors de sa consigne, de la lettre des lois et règlements sur la chasse, et des ordres de *Monsieur le Régisseur*, son maître.

Bref, c'était une vieille croûte intellectuelle, croyant à la religion parce que le curé l'enseignait, au gouvernement parce qu'il en était, mais n'ayant raisonné de sa vie sur rien et incapable de dire pourquoi l'homme est sur terre, question très-embarrassante, du reste, pour les philosophes les plus distingués, qui n'ont pas encore pu la résoudre.

Le père Antoine exécrait les braconniers : rien de plus naturel, le garde est fait pour donner la chasse aux rôdeurs des bois, comme le chat pour poursuivre la souris; mais le père Antoine était particulièrement rigide.

Il avait mis un tel acharnement à poursuivre les délinquants, qu'il avait réussi à extirper le braconnage de la contrée; pendant trois ans il n'avait laissé ni repos, ni trêve aux maraudeurs, et, à force d'amendes et de prison, il avait terrifié le canton et obtenu un tel triomphe, que depuis longtemps l'on n'avait constaté aucun délit.

Etant donné ce caractère, on peut juger de la colère et des inquiétudes du père Antoine constatant, par des traces fraîches, que le territoire sacré de ses bois était envahi par un bipède d'une espèce à lui inconnue, mais évidemment malfaisante.

Car, en bonne conscience, on ne pouvait admettre que des gens bizarrement chaussés de babouches fussent honnêtes!

Donc, le père Antoine était venu en référer à son patron, pour que celui-ci eût à prévenir la gendarmerie, pendant que lui, Antoine, suivi de son chien fidèle, irait dépister le gibier de mauvais aloi qu'il avait reconnu au pied dans les tranchées de la forêt.

Le patron était absent : désolé de ce contre-temps, il n'en avait pas moins laissé son rapport à Jeannette et s'était mis en chasse.

Nous l'avons vu s'arrêter court en plein fourré.

Il était là, bouche béante, une main machinalement appuyée au canon du fusil, l'autre main tenant son chien tout aussi effaré que son maître.

— Là, là, tout beau, murmura-t-il, tout beau Noirot ! la paix ! la paix donc !

Et Noirot, qui avait commencé à donner de la voix, se tut subitement, car c'était un chien admirablement obéissant et bien dressé.

Mais son poil hérissé témoignait de son horreur pour ce qui ce passait devant ses yeux, et protestait énergiquement contre un scandale inouï.

En effet, à partir du point où l'on était arrivé, la forêt était fouillée, les branches étaient cassées, comme cela arrive à la suite d'une battue.

Mais ce n'était rien.

A une distance assez rapprochée, on entendait des bruits de voix et des aboiements de chiens ; les délinquants étaient là, tout près, en nombre, audacieux, bravant la loi avec une singulière insolence et semblant se soucier du père Antoine comme de *Colin-Tampon*, car ils ne cherchaient point à se cacher et menaient un train d'enfer.

Le garde sentit ses cheveux se dresser sur sa tête, roides comme des baguettes de tambour, et il lui sembla qu'ils soulevaient son vénérable tricorne.

Néanmoins, la première émotion passée, il reprit un peu de sang-froid et tira sa tabatière, ressource suprême d'inspiration dans les circonstances difficiles !

Après avoir humé sa prise, il monologua silencieusement, tenant avec lui-même un conseil de guerre.

— Voyons, pensa-t-il, je ne suis pas sujet à la berlue, je ne fais pas un rêve !

Il s'arrêta à cette idée.

La réalité était si absurdement invraisemblable, qu'on pouvait la prendre pour une illusion des sens.

— Dernièrement, pensa-t-il, j'ai eu le cauchemar : dans mon sommeil je me voyais lié par des braconniers et ils s'amusaient ensuite à me tirer du gibier sous le nez.

Il se tâta, caressa son chien, se pinça l'oreille et conclut très-sérieusement :

— Non, cette fois-ci, je ne dors pas.

Ce fait acquis, Antoine poussa en avant, mais avec des précautions extrêmes.

Son chien l'imita.

Ils glissaient tous deux plutôt qu'ils ne marchaient; ils allaient le nez au vent, l'oreille tendue, le griffon portant la queue basse et roidie par l'émotion, le garde ayant le doigt à la détente de son arme et prêt à tirer.

Ils firent ainsi cent pas.

Soudain un coup de feu résonna.

Garde et chien s'arrêtèrent.

Ils échangèrent un regard éloquent tous deux et ils se comprirent certainement.

— Quels scélérats ! devait penser le griffon.

— Les gredins ! murmura Antoine.

Ils se remirent en marche et bientôt il sembla au forestier qu'il distinguait quelque chose.

En effet, il aperçut entre deux taillis une forme humaine, mais si bizarre, si étrange qu'il sourit.

— Parbleu ! se dit-il, si je ne me connaissais pas, on dirait que j'ai peur, car ma vue est troublée.

Mais presque aussitôt :

— Mille tonnerres ! Je ne me trompais pas, voilà encore ce drôle de pistolet qui passe devant moi.

Et Antoine écarquilla les yeux.

L'être qu'il avait vu avait une apparence d'homme, mais quel homme, grand Dieu !

Un géant !

Pour sûr il avait six pieds.

De plus, il portait un chapeau démesuré, tressé d'une paille inconnue à Antoine, du moins celui-ci le jugea ainsi, quoiqu'à cette distance il lui fût impossible de bien distinguer le brin des tresses qui reluisait comme de la moire.

Ce chapeau avait un pied et demi de haut et formait un cône tronqué ou pain de sucre coupé au sommet; à la base, les bords s'étalaient larges comme un parapluie ouvert; Antoine se dit qu'ils faisaient assez d'ombre pour qu'on pût y dormir à l'ombre, en supposant que le propriétaire du chapeau eût consenti à demeurer en place et à vous laisser coucher à ses pieds.

Ce qui intrigua le plus le garde, ce fut le plumet qui ornait ce couvre-chef; jamais il n'avait vu panache plus beau, plus soyeux, plus ondulant sous le vent.

Le reste du costume n'était pas moins pittoresque que cette coiffure gigantesque.

Qu'on s'imagine un caban blanc et court, en flanelle soutachée ; un pantalon fort large fendu et orné de tresses jusqu'au genou, puis (ce qui frappa Antoine, car le braconnier se retourna), une ceinture de cachemire roulée aux flancs et dans cette ceinture un arsenal de coutelas et de pistolets.

Le père Antoine fut ébloui par les éclairs que lançaient les pierreries des crosses, au soleil couchant, quand la lumière, glissant du haut des arbres, les faisait scintiller.

Certes, il y avait là quelque chose de prodigieux ; généralement les gens du Berry ne s'habillent point de la sorte ; aussi le garde tomba-t-il dans une perplexité extrême.

Antoine entra dans la voie des suppositions ridicules et insensées.

Jusqu'alors il n'y avait là rien d'absolument fantastique ; mais cela frisait de près l'impossible.

Or, s'il ne croyait point aux revenants, ce n'était pas parce que la raison lui démontrait l'absurdité de cette croyance, mais uniquement parce qu'il était de bon genre au village de se poser en homme qui se moque des fantômes et des contes de fées.

Tout bon Berrichon est superstitieux au fond, et Antoine n'était pas bien sûr qu'il n'y eût point de sorciers et de farfadets ; il faisait le crâne à la veillée, il était moins rassuré quand, tout seul, il traversait la forêt pour revenir au château.

En définitive, cet être étrange lui sembla suspect, surnaturel et assez semblable à ces personnages des légendes qu'on raconte sur le passé.

Aller mettre la main sur le collet à un gaillard pareil, qui devait être capable de tout, qui était peut-être un étranger ignorant la loi, venu là par quelque merveilleuse aventure, comme on en lit dans l'histoire des quatre fils Aymon et comme les vieilles femmes en content aux veillées, arrêter un être surnaturel, car Antoine penchait à croire qu'il y avait de la magie là-dessous, et que l'enchanteur Merlin y était pour quelque chose. Crier halte-là à un fantôme ! C'est ce que le vieux garde n'osait faire.

Il tremblait.

Pourtant il prit une décision.

Il calcula que la battue pouvait avoir deux cents mètres de long et se décida à tourner une de ses ailes pour la dépasser et la voir en ligne.

Il exécuta rapidement sa manœuvre, gagna beaucoup d'avance, se posta commodément pour voir en étant abrité et laissa arriver les chasseurs sur lui.

Il les contempla tout à son aise.

Ils étaient au nombre d'une dizaine, tous vêtus de la même façon ou à peu près, armés jusqu'aux dents, poussant le gibier devant eux et précédés de quelques pas par des chiens d'une espèce particulière, qui battaient la broussaille et semblaient faire l'office de traqueurs.

Le père Antoine eut tout le loisir de compter son monde, et de dévisager ceux qui étaient le plus rapprochés de la position oblique qu'il occupait.

La chasse passait horizontalement devant lui.

Il ne perdit pas une minute; dès qu'il put le faire il se leva et appelant doucement son griffon, il courut vers une route qui coupait la forêt en deux, par le milieu.

— Il est sept heures, pensait-il, j'aurai le temps d'arriver à la gendarmerie avant la nuit.

Au moment où il débouchait sur la route, le père Antoine entendit sur le sol un bruit de pas, il coucha son oreille à terre et reconnut le pas cadencé de deux chevaux d'escadron; il jouait de bonheur, les gendarmes étaient tout proches.

Il se précipita au-devant d'eux.

Bientôt parurent à l'horizon les majestueuses silhouettes des deux cavaliers aux jaunes baudriers.

La vue de leurs tricornes jeta une ineffable joie dans le cœur du père Antoine.

Les gendarmes chevauchaient avec cette mâle et noble fierté qui est l'apanage des hommes justes et forts; ils allaient la tête haute, le regard sondeur et assuré, et vrais chevaliers sans peur et sans reproche, doux aux faibles, aimables au beau sexe, dignes avec les puissants de la terre, terribles aux scélérats.

L'un était brigadier, l'autre ne l'était point, mais tous deux n'en causaient pas moins sur le ton d'une familiarité pleine de condescendance de la part du supérieur, et de respect du côté de l'inférieur pénétré du sentiment de la discipline.

Ah ! c'était là de bien beaux gendarmes; grands tous deux, bienfaits tous deux, noirs de poils, maigres et secs, ayant des sourcils épais au froncement olympien, et cet œil flamboyant qui séduit les dames et fait trembler les malfaiteurs.

Oh ! les beaux gendarmes, c'était là !

Leurs moustaches se dressaient triomphantes sur leur cuir basané et leurs pointes martiales s'élevaient conquérantes à la hauteur des arcades sourcilières; que de fois elles avaient donné dans l'œil, ces moustaches magnifiques, à la jeunesse en jupon du village, assemblée sur le passage de ces deux preux lorsqu'ils traversaient les rues, montés sur leurs coursiers, s'en allant à la recherche du crime !

Bien des cœurs battaient pour eux dans les poitrines féminines, car ils n'avaient point encore enchaîné leurs existences au rouet du mariage.

Ils étaient superbes, les deux gendarmes de Précy-les-Avaloirs, ils le savaient, ils n'avaient pas besoin qu'on le leur dise; trop de fois, des œillades brûlantes le leur avaient appris et ils ne se pressaient point de faire un choix définitif, parce que le mariage est une chaîne et que le cœur de la maréchaussée aime à changer de garnison.

Ils étaient la fine fleur de la gendarmerie, comme Antoine était la crème des gardes-chasses; ils avaient pour les voleurs cette haine sacro-sainte qui est la sauvegarde de la vertu et le fondement de la société. Ensemble, ils étaient arrivés et le pays avait bien besoin de leur présence tutélaire, car il avait une de ces réputations qui font rougir les honnêtes gens de la patrie qui leur a donné le jour.

Cette situation déplorable avait attiré l'attention des autorités, qui voulurent y mettre fin.

On demanda deux gendarmes modèles au chef de la légion et celui-ci fit un choix intelligent, en dotant Précy-les-Avaloirs des deux perles qui étaient, depuis lors, l'ornement du canton où ils firent régner l'âge d'or en le purgeant des malfaiteurs qui l'infestaient.

Une amitié touchante, fondée sur l'estime mutuelle, base solide de l'affection, unissait la force armée de Précy-les-

Avaloirs, représentée par ses deux gendarmes, à la force privée, mais non moins armée du château, représentée en la personne du garde Antoine ; ces trois hommes ne faisaient qu'une tête dans trois tricornes, un cœur dans trois uniformes, une main sur trois sabres ; un vrai trio de braves.

L'union fait la force.

Ils se prêtaient un fraternel appui et, à eux trois, ils étaient invincibles.

Aussi fallait-il voir de quel sourire serein s'illumina le visage du père Antoine à l'aspect de ses compères, comme il appelait les gendarmes.

Ceux-ci, en voyant courir le garde, mirent leurs chevaux au trot, condescendance délicate que maître Antoine apprécia à sa juste valeur.

Déjà les deux gendarmes avaient remarqué que l'on tirait dans la forêt ; mais ils supposaient que le régisseur avait organisé quelque battue ; la vue du garde essoufflé les détrompa subitement.

— Ah ! bon Dieu de sort ! fit celui-ci, messieurs les gendarmes ! comme on dit, vous arrivez à propos.

Le brigadier arrêta net son cheval, fronça le sourcil et dit d'un ton grave et solennel :

— Il me semble que vous avez à me parler pour le service, maître Antoine, répondez-moi catégoriquement.

— Oui, pour le service, brigadier, fit Antoine interloqué de cet accueil sévère.

— Pour lorse, reprit le brigadier, je vous enjoins de ne point plaisanter comme vous faites, et subséquemment de vous abstenir de comparaisons malsonnantes.

— Malsonnantes !

— Oui, et incongrues.

— Mais brigadier...

— Il n'y a pas de mais brigadier, vous avez dit : messieurs les gendarmes ! que c'est une comparaison des plus badines, inventée pour embêter la maréchaussée, vu que nous ne sommes pas des messieurs, mais des militaires.

— Le brigadier a raison, dit le gendarme en appuyant son chef.

— C'est vrai ! fit le garde écrasé par cette logique pleine d'éloquence et de bon sens.

Et il reprit :
— Pour lors.
— Encore... tonna le brigadier.
— Encore quoi ? demanda Antoine.
— Encore une facétie.
— Mais non, brigadier.
— Si, vous avez dit pour lors, et c'est une manière de calembour inoffensif, mais irrespectueux entre soldats.
— Ah ! fit Antoine.
— Parbleu ! C'est pour lorse qu'il faut dire.
— Tiens ! le maître d'école m'a dit que c'était pour lors, même qu'il me l'a montré écrit.

Le brigadier sourit.
— Le maître d'école, fit-il, sait son métier pour le bourgeois, mais ne connaît pas le règlement de l'armée ; le civil dit pour lors ; nous autres militaires nous disons pour lorse afin de nous distinguer du pékin.
— Le brigadier a raison, fit le gendarme, à preuve que jamais au régiment on ne dit autrement.

Le père Antoine regardait les deux gendarmes avec une juste admiration pour leur profonde érudition.
— Présentement, continuez votre rapport, camarade, fit le brigadier bienveillant et attentif.
— Voilà la chose, dit Antoine. Il y a des braconniers qui chassent au bois à la face du soleil.
— Ah ! fit le brigadier.
— Ah ! répondit le gendarme en façon d'écho.
— Ils sont une douzaine.
— Ah ! ah ! fit le brigadier, et l'écho ne resta point muet.
— Ils font une battue, tranquillement, comme s'ils étaient chez eux ou avec le patron.

Le brigadier ne dit mot, mais il frémit et sa main droite caressa la poignée de son sabre, pendant que la gauche rassemblait les rênes de son cheval.

Son compagnon était en proie à la même émotion ; le poil des deux gendarmes frétillait de colère.
— En route ! fit le brigadier d'une voix étranglée par une légitime stupéfaction.
— Attendez ! fit le garde.

Le brigadier parut se demander quelle révélation Antoine pouvait avoir encore à faire.

— Ces braconniers, dit-il, ne sont pas des hommes ordinaires comme vous et moi, mes camarades.

— Oh ! fit le brigadier.

— Oh ! répondit l'écho.

— Ils ont des vêtements biscornus, des chapeaux qui n'en finissent pas, des barbes d'un mètre, des ceintures de toutes couleurs, des armes qui sont en or et en diamant... des...

— Oh ! oh ! fit le brigadier.

L'écho fut encore fidèle.

— Enfin, ces gens-là me font l'effet d'êtres extraordinaires, inconnus, dangereux et intempestifs.

Le brigadier réfléchit.

— Vous les avez vus, maître Antoine ? demanda-t-il avec un soupçon de doute.

— Vus, de mes yeux vus, comme je vous vois, sous le respect que je vous dois, brigadier.

— Diable !

— Même que le plus rapproché de moi avait la tête blanche comme neige... et la barbe aussi.

Le brigadier était dérouté, mais il n'hésita point.

— Marchons ! dit-il brusquement.

Ils entrèrent sous bois et Antoine guida la maréchaussée à travers les sentiers.

Le brigadier se taisait.

Ses compagnons ne parlaient point.

Pendant quelque temps le silence se fit et ne fut troublé par aucun son irrévérencieux, si vague qu'il pût être !

Enfin, le brigadier ouvrit la bouche et ses compagnons connurent le fruit de sa méditation.

— Antoine, demanda-t-il d'un ton goguenard, êtes-vous bien sûr de ne pas avoir eu la berlue ?

Depuis qu'il s'était éloigné de la battue, le garde n'avait plus entendu de coups de fusil ; ce qu'il avait vu était si bizarre qu'il se demandait à part lui, s'il n'avait pas eu d'illusion.

— Dame ! brigadier, dit-il, on n'est jamais bien certain de ce qu'on a *entreperçevu* ; la berlue et le cauchemar, c'est deux choses embêtantes pour chacun en général et pour tout le monde en particulier.

— Voilà, s'écria le brigadier joyeux, vous avez eu un éblouissement aléatoire et trompeur.

— Possible! Nous verrons bien.

Tout à coup plusieurs coups de feu retentirent au loin démentant les doutes des gendarmes.

Les trois hommes tressaillirent.

— Là ! les entendez-vous ? fit Antoine.

— Oui ! fit le brigadier.

— Si nous piquions des deux ! proposa le gendarme impatient d'arriver.

— Silence dans le rang ! ordonna son chef justement courroucé. Votre idée est bonne, à preuve que c'était la mienne ; mais elle est mauvaise parce qu'elle est contraire à la discipline, vu que vous ne devez pas parler, quand je ne vous interroge pas personnellement.

Le gendarme coupable baissa la tête.

Le brigadier, gracieux, dit à Antoine :

— Vous, camarade, montez en croupe.

Et il lui donna un coup de main.

— Tenez-vous bien, dit-il quand il le vit assis, nous allons faire trotter nos bêtes !

— Là ! j'y suis, dit Antoine, ventre à terre, brigadier, dans dix minutes nous serons sur le dos de ces coquins-là ! qui m'ont l'air d'avoir un fameux toupet.

Et les gendarmes allaient piquer des deux, quand on entendit, au fond d'un ravin, des aboiements subits.

— Qu'est-ce que c'est que ça? fit le brigadier.

— Une chasse à courre, répondit Antoine.

— Mille carabines ! quels gaillards! Et comme j'aurais du plaisir à vous leur poser la main au collet !

Et le brigadier, suffoqué par la colère, poussa son cheval vers le bord du ravin assez rapproché de là.

Son compagnon l'imita en jurant comme... un gendarme. Ils arrivèrent à temps tous trois pour assister à un spectacle fantastique auquel servait de cadre la forêt en cet endroit sombre, sauvage et bouleversée par une convulsion souterraine, qui avait creusé une gorge pittoresque, en fendant en deux une colline escarpée.

Ce défilé avait un aspect si tourmenté, qu'il jetait des sentiments d'effroi au cœur des bûcherons égarés de ce côté; ses pentes à pic étaient hérissées de quartiers de rocs énormes et prodigieusement arrêtés dans leur course ; on eût dit qu'une force mystérieuse les clouait aux flancs du talus, tant leurs masses violaient en apparence les lois de l'équilibre.

Au fond du précipice, le remplissant de murmures plaintifs, de bruissements sourds, de grondements rageurs et de rugissements furieux, un torrent coulait tantôt calme, tantôt déchaîné, faisant çà et là bondir ses flots écumeux par-dessus les obstacles, et formant des arcades échevelées, tournoyant dans des gouffres.

Le site était connu dans le pays sous le nom de la *fosse aux fades* (aux fées).

Les paysans berrichons racontaient, en tremblant, les légendes mystérieuses dont il aurait été le théâtre, et les bûcherons prétendaient que, la nuit, on y entendait des appels désespérés proférés par des voix humaines.

La soirée allait s'avançant et de grandes ombres, déjà projetées sur la forêt, prêtaient aux objets ces formes allongées qui frappent si singulièrement l'esprit.

Penchés tous trois, les gendarmes et le garde attendaient, écoutant le bruit de la chasse qui s'avançait avec rapidité ; ils étaient déjà impressionnés, malgré eux, par les faits singuliers qui se passaient autour d'eux.

Tout à coup, Noirot se cramponna des quatre pattes aux aspérités du terrain, ses oreilles pointèrent sur sa tête, phénomène rare chez un griffon ; ses yeux s'injectèrent de sang et sa gueule se couvrit de bave ; on entendit distinctement ses dents claquer avec un bruit sec et dur ; des sons gutturaux s'échappèrent, sourds d'abord, puis stridents...

Il aboya à la mort...

— Ah ! mon Dieu ! murmura le garde effrayé, qu'est-ce que nous allons voir !

Les deux gendarmes ne disaient mot.

Roides, glacés, muets, ils cherchaient à contenir un vague effroi qui les envahissait.

Mais leurs chevaux, moins prompts au flair que le griffon, commençaient à donner des signes d'inquiétude ; puis, soudain, ils se cabrèrent, hennirent, et il devint impossible de les maintenir, tant ils montraient d'épouvante.

Les deux gendarmes durent descendre et les attacher aux arbres voisins, qu'ils secouèrent avec rage.

Évidemment des senteurs inaccoutumées, des émanations, dont s'épouvantaient les animaux domestiques, remplissaient l'air et annonçaient la présence d'êtres d'une espèce inconnue et monstrueuse.

Le griffon hurlait toujours.

La chasse s'approchait.

Les voix des chiens devenaient distinctes, mêlées d'autres cris que jamais le garde n'avait entendus dans les bois; la meute était sur la bête, la chassant à vue.

— Dans cinq minutes, dit le garde à voix basse, l'animal sera forcé pour sûr.

— Nous verrons la curée! fit le brigadier d'un ton qu'il cherchait à rendre assuré.

— Hum! fit le garde. Sait-on ce qu'on verra ou ce qu'on ne verra pas aujourd'hui?

— Il se passe, en effet, des choses qu'un gendarme n'est pas habitué à voir, avoua le brigadier; mais ce n'est pas un motif pour manquer à ses devoirs et nous irons dresser procès-verbal à ces gens-là, d'une façon péremptoire, quand ce seraient des diables ou des sorciers; un gendarme ne doit avoir peur de rien.

Il se fit un silence.

— Ils vont déboucher dans la *fosse*, dit le garde attentif et les yeux démesurément ouverts.

— Ça sera drôle! fit le brigadier d'un air dégagé, nous allons donc savoir à qui nous avons affaire.

— Les voilà! s'écria la gendarme.

En effet, le chevreuil parut...

Derrière lui se ruait, par bonds, une meute hurlante et famélique de chiens fauves, à la gueule démesurée, aux poils ras et luisants à former miroir sur la peau: au lieu de se précipiter sur la bête et de la mettre bas, ce qu'ils eussent pu faire facilement, ils l'écartaient sans chercher à l'atteindre.

Évidemment le chevreuil était fatigué.

Pourquoi ces grands chiens le ménageaient-ils, jouant le jeu du chat avec la souris?

C'est ce qu'il eût été difficile d'expliquer; mais le pauvre chevreuil aux abois, par un dernier effort, volait par-dessus les buissons, sautait le torrent, franchissait les rocs et, derrière lui, la meute suivait avec une légèreté inouïe.

Le terrain était si hérissé de broussailles et de blocs granitiques, qu'il semblait impossible qu'une troupe à cheval pût s'y engager.

Mais, derrière la meute, drapés dans des suaires blancs, lancés à un galop effréné, trois cavaliers faisaient voler les cailloux du chemin sous les fers de leurs coursiers noirs, dont les naseaux soufflaient une vapeur brûlante. Ces trois hommes, pareils à trois démons, se tenaient couchés sur l'encolure de leurs chevaux et poussaient des exclamations sauvages.

Ensuite venait un animal singulier, d'une structure inexplicable, ayant des jambes effilées, noueuses, minces échasses supportant un grand corps efflanqué, bossu, rugueux, emmanché d'un cou hors de toute proportion, tendu horizontalement et sans tête.

On eût dit d'un quadrupède guillotiné.

L'allure de ce monstrueux animal était faite de mouvements saccadés et irréguliers, de soubresauts inattendus qui secouaient tous ses membres; cela tenait à la fois du trot, du galop et de la marche, il ballottait de gauche à droite, de droite à gauche et semblait aller à tâtons, quoique à toute vitesse.

Qu'on se figure au repos cet animal, tel que nous l'avons décrit, qu'on s'imagine qu'un géant de la fable lui abat la tête d'un coup de sabre et que, tout décapité qu'il soit, il s'élance, on aura une idée de sa course.

Sur cette monture invraisemblable une femme (était-ce une femme?) se tenait assise ou posée.

Posée, car on ne voyait qu'un buste et point de traces de jambes, et ce buste adhérait au dos de l'animal, car il en suivait les ondulations violentes sans marquer la secousse.

Noyée dans la mousseline, emportée trop rapidement pour être dévisagée, cette femme, cette demi-femme ou cette fée avait des cheveux noirs soyeux, que le vent secouait avec force, fouettant l'air de leurs immenses tresses, les roulant et déroulant tour à tour.

Quant à la figure, elle sembla belle, d'une beauté radieuse,

3.

aux spectateurs de cette scène, mais dure, et empreinte d'une ardeur féroce.

Par moment, devant cette chasseresse, sur les épaules de sa monture, se dressait un animal, informe quand il était accroupi et qui prenait toutes les apparences d'un chat noir énorme quand il se levait ; il étirait ses pattes, balayait l'air de sa queue, bâillait à outrance, poussait une plainte lamentable et se reblottissait à la place qu'il occupait.

Le soleil couchant empourprait de ses feux la cime du défilé, et ses reflets, renvoyés par les parois du granit, miroitaient sur cette chasse, ajoutant encore à son étrangeté.

Du reste, ce ne fut qu'une apparition, quoique chaque objet se fût dessiné nettement.

Chevreuil, chiens, cavaliers, chasseresse s'enfoncèrent dans les sinuosités de la gorge et disparurent...

IV

Où le fantastique qui se promenait en forêt est forcé de montrer ses papiers à la maréchaussée.

Les spectateurs de cette scène demeuraient immobiles, abrutis, pétrifiés.

Enfin ils se regardèrent, mais sans mot dire, craignant de réveiller l'écho.

Le brigadier rompit le silence le premier; mais cette fois il ne s'agissait plus de métaphores, de périphrases; en pareille circonstance, la maréchaussée oublie son langage fleuri pour parler celui de tout le monde.

— Eh bien! fit-il.
— Eh bien! répéta le gendarme.

Antoine, songeur, méditait une réponse.

— Parbleu! fit-il, la chose est claire pour moi comme de l'eau de roche.

— Vous comprenez ce qui se passe! demanda le brigadier surpris de la perspicacité d'Antoine.

— Oui! fit celui-ci.
— Vous avez de la chance.
— C'est bien simple, pourtant.
— Bien simple!

Et le brigadier, scandalisé, toisa le garde.

— Expliquez-vous, compère, dit-il.
— Voilà! fit le garde.

Mais, jetant autour de lui un regard défiant et comme un homme qui craint d'être entendu, il invita d'un geste ses compagnons à se rapprocher.

Ceux-ci s'empressèrent d'amener leurs oreilles au plus près de ses lèvres.

Néanmoins, Antoine hésitait.

— Allez donc! fit le brigadier impatient.
— C'est que l'on dit qu'il ne faut pas prononcer son nom la nuit.
— Le nom de qui?
— De la grande fade (fée)?
— Hum! hum! fit le brigadier. Vous avez la tête perdue, mon camarade.
— Dame! on prétend que la *grande fade* apparaît dès qu'on la nomme.
— Bêtises de paysans!
— Pas si bêtes que ça, les paysans, à preuve ce que nous venons de voir à l'instant.
— Mais, s.... poltron, finissez-en donc! Qu'est-ce que vous supposez? Parlez carrément.

Antoine fit un effort.

— Mon idée, murmura-t-il, c'est que la *grande fade* a défilé devant nous avec son cortège.

Le brigadier et son gendarme se regardèrent avec un sourire plein de dédain pour le forestier.

Ils étaient braves et forts, ces gendarmes, et ils ne croyaient point aux esprits.

— Il n'y a ni *fades*, ni *farfadets*, ni *revenants!* déclara le brigadier énergiquement.
— Alors, tâchez de comprendre, camarades, riposta Antoine; moi je donne ma langue à mon chien.

Et il jouit de l'embarras de ses interlocuteurs qui avaient vu un spectacle prodigieux, inexplicable, et ne voulaient point admettre le merveilleux.

Le brigadier sentait bien qu'il avait eu devant les yeux une scène étrange comme il en avait lu dans les vieux romans du temps jadis, que l'imprimerie d'Epinal répand dans les campagnes. Il y avait, en face de lui, un fait palpable, tangible, irrécusable; en vain il cherchait à le commenter; ses plus violents efforts n'aboutissaient à rien.

Le coude appuyé sur son sabre, le front sur la paume de la main, il creusait le problème.

La solution ne venait point.

— Brigadier ! hasarda Antoine.

— Hein ? quoi ?

— Vous ne croyez donc pas aux sorcelleries ?

— Parbleu non ! Me prenez-vous pour une bonne femme, maître Antoine ?

— Cependant, brigadier, j'ai lu dans les *Quatre fils Aymon* l'histoire de l'enchanteur Merlin; c'est vrai, puisque c'est écrit.

— Peuh ! fit le brigadier, dans l'ancien temps, il y avait des gens comme ça, je ne dis pas non; mais il n'y en a plus depuis longtemps.

— Pourquoi ?

— Parce qu'on a détruit tout ça comme de mauvaises bêtes venimeuses que c'était.

— Mais, brigadier, qui est-ce qui aurait exterminé du monde aussi à craindre ?

— La gendarmerie de cette époque-là, parbleu ! Chaque fois qu'il est parlé des hommes qui massacrent ces vermines-là dans les *Quatre fils Aymon,* on dit : ces braves gendarmes par-ci, ces braves gendarmes par-là !

Antoine n'eut rien à répondre.

C'était péremptoire.

Le brigadier reprit le cours de ses réflexions.

— Dites donc ! fit encore Antoine.

— Quoi ? exclama le brigadier impatienté.

— Je pense que vos collègues de l'ancien temps n'ont peut-être pas tout tué.

— Allons donc ! fit le brigadier offensé.

— Vous voyez bien qu'il en reste encore.

— Imbécile !

Telle fut la conclusion brève, mais énergique, du brigadier.

Tout à coup la chasse, que l'on entendait toujours, s'arrêta subitement et il y eut un silence.

Les trois hommes écoutèrent.

Le temps d'arrêt fut court; une plainte lamentable passa

par-dessus les arbres, gémissant à travers la forêt; puis un houlvari effrayant retentit; les chiens faisaient curée avec vacarme, et, à travers leurs aboiements, se mêlaient de temps à autre les cris d'une bête fauve inconnue.

L'hallali tira le brigadier de l'abîme de réflexions où il était plongé.

Il prit une résolution sublime.

— En route! dit-il avec un geste héroïque.

L'inconnu avait passé à son nez et à sa barbe; le fantastique s'était permis de se montrer à la face de la maréchaussée; la maréchaussée allait prendre le merveilleux au collet, le secouer rudement et lui demander :

— Vos papiers!...

C'est que la gendarmerie ne recule devant personne; elle surveille un quiconque et ne pactise jamais; Dieu ou démons, chacun doit lui exhiber un passe-port.

Le garde en frémissait.

— Mais, brigadier... fit-il.

— Quoi! demanda celui-ci.

— Vous allez donc là-bas?

Et le garde étendit la main dans la direction du bruit qui allait croissant.

— Si j'y vais! mille légions de diables! Certainement que j'y vais, et dare dare encore!

— Pourtant...

— Il n'y a pas de pourtant.

— La grande fade...

— Je m'en f... comme de mes vieilles bottes.

— Il vous arrivera malheur.

— Nous verrons bien.

— Brigadier, croyez-moi, allons-nous-en !

Et Antoine eut un geste suppliant.

— Partez, restez ou suivez-moi, tonnerre de D...; mais décidez-vous, maître Antoine.

Le brigadier fit cette injonction avec une fermeté et une concision presque élégante; chose remarquable, en face du danger, il oubliait ces locutions saugrenues qui émaillent d'ordinaire le langage du troupier, quand il se pique de bien dire et recherche l'effet.

— Si vous partez, continua le brigadier, vous pourrez vous

trouver seul avec une bande de ces êtres biscornus qui viennent de nous brûler la politesse.

Le garde murmura piteusement :

— C'est vrai !

— Si vous restez là, piqué comme un pieu, vous vous exposez au même désagrément.

— C'est encore vrai.

Le garde bramait en faisant cet aveu.

— Allons-nous-en ensemble, brigadier, insinua-t-il de sa voix la plus persuasive.

— Plus souvent ! dit le brigadier.

Le gendarme intervint.

— Père Antoine ! dit-il.

— Camarade ! fit le garde.

— Voulez-vous savoir mon opinion ?

— Vous êtes de mon avis, vous, n'est-ce pas ? fit le garde.

Ce qu'il y avait d'espoir au fond de cette question est intraduisible ; c'était la dernière branche de salut, et le pauvre forestier se jetait dessus.

Mais elle cassa.

— Mon avis, mon avis, fit le gendarme, c'est que vous êtes un lâche, indigne d'être garde.

— Voilà ! appuya le brigadier.

L'injure produisit son effet.

— Ah ! je suis lâche ! s'écria le père Antoine, nous allons voir si je suis lâche.

Il s'était redressé.

— Vous voulez vous frotter aux esprits, aux mauvaises fades (fées), j'en suis, moi ; j'irai partout où vous irez ; les forestiers n'ont pas plus peur que les gendarmes.

— Tant mieux.

— Et on verra qui est-ce qui reculera de nous trois, mes gaillards, on verra voir.

— Bon, bon.

— Le tout est de s'y mettre, camarades, et j'y suis, j'y suis en plein, j'y suis des quatre pattes.

Il brandissait sa carabine.

— Là ! tout beau ! fit le brigadier.

Mais Antoine était monté.

— Quoi, *tout beau !* Gardez donc vos *tout beau* pour vous, brigadier ; je ne suis pas un chien, moi ; c'est aux chiens qu'on dit *tout beau*.

Les yeux du père Antoine lui sortaient de la tête ; évidemment, ce n'était pas sans un puissant effort qu'il avait dompté sa poltronnerie.

Les deux gendarmes se regardèrent en haussant les épaules d'un air de dédain.

— Piquons ! fit le brigadier.

Ils lardèrent leurs chevaux à coups d'éperons pour les pousser en avant, vers la chasse.

Mais ce n'était pas le compte du garde.

— Halte ! cria-t-il.

Et il se jeta à la bride du cheval du gendarme, qu'il arrêta violemment.

— On ne part pas sans moi ! fit-il résolûment. Je veux faire l'arrestation de ma propre main.

— Un joli coco ! observa le brigadier avec un écrasant mépris qui fit bondir le garde.

— Coco ! fit celui-ci avec rage ; vous me traitez de coco, brigadier ; vous me payerez cela après l'affaire ; il faudra en découdre avec le père Antoine, mon bonhomme ; un ancien caporal du 8e de ligne ne se laisse insulter par personne, pas même par un gendarme.

— Soit ! on s'alignera ! promit le brigadier ; mais lâchez le cheval de mon camarade, ou je vous coupe la figure d'un revers de sabre.

— Et moi je vous allonge un coup de fusil, si vous ne me laissez pas monter en croupe !

Le garde était trop exalté pour en démordre, et le brigadier, pour en finir, lui dit :

— Soit ! montez !

Mais, en prononçant ces deux mots, il serrait les dents avec fureur, et il murmura :

— Demain matin, la besogne faite, on verra à s'expliquer péremptoirement sur le gazon.

— Oui ! fit Antoine. On vous y fera rentrer vos *tout beau !* et vos *jolis cocos* dans le ventre.

Le brigadier crut de sa dignité de se taire ; quant au gendarme, il levait les yeux au ciel, pour l'attester sur ce scandale inouï d'un garde provoquant en duel un membre de la maréchaussée dans l'exercice de ses fonctions.

Le père Antoine maugréait toujours.

Bientôt l'on fut à quelques cents pas de l'endroit où la curée avait lieu, et le brigadier, impatienté des réflexions du garde, grondant et menaçant, lui dit :

— F....., taisez-vous donc, nous approchons !

L'avertissement produisit son effet; Antoine se tut, et commença à pointer ses regards à travers les massifs, pour y découvrir la grande fade et son cortége.

Les chiens s'étaient tus.

En revanche, les chasseurs riaient.

— Ces sauvages-là s'amusent! fit tout bas le gendarme; je me demande ce qui les fait rire.

— Les larmes du daim ! répondit gravement le garde; entendez-le pleurer.

Et il ajouta en frissonnant :

— Pauvre bête !

On avançait toujours.

— Voyez-vous, fit Antoine oubliant son altercation, ces chasseurs fantômes, ça s'amuse à tourmenter les bêtes, quand ça n'a pas d'hommes sous la main.

Un bruit de rugissements étouffés se mêlait aux éclats de rire et aux gémissements du daim; il devenait de plus en plus distinct.

— Ça, c'est la voix de la bête noire que nous avons vue, affirma Antoine.

— Possible ! fit le brigadier.

— Quelque loup-garou !

— On verra bien, maître poltron !

Ce mot rendit toute sa colère à Antoine; mais le brigadier, qui avait fait cette réponse avec calme, au fond bouillait d'impatience; aussi tout à coup, enlevant son cheval, le lança-t-il vers les chasseurs à travers une percée.

En deux ou trois élans, on arriva sur la meute.

Les gendarmes s'arrêtèrent à dix pas.

Devant eux, le daim, couché sur le sol, se débattait sous l'étreinte du grand chat noir qui s'acharnait sur sa victime; les chiens formaient cercle, couvant leur proie d'un œil sanglant; sur une ligne, les trois cavaliers, toujours drapés de blanc, suivaient d'un regard farouche les péripéties de l'agonie, s'interrompant pour rire et encourager le grand chat noir.

Enfin, derrière les cavaliers, mais les dominant, la femme étrange qui montait la bête que nous avons décrite alors qu'elle traversait la gorge ; seulement on pouvait voir qu'elle avait une tête, mais si petite, si peu séparée du cou, surtout quand il était tendu, qu'on l'aurait crue décapitée alors qu'elle courait rapide.

Les chevaux des gendarmes, quoiqu'ils fussent dressés à l'obéissance passive, piétinaient, renâclaient et refusaient énergiquement de pousser plus avant.

Le griffon du garde se tenait coi, derrière, la tête basse, la queue traînante.

Les gendarmes étaient devenus fort pâles.

Le père Antoine, seul, était rouge comme une crête de coq en colère et déterminé.

La peur le rendait téméraire.

Toutefois, la curiosité le tenait encore à sa place, la tête penchée pour voir.

En face des gendarmes troublés, quoi qu'ils fissent, les chasseurs demeuraient immobiles, quoique ricanant ; les chiens ne bougeaient point et restaient silencieux ; le grand chat noir continuait à fouiller de son mufle la fourrure du daim ; la chasseresse, impassible, semblait elle-même ne pas s'apercevoir de l'arrivée des nouveaux venus ; tous ces êtres se mouvaient en quelque sorte dans le fantastique, se souciant peu de la réalité.

Mais tout à coup Antoine mit pied à terre, toisa insolemment le brigadier, et le défiant :

— On va lui mettre la main au collet, à la grande fade, dit-il, pendant que vous restez planté comme un imbécile sur les quatre pieds de votre cheval.

Et sifflant son griffon, qui eut l'insigne courage d'obéir, il fit quelques pas en avant.

Cette démarche hostile eut un résultat déplorable.

Les chiens se levèrent tout à coup et entourèrent le garde d'un bond ; deux des plus grands, les chefs de meute, empoignèrent chacun un pan de son habit, et les autres lui montrèrent des crocs formidables, tandis que l'un d'eux, un seul, en quatre coups de dents mettait le griffon en fuite.

Le père Antoine voulut faire un pas; les lévriers donnèrent un coup sec à son habit, et le bonhomme fut renversé net sur le sol, où il se débattit.

Les gendarmes, trop réellement braves pour abandonner leur camarade, avaient dégaîné, et s'apprêtaient à le dégager, quand, au sifflement d'un cavalier, la meute vint se ranger derrière les chevaux, abandonnant le garde, qui se releva exaspéré et s'élança vers les chasseurs, les menaçant de sa carabine et les interpellant, tout en faisant force signes de croix; car plus que jamais il se croyait en face de sorciers.

A la vue de ces démonstrations hostiles, un des cavaliers fit un geste; un des grands chiens s'élança, saisit au vol, et d'un coup de gueule, l'arme du père Antoine, et vint l'apporter à son maître qui la plaça en travers de sa selle.

Le garde, hébété, resta bouche béante, les mains tombantes, l'air stupide.

Les gendarmes, au contraire, allèrent droit à celui qui paraissait le chef de la chasse, et le brigadier, froidement, l'œil fixé sur celui de son interlocuteur, lui demanda :

— Vos papiers?

Il y eut un temps de silence.

Le chasseur parut ne pas comprendre.

— Vos papiers? répéta le brigadier impérieusement.

Une voix de femme prononça quelques mots dans une langue étrangère; le brigadier se retourna, et il vit le père Antoine, dont toute la bravoure était tombée, se prosterner humblement aux pieds de la chasseresse et bramer tout haut un *Pater noster* bien senti, entrecoupé de :

— Grande fade, ayez pitié de moi! Grande fade, pardonnez-moi!

Devant cet acte de repentir, la chasseresse, souriant, avait tendu un bout d'écharpe au père Antoine, qui l'avait machinalement saisi et le baisait avec ferveur.

Cependant, tout indigné qu'il était, le brigadier se contint, et répétant son injonction :

— Vos... fit-il en se retournant vers le chasseur.

S'il n'acheva pas, c'est que ce dernier lui tendait un objet ressemblant fort à un passe-port.

Il le prit, le déplia, fit flamber une allumette, et lut à mi-voix la formule ordinaire des passe-ports, avec ce signalement qu'il contrôla :

Taille 1.80

Visage ovale.

Teint basané.

Yeux noirs.

Cheveux blancs.

Barbe grise.

Front haut et fuyant.

Nez aquilin.

Bouche petite et mince.

Menton pointu.

Et comme noms, prénoms et professions :

Sidi Mohammet-ben-Sallah-el-Hadj, agha des Beni-Kendis, chevalier de la Légion d'honneur!

Puis en note :

« Nous recommandons particulièrement l'agha Sidi Mohammet, sa famille et sa suite, à toutes les autorités civiles et militaires françaises, les priant de les traiter selon les égards dus à son rang. »

Le brigadier, visiblement décontenancé, présenta le passe-port à son gendarme, qui le lut avec non moins de surprise, et qui, appelant le père Antoine, voulut lui montrer ce laisser-passer en bonne et due forme; mais le garde continuait son *Pater* et ses supplications, avec force baisers sur l'écharpe, ce dont la chasseresse semblait ne plus se préoccuper.

Le gendarme, indigné de la bêtise du garde, lui cria :

— Antoine, mille tonnerres, venez donc!

Le garde se leva effaré.

— Tenez, lisez ce passe-port, lui dit le brigadier en prenant la pièce des mains de son camarade.

Puis tout bas :

— Imbécile que vous êtes avec *vos grandes fades* et vos sorciers! ces gens-là sont des Arabes.

— Des Arabes?

— Oui, le passe-port le dit.

— Le passe-port?

— Certainement, le passe-port, lisez-le.

Et maître Antoine, faisant flamber à son tour une allumette, déchiffra les noms et le signalement.

Sa figure prenait, à mesure qu'il lisait, une vive expression de dépit, ce dont le brigadier semblait ravi.

— Eh! lui dit-il à l'oreille, vous qui vouliez tout avaler, monsieur Antoine de Tranche-Montagne, vous voilà bien penaud; l'avez-vous assez baisée la robe de la *grande fade!*

— C'est bon! fit Antoine; on s'est trompé, et il y avait de quoi; vous n'étiez pas si crâne tout à l'heure, vous, brigadier! Vous n'osiez pas avancer sur eux.

— Un vrai brave est prudent, dit simplement le brigadier qui avait sa conscience pour lui.

— Hum! hum! fit le garde; reste une question; les passeports, c'est très-bon pour se promener, mais pour chasser, il faut un permis, et je vais demander le sien au Bédouin.

Il interpella le chef insolemment :

— Votre permis?

Le vieil Arabe, qui ne comprenait pas un mot de français, s'inquiéta, et interrogea de l'œil la jeune femme, qui n'était autre que sa fille.

Celle-ci ne savait pas assez notre langue pour saisir la demande du garde; elle ne put traduire.

— D'abord, reprit Antoine, vous auriez un permis que ça ne servirait à rien, vu que vous êtes sur les terres de M. Billotte, et qu'il ne vous a pas permis d'envahir sa forêt, avec des bêtes sauvages sans tête et des femmes sans jambes.

Les deux gendarmes se mirent à rire.

— Pourquoi vous permettez-vous de vous gausser de moi? demanda Antoine furieux.

— Vous parlez de bêtes sans têtes, camarade, dit le brigadier revenant au langage fleuri; vous m'avez tout l'air d'avoir perdu la vôtre, en tenant ce langage incohérent sans *lime ni raison*.

— Cet animal, que vous appelez sauvage, ajouta le gendarme en gouaillant, est un dromadaire à plusieurs bosses, dont auquel on en voit de ses semblables dans les déserts d'Afrique, où ils servent à transporter les troupiers, à preuve la campagne d'Egypte et les Mameluks. Seulement, quand il court, sa petite tête semble se confondre avec son cou. Voilà!

Et tout fier de sa vaste érudition, le gendarme tortilla sa moustache.

— Et la femme? fit le garde, s'apercevant enfin que le chameau n'était pas guillotiné, comme il l'avait supposé.

— La femme! répéta le brigadier.

— Eh oui! la femme, reprit le garde avec aigreur, pourquoi est-ce qu'elle n'a pas de jambes?

— C'est ce qui ne vous regarde pas, camarade; si une dame juge à propos de ne pas avoir de jambes, je me demande ce qu'un forestier peut y trouver à redire, du moment où cette personne du *sesque* n'est pas destinée à son usage personnel et particulier.

En ce moment, comme pour venir en aide au brigadier et calmer les fureurs de maître Antoine, offusqué qu'une personne du *sesque* n'eût pas tous ses membres, la jeune fille arabe fit plier les genoux à son chameau, qui était de l'espèce particulière des maharis, et elle sauta légèrement à terre, après avoir débouclé les sangles qui l'attachaient sur la selle.

Antoine s'aperçut alors qu'elle s'était tenue accroupie, à la façon orientale, mais que, loin d'être estropiée, elle était complète, et possédait même un mollet d'une jolie tournure.

— Là! fit le gendarme, vous voilà content, maître Antoine; mademoiselle va sur deux pieds, comme vous et moi, et ce n'est pas la *grande fade!*

— Blaguez, blaguez, dit Antoine; rira bien qui rira le dernier, messieurs les gendarmes!

— Encore cette parole inconséquente, fit le brigadier; je vous avais défendu de vous en servir à mon endroit.

— C'est pour ça que je le fais, dit le garde; ça vous vexe, et je suis content. Mais assez de balivernes! J'arrête tout ce monde-là pour délit de chasse.

— La bête qui est là-bas aussi? demanda railleusement le gendarme.

— Tiens! fit le brigadier, au fait, je n'y pensais plus à cet animal extraordinaire; c'est bien dommage que l'Arabe ne parle pas français; on le questionnerait.

— Ce n'est point la peine, dit le gendarme, je sais ce que c'est, moi.

— Ah! fit Antoine.

— J'ai tenu garnison à Paris, et j'y ai vu, au Jardin-des-Plantes, une bête pareille dont j'ai retenu le nom, à cause du proverbe, qui dit d'un homme à forte vue qu'il a des yeux de lynx, pour lorse, c'en est un.

— Ils l'auront apprivoisé ! observa le brigadier. De plus, il est muselé, et il a les pattes comme qui dirait gantées ; c'est même assez bizarre de voir des bêtes féroces se promener dans les forêts avec des gants.

Et les gendarmes de rire.

Et Antoine de répondre :

— Ça ne fait rien ! J'arrête tout le monde !

Ce qui crispa le brigadier.

— Là, ne nous enflammons pas si vite, dit-il. Faites un procès-verbal, et n'arrêtez personne ; ces voyageurs ont des passe-ports en règle qui constatent leur identité ; vous ne pouvez pas leur mettre dessus une main téméraire, qui contrarierait la loi et les magistrats.

— C'est vrai ! fit le garde.

Puis à mi-voix :

— C'est égal, je leur flanquerai toujours un procès-verbal soigné, et nous verrons.

— Nous ne verrons qu'un garde chassé, dit une grosse voix tout à coup.

Chacun se retourna.

Une troupe de chasseurs assez considérable, celle-là même que le garde avait trouvée faisant la battue, était arrivée pendant l'altercation ; elle était précédée par celui qui avait pris la parole.

Il était vêtu de la façon que nous avons dépeinte précédemment, et il se tenait fièrement campé sur son fusil, la main au canon, le poing sur la hanche.

— Oui, maître Antoine, oui, on vous donnera votre compte, mon ami ! répéta-t-il.

— Il sait mon nom ! dit le garde.

— Et beaucoup d'autres choses encore, fit l'inconnu d'un air de menace.

— Vous êtes donc un ami du régisseur, vous ? demanda Antoine d'un ton rogue, mais moins assuré.

— Ton régisseur, qui est un drôle, sera chassé aussi, et avec lui tous les corbeaux du château.

— Ah! ah! ah! fit Antoine riant aux éclats; voilà une fameuse farce!

Et étendant la main.

— Vous êtes tous des farceurs! dit-il; je vous arrête, tas de blagueurs que vous êtes!

Puis aux gendarmes :

— C'est une mascarade de bourgeois qui s'amusent et se fichent de nous.

Mais les gendarmes, qui savaient ce que vaut la signature d'un gouvernement de l'Algérie, ne partagèrent point l'hilarité de maître Antoine.

En ce moment, du château, on entendit sonner du cor...

Tous les chasseurs tressaillirent.

V

Où il se passe de singulières choses à la barbe des gendarmes.

Le son du cor fit tressaillir tout le monde.

— Qui diable peut jouer de la trompe au château ? se demanda le garde inquiet.

Quant aux gendarmes, ils étaient devenus fort attentifs depuis que l'on avait parlé de mettre à la porte du château maître Billotte, le régisseur.

Parmi les chasseurs il y eut des regards rapides et des observations échangées à voix basse ; puis un cavalier piqua des deux et s'éloigna au galop malgré ronces, épines, taillis et cailloux.

Quant à l'interlocuteur d'Antoine, il se contenta de se retourner vers ses compagnons et leur dit quelques mots dans une langue inconnue : après quoi, il reprit :

— Or çà, monsieur le garde, nous voulons donc malmener les amis de notre seigneur et maître ?

— Puisque vous menacez le régisseur, vous n'êtes pas son ami, observa Antoine.

— Cette forêt est donc à M. Billotte et tu es à son service ? fit le chasseur.

— Oui, certes !

— Tu te trompes, mon ami.
— Pas du tout.
— Si, te dis-je.

Les gendarmes observaient, avec une vive curiosité, les péripéties de cette scène.

Le chasseur, homme d'environ trente ans, de magnifique prestance et superbe d'assurance, avait conquis toutes les sympathies de la maréchaussée.

— Vous être, maître Antoine, reprit-il, au service du comte Raoul de Lavery et de mademoiselle Jeanne de Lavery, héritiers tous deux du comte Louis.

— Mais...

— Mais un régisseur insolent a fait disparaître, on ne sait où, la jeune héritière.

— Elle est au couvent...

— Silence ; elle est on ne sait où.

Puis avec un regard scrutateur :

— Vous le savez peut-être, vous ?

Le garde ne se troubla pas sur ce chef d'accusation et ne manifesta que de la surprise.

— J'*en* ignore ! fit-il.

Le chasseur reprit :

— Quant au jeune comte, vrai propriétaire de la forêt, il est en ce moment au château et il y demande compte, au régisseur, de sa fortune et de sa sœur, retirée depuis dix ans du couvent des Oiseaux.

— Diable ! murmura le gendarme.

— Diable ! fit son écho fidèle.

— A cette heure, le comte doit avoir trouvé le lieu où l'on cache sa sœur, car il vient de sonner l'un de nos cavaliers pour lui aider sans doute à l'aller chercher sur les indications du sieur Billotte.

Le brigadier s'avança.

— Il y aurait eu séquestration peut-être ? demanda-t-il au chasseur.

— Ce n'est pas probable ! répondit celui-ci. Depuis que nous connaissons la réponse de la supérieure du couvent des Oiseaux, — à laquelle nous avions écrit étonnés de ne pas recevoir une lettre de mademoiselle Jeanne, que nous prévenions de notre arrivée en France, — nous avons étudié la question et conclu que maitre Billotte est une trop fine canaille, pour se mettre complétement dans le cas de passer en police correctionnelle ou en cour d'assises. Il aura placé mademoiselle de Lavery dans quelque village éloigné, où il lui laisse ignorer qui elle est, attendant d'avoir la certitude de la mort de son neveu, pour se débarrasser de sa nièce.

Les deux gendarmes échangèrent un coup d'œil, qui voulait dire assez clairement :

« C'est bien possible. »

Maître Antoine faisait bien piteuse mine et portait l'oreille bien basse ; les gendarmes souriaient de pitié en le regardant.

— Allons au château, messieurs, dit le chasseur, le comte nous y attend, camarades ; emportons le gibier surtout.

Puis aux gendarmes :

— Vous ferez bien de nous suivre, messieurs, peut-être y aura-t-il de la besogne pour vous.

En pareil cas, la maréchaussée ne se fait pas prier deux fois et les gendarmes rassemblèrent les rênes de leurs chevaux, se tenant prêts.

— Ibrahim ! dit encore le chasseur, emporte le daim en travers de ta selle.

Et aux gendarmes :

— Le comte, prévoyant que nous ne trouverions pas à souper au château, nous a engagés à nous munir de vivres ; nous n'en manquerons pas, j'espère.

Il montrait les carniers de ses amis.

La jeune fille avait repris place sur son mahari, — on appelle ainsi les chameaux coureurs ; — elle avait rappelé le lynx qui, docilement, était venu s'asseoir devant elle.

— Excellente bête, tenez, dit le chasseur aux gendarmes ; ça vous a le flair d'un chien et c'est plus docile qu'un griffon, avec cela fort et agile. Mais nous sommes obligés, ici, de le tenir muselé ; on l'a exigé de nous.

Au mot de griffon, Antoine se rappela le sien et, ne le voyant pas, le siffla.

Peine perdue.

Le chien avait reçu un tel accueil qu'il s'était enfui au château.

On se mit en route.

Les gendarmes observèrent les chasseurs et remarquèrent qu'ils parlaient tous une langue inconnue, qui leur parut contenir un grand nombre de mots français affublés de terminaisons étrangères.

C'était le sabir.

Disposés à la plus grande politesse, mais curieux, sans défiance, le brigadier interrogea celui qui paraissait le chef de la bande.

— Monsieur, lui dit-il, nous avons itérativement le droit de vous demander qui vous êtes ; mais nous avons trop de civilité pour le faire ; si vous vouliez nonobstant avoir celui de nous le dire, nous en serions flattés.

— C'est trop juste, fit le chasseur.

Les deux gendarmes étaient tout oreilles, le garde ne perdait pas un mot.

— Le comte de Lavery, moi et mes amis, sommes des tueurs de lions ou de panthères, des chasseurs d'antilopes, de gazelles ou d'autruches.

« Nous appartenons à différentes nationalités ; mais nous sommes tous dévoués les uns aux autres jusqu'à la mort et nous vivons ensemble.

« Nous sommes venus à Paris, à la suite de Raoul, pour vendre nous-mêmes nos pelleteries et nos plumes que les juifs d'Alger nous achètent à trop bas prix et en même temps pour visiter Paris, avant de tenter une entreprise qui doit nous mener tous à la fortune et à la gloire.

« Nous avons besoin de fonds.

« Raoul va engager ses terres.

« Moi, je suis Polonais, j'étais fort pauvre il y a dix ans ; ma vie de chasseur m'a donné l'aisance, je viens d'hériter d'un parent et nous allons réaliser deux ou trois cent mille francs, qui nous sont nécessaires pour atteindre un but que nous poursuivons.

« Quant aux Arabes, qui font route avec nous, ce sont les serviteurs de Mohammet, l'agha des Beni-Kendi, un des plus grands seigneurs de l'Algérie, qui vient pour marier sa fille à un Français.

— Ah ! firent les gendarmes.

— Oui, Fatma est décidée à épouser un Français parce que, selon elle, eux seuls respectent les femmes et savent les aimer; elle ne veut même pas d'un colon, prétendant que le voisinage des tribus gâte nos compatriotes et qu'ils ne sont pas assez galants. Elle a une fortune de plusieurs millions, et, comme beauté, vous pouvez en juger.

Les deux gendarmes se retournèrent comme un seul homme et l'examen fut des plus favorables, car le brigadier, se penchant vers le chasseur, lui dit en souriant :

— Si cette jeune personne avait par hasard un penchant pour les militaires, je vous prierais de ne pas me le cacher, car je n'ai pas encore convolé.

Le brigadier, en disant cela, parlait moitié sérieusement, moitié en plaisantant, comme un homme qui n'ose hasarder une demande qu'en ayant l'air de rire, mais qui serait enchanté qu'on le prît au mot.

Le chasseur sourit, dans son épaisse moustache, de cette prétention outrecuidante.

— Brigadier, dit-il, le champ est libre, chacun peut faire sa cour et vous êtes bel homme.

Le brigadier se rengorgea.

Il ne s'attendait pas à être encouragé de cette façon engageante.

Le gendarme n'avait pas perdu un mot de cette conversation; voyant que son chef avait des chances, il se disait qu'il pouvait en avoir également, et il voulut poser aussi sa candidature; à cet effet, manœuvrant habilement, il parvint à faire passer son cheval à gauche du chasseur et, par un signe mystérieux, lui montra qu'il désirait lui parler.

Le chasseur ralentit sa marche.

A distance de son chef, le gendarme fit cet aveu :

— Pour lorse, je vous dirai, monsieur, que si c'était un effet de votre bonté de toucher deux mots sur mon compte à cette belle Arabesque, vous n'auriez pas affaire à un ingrat et je vous ferais sentir les marques de ma reconnaissance pour le restant de vos jours.

— Que faut-il dire? demanda le chasseur.

Le gendarme se recueillit, puis après avoir médité pendant quelques minutes :

— Vous exposerez à cette enfant du désert que le soleil de son pays n'est qu'un lampion comparé à mon cœur qui brûle depuis que j'ai vu cette admirable personne; vous lui direz

4.

que je me fiche de sa dot comme de ma vieille paire de bottes, mais que c'est à son amour que je tiens par-dessus tout, excepté bien entendu l'honneur, le devoir, la consigne et les règlements militaires; bref, je mets à ses pieds mon sabre et ma vie si ça peut lui être agréable et je me dévouerais volontiers au bonheur de son existence.

— Bien! fit le chasseur.

Puis se reprenant et pour éviter une mission ridicule :

— Pourquoi ne faites-vous pas votre commission vous-même, monsieur le gendarme?

— C'est que parler de sa flamme tout d'un coup à une femme qu'on voit pour la première fois, ça me paraît contraire à la civilité et aux usages des bourgeois.

— Bah! Vous êtes militaire, vous.

— C'est vrai.

— Vous avez un langage séducteur, ça se voit.

— Pour cela, je sais ce qu'il faut conter aux femmes, afin de les enjôler de la belle façon.

— Puis une fillette des tribus n'a pas les façons d'agir d'une Française qui fait la prude.

— C'est vrai encore ça; une Arabesque ne doit pas être bégueule comme une Française, qui commence d'abord par faire la dégoûtée et qui devient gourmande comme tout de son gendarme et en redemande à se donner des indigestions, *sufficit*, je m'entends; on sait ce que parler veut dire, pas vrai!

— Parbleu!

— Conséquemment, j'aborde carrément la question et je glisse une déclaration incombustible à cet ange-là, entre deux regards séducteurs.

— Bravo!

— Merci de votre conseil, camarade, car nous sommes camarades maintenant, n'est-ce pas?

— J'accepte votre amitié avec plaisir, fit le chasseur, et j'en suis très-honoré.

— Voilà! Je suis bon enfant. A tout à l'heure!

— Bonne chance!

— Merci!

Le gendarme ralentit la marche de son cheval et fut bientôt à la hauteur du mahari de Fatma.

Il salua gracieusement les deux Arabes d'escorte et la jeune fillette qui répondit d'un signe de tête.

— Pour une femme des pays sauvages, pensa le gendarme, elle me paraît apprivoisée.

Il donna à sa moustache un tour conquérant, prit une pose héroïque et entama la conversation :

— Savez-vous parler français, mademoiselle? demanda-t-il d'une voix insidieuse.

— Un peu, dit-elle.

— Tant mieux; que c'est le langage le plus compatible avec celui des amoureux.

— Compatible! fit-elle avec un accent guttural qui n'était pas sans charme, compatible ! Je ne comprends pas.

— Voici ! reprit le gendarme ; ça signifie que, quand un bel homme (comme moi, par exemple) aime une jolie fille (comme vous, par exemple aussi), il lui est agréable de lui faire les yeux doux en français, parce que c'est une manière de parler plus engageante que les autres.

La jeune fille ne saisissait, dans cette phrase alambiquée, que quelques mots, et elle en cherchait péniblement le sens, ce qui lui donnait l'air rêveur.

Le gendarme, encouragé par ce qu'il prenait pour de la langueur, continua :

— L'alsacien, par exemple, est un jargon désagréable: quand on dit je t'aime à une dame, on a l'air de lui proposer de baiser... sa giberne, pour parler par respect.

Et le gendarme se mit à rire bruyamment.

La jeune fille le regarda avec étonnement; son interlocuteur crut lire de l'admiration dans ses yeux pour l'esprit qu'il avait montré.

Il en fut pâmé.

— Pour lorse, dit-il poussant vigoureusement sa pointe, que sans parler par matamore et pour m'expliquer clairement comme il convient à un homme qui n'a en vue que le bon motif, je vous dirai, belle Arabesque, que je n'ai pas les yeux dans ma poche et que je vous trouve si magnifique, que j'en ai des éblouissements dans la prunelle ; mon cerveau est sens dessus dessous et mon cœur bat la générale. On m'a dit que vous voyagiez en France, pour votre plaisir, dans l'intention aimable de choisir un époux; si dont auquel le gendarme

Nicolas Lalouette avait celui de vous faire correspondre à ses feux, il s'intitulerait le plus heureux des militaires passés, présents et à venir.

La jeune fille fit un geste que le gendarme prit pour de l'émotion et qui n'était que de l'impatience.

— Veux-tu, dit-elle, me faire plaisir?

— Oh! oui, fit le gendarme.

Et à part lui :

— Mon Dieu, mon Dieu, comme ça prend vite avec ces femmes-là, elle me tutoie! Tant pis, je riposte.

Puis tout haut :

— Pour te plaire, je ferai tout ce que tu voudras, femme sensible et adorable.

— Alors, tais-toi.

— Compris, compris, murmura le gendarme, elle veut qu'on ne se doute de rien.

Il mit son chapeau sur ses yeux, cacha sa joie sous un air renfrogné et dit tout bas :

— Oh oui, que je me tairai sur ma félicité suprême, mais la joie me débonde, j'étouffe.

Cependant un nuage se montra à l'horizon de sa bonne fortune inattendue.

Le brigadier parut.

Un rival!

Le brigadier semblait inquiet.

— Que faisiez-vous donc en arrière? demanda-t-il soupçonneusement avec un regard inquisiteur.

— Rien! répondit le gendarme.

— Comment rien?

— Dame, non, brigadier.

— Alors pourquoi quitter votre rang qui est de marcher honnêtement à mes côtés?

— J'avais cru entendre un bruit suspect et j'ai voulu savoir ce que c'était.

— C'est bon, je comprends. Venez.

Et le brigadier furieux pressa l'allure de sa monture, suivi de son gendarme.

Ils revinrent à la hauteur du chasseur qui sifflottait entre ses dents un air de rendez-vous; ils engagèrent la conversation avec lui, mais il y avait du froid entre les gendarmes.

Le garde, lui, ne desserrait pas les mâchoires.

La troupe marchait ainsi.

En avant, les chasseurs échelonnés deux par deux le long du sentier assez étroit.

A quelques pas d'eux leur chef, tantôt précédé d'un gendarme et suivi de l'autre, tantôt flanqué par eux selon que le chemin le permettait.

Enfin, en arrière, la jeune fille Arabe et les deux serviteurs de son père.

Pour l'intelligence de la scène qui va suivre, il était nécessaire d'exposer l'ordre dans lequel se tenaient les auteurs de ce drame.

A un kilomètre du château environ, il se produisit un fait assez singulier, qui eût peut-être attiré l'attention des gendarmes, s'ils n'eussent eu l'esprit ailleurs; mais ce n'est pas pour rien que les poëtes de l'antiquité ont mis à l'amour un épais bandeau sur les yeux.

La maréchaussée ne se douta point qu'en tête du convoi le vieil agha arrivait à pied, ayant sans doute laissé son cheval dans un taillis; il dit à voix basse quelques mots à l'un des chasseurs qui entra dans un bouquet de charmilles et s'y déshabilla, nu comme la main.

Bientôt après un autre homme, également dépouillé de tous vêtements, se traînait en rampant vers le premier, pendant que l'agha s'éloignait en toute hâte.

Il arriva près de sa fille.

— Viens ! lui dit-il en arabe.

Elle sauta à terre et s'enfonça avec son père dans un fourré très-sombre.

Le vieillard tira un costume complet de chasseur de dessous son burnous et le tendit à sa fille, qui lui demanda d'un air assez effaré.

— Père, pourquoi ce déguisement ?

Mais l'agha, laconiquement, lui dit :

— Danger grave ! Dépêche.

Elle ne fit plus d'observations.

Pendant ce temps, l'agha tirait de sa poche un de ces couteaux affilés qui servent, en Algérie, de rasoirs et de poignards aux indigènes; il repassa la lame sur le fourreau avec un soin minutieux.

Fatma le regardait faire par échappées, et tout en s'habillant prestement.

— A genoux, ordonna son père d'un ton bref et impératif, quand elle eut fini.

Elle ne comprenait pas ; mais la circonstance paraissait si grosse d'importance qu'elle obéit.

L'agha prit d'une main une touffe de cheveux de sa fille et la rasa, puis il la déposa à terre.

— Père, de grâce, que fais-tu ? demanda Fatma qui perdait, non sans regrets, ses magnifiques cheveux.

— Chut !

Ce fut la seule réponse de l'agha.

Fatma se tut.

Mohammet rasa impitoyablement le crâne de Fatma, ne lui réservant au sommet de la tête qu'une mèche qu'il tressa rapidement et qu'il enroula.

— Coiffe-toi, maintenant, dit-il.

Elle mit une calotte rouge indigène.

Son père la regarda et sourit.

— Tu es, lui dit-il, un chasseur de gazelle ; tu te nommes Iousouf, tu es fils de Turc et d'Arabe.

— Bien ! fit-elle.

— Tu vas, continua-t-il, te mêler à nos amis et jouer ton rôle d'homme en conscience.

— Bien !

— Prends des armes ; l'un te donnera un moukala (long fusil indigène), l'autre une poire à poudre, chacun de quoi compléter ton équipement de chasseur.

— Et puis ?

— Rien. Va.

La jeune fille, ainsi transformée, bondit comme une biche à travers la forêt et vint prendre rang parmi les chasseurs qui, prévenus, l'accueillirent sans surprise.

Cependant l'agha, agile malgré son âge, venait à travers bois trouver une jeune fille qui pleurait et tremblait toute seule ; près d'elle un trou assez profond était creusé dans le sol fraîchement remué.

L'Arabe, sans mot dire, fit quitter à cette paysanne, — c'en était une, — son costume berrichon ; et, sans souci de ses alarmes pudiques, de ses protestations, procéda à son travestissement en femme algérienne ; ce qui fut vite fait.

La petite frissonnait.

L'agha, pour la calmer, lui baisa la main avec une galanterie respectueuse qui la rassura.

Mais, quand il tira son poignard pour couper les cheveux de la jeune fille, elle le supplia du geste si tendrement qu'il ne fit l'opération qu'à moitié; il scia en quelque sorte les tresses de la paysanne à hauteur du cou seulement; puis parmi les cheveux qui restaient, il entremêla par nattes habilement combinées les cheveux noirs de sa fille qu'il avait apportés; il s'assura que les entrelacements étaient solides et coiffa lui-même la paysanne de façon que, sous son chichia algérien, on ne vit point sa vraie chevelure, tandis que celle empruntée à Fatma débordait sur les épaules.

Ayant parfaitement réussi, il tendit la main à la fillette et la conduisit au mahari sur lequel il l'installa solidement en l'y assujettissant avec une ceinture qui la maintenait très-énergiquement sur sa monture.

Se tournant alors vers ses Arabes :

— Voilà Fatma, ma fille, dit-il.

Et il mit un doigt sur ses lèvres.

— Bien ! firent les deux Arabes.

L'agha demanda :

— Les chaouchs (gendarmes) français ont-ils vu Fatma de près tout à l'heure?

— Ils lui ont causé ! dit un Arabe.

— Ils ont pu juger qu'elle était brune !

— Oui.

— Malgré la nuit?

— Oui, ils la regardaient beaucoup.

— Tout ira bien, s'il plait à Dieu.

Le vieil agha se perdit dans le bois après avoir fait quelques recommandations à ses serviteurs.

D'autre part, à peine avait-il quitté l'endroit où la paysanne avait abandonné ses effets, qu'un homme nu venait les enterrer dans le trou creusé à cet effet; il y plaçait aussi la chaussure et tout ce qui eût pu servir d'indices révélateurs.

Il ne quitta la place qu'après avoir fait disparaître sous des feuilles sèches les marques de son travail.

— Allons, murmura-t-il en français, tout est pour le mieux; on ne se doutera de rien.

A son tour il partit, pointant droit devant lui.

. . . .

Les gendarmes, toujours préoccupés de Fatma et de ses millions, ne se doutaient guère de tout ce qui se passait si près d'eux; ils étaient grisés d'espoir.

Le chasseur entretenait leurs illusions; il avait entendu un léger cri, quelque signal, et aussitôt il avait remis la conversation sur la fille de l'agha.

— Camarades, leur disait-il, vous me semblez vous bouder tous les deux; ça me peine.

Le chasseur, un peu hautain auparavant, quittait son grand air et se faisait bonhomme.

— Mais non, mais non, lui répondit le gendarme; je ne boude point mon brigadier, au contraire.

— Je sais ce que je dis, reprit le chasseur; j'ai vu vos confidences à tous les deux.

— Ah! fit le brigadier.

Le gendarme ne souffla mot.

— Ainsi, s'écria le brigadier, vous aussi vous l'aimez, cette jeune Africaine?...

Ce *vous aussi* fut aussi amer que le *tu quoque* de César à Brutus.

— Dame! fit le gendarme, chacun son droit.

— Sans doute, riposta le brigadier, mais vous avez pris les allures du serpent pour tromper votre supérieur et lui subtiliser le cœur d'une dame.

— Moi?

— Oui!

— Brigadier!...

— Gendarme!...

Le chasseur, que cette querelle amusait, jugea pourtant à propos de la faire cesser.

— Là! messieurs, ne vous disputez pas.

— C'est que le procédé est indigne d'un homme qui porte la buffleterie jaune, dit le brigadier.

— Oh! indigne! protesta le gendarme.

— Je maintiens le mot.

— Vous êtes vexé, voilà.

Le chasseur se jeta résolûment en travers de cette conversation peu anodine.

— En vérité, dit-il, je ne vous comprends pas; vous vous querellez comme des enfants.

— C'est vrai, dit le gendarme.

Le chasseur reprit :

— En somme, que voulez-vous tous deux?

« Épouser Fatma ?

— Oui.

— Eh bien! qui vous empêche de conclure un pacte loyal et franc ensemble?

— Volontiers, dit le gendarme, sûr de vaincre après ce qui s'était passé entre lui et Fatma.

Le chasseur continua :

— Nous allons dîner au château; on vous placera à côté de la jeune fille, car vous ne refuserez pas de partager notre repas, n'est-ce pas?

— Sans doute, sans doute.

— Vous serez aimables sans perfidie; vous ferez valoir vos moyens, et, ma foi, au petit bonheur. Qui vaincra vaincra.

— Est-ce dit, brigadier? demanda le gendarme.

— C'est dit, fit celui-ci charmé.

Les deux braves se tendirent la main et se la serrèrent cordialement.

— Pour ma part, s'écria le gendarme, j'aime mieux que la chose tourne ainsi; deux militaires doivent être honnêtes et sans embûches l'un pour l'autre.

— A la bonne heure! dit le chasseur.

On approchait du château.

— Nous allons voir le comte? fit le brigadier.

— Peut-être! dit le chasseur.

— Pourquoi peut-être?

— Dame! sa sœur n'est pas là.

— Tiens, au fait, c'est vrai.

— Il sera, impatient, parti à sa recherche.

— Probablement.

— Pour peu que le village ou la ville dans laquelle elle se trouve soit éloignée, nous ne verrons point Raoul de toute cette nuit, messieurs.

— Tant pis.

— Tant mieux. L'absence du maître de la maison donne de l'aisance aux hôtes.

— C'est vrai.

— Vous serez plus à l'aise pour mener votre entreprise à bonne fin.

— Vous avez raison.

Puis le brigadier demanda :

— Pardon, excuse, comment vous nomme-t-on, camarade ? Je serais heureux de le savoir. Vous avez l'air d'un bon vivant et d'un excellent compagnon.

Le chasseur sourit.

— Allumez une allumette, dit-il.

Et il tira son passe-port.

Le brigadier le prit, et vit qu'il avait l'honneur de causer familièrement au prince de Nadieff.

Pauvre brigadier, il en fut tout démonté.

Un chasseur de panthères, prince... et ce constaté par un passe-port authentique...

Il y avait de quoi tomber de son cheval...

Cependant le brigadier resta sur le sien.

On arrivait au château, et l'on y trouva Mohammet qui attendait ses compagnons, une lettre à la main.

— Pour toi ! dit-il au prince de Nadieff.

Celui-ci ouvrit la missive, lut, et, en la passant au brigadier de gendarmerie, dit :

— Messieurs, le comte est parti avec le régisseur pour chercher sa filleule. Ne comptons plus sur lui. Il nous engage à sabler le vin du château à sa santé, et il ordonne au garde Antoine d'aider quelques-uns d'entre nous à préparer le dîner, car notre ami a emmené l'unique cuisinière de la maison, pour servir de femme de chambre à mademoiselle de Lavery...

— Voilà qui va bien ! dit le brigadier.

Et toute la troupe entra dans la cour.

Les gendarmes ne remarquèrent pas une tache de sang qui rougissait le sol ; l'un des chasseurs la vit et l'effaça rapidement ; puis il dit à un de ses camarades :

— Il doit y avoir eu mort d'homme ici ; pourvu que ces gendarmes ne se doutent de rien !...

VI

Comment le sieur Billotte, homme de précautions, s'assurait le consentement d'une jeune fille à un mariage.

Pendant que ces événements se déroulaient en forêt, d'autres non moins importants s'accomplissaient au château.

Au moment où un inconnu plongeait par la fenêtre un regard si curieux à l'intérieur, Jeannette s'était enfuie; mais, comme elle ouvrait la porte de l'office, l'étranger l'arrêta en lui disant fort doucement :

— N'ayez pas peur, ma jolie fille; je vous assure que je ne vous veux pas de mal.

Sans trop savoir pourquoi, Jeannette prit de suite confiance en ces paroles.

Était-ce à cause du son sympathique de la voix, ou en raison de la figure loyale de cet étranger?

Pour les deux motifs.

Sans qu'elle sût pourquoi, Jeannette, aux premiers mots, avait tressailli d'aise.

Quant au visage de ce visiteur étrange, il parlait fort en sa faveur.

Qu'on s'imagine un magnifique profil aquilin, respirant la hardiesse et la franchise, un front superbe de développement, haut, ferme et droit; un œil bleu, tendre, doux, mais singulièrement brillant et assuré; une barbe fauve, jetant des reflets d'or sur un teint bronzé, et comme cadre à cette figure bien faite pour frapper une femme, une chevelure épaisse, léonine, d'un blond ardent, d'un éclat singulier.

L'étranger, grand, mince, élégant de gestes et royal d'allures, pouvait avoir vingt-cinq ans; il portait le costume qui avait si fort intrigué le garde Antoine.

Seulement le cachemire de sa ceinture était d'une richesse fabuleuse; ses armes rutilaient; son caban blanc était d'une laine plus fine que le lin; son long fusil étincelait d'ornements et de ciselures.

Bref, Jeannette qui, au premier coup d'œil, avait parlé de bandit, vit bien, au second, qu'elle s'était singulièrement trompée sur l'étranger.

Quant au régisseur, les yeux bêtement ouverts, il ne soufflait mot.

Adossé à la cheminée, il défaillait, pressentant quelque chose de fatal pour lui.

L'étranger fit un pas vers Billotte, le prit par le bras, l'amena au milieu de l'office, le toisa entre les deux yeux et lui dit de sa voix sonore :

— Eh bien, maître Billotte ?

— Quoi! fit le régisseur.

La crainte avait amené une bave gluante aux lèvres de ce dernier et en marquait les coins.

Il prononça ce *quoi* sur un ton empâté et étranglé; il n'eût pu trouver deux mots ensuite.

L'étranger railleur lui dit :

— Buvez un verre d'eau, maître Billotte; vous étouffez, mon cher ami.

Et à Jeannette :

— Un peu d'eau, mon enfant.

La jeune fille s'empressa.

Billotte se laissait faire comme un enfant; il but avidement.

— Là! vous voilà remis, fit l'étranger.

— Oui! dit Billotte.

Puis, avec un peu plus d'assurance :

— Que voulez-vous ? demanda-t-il.

— Regardez-moi donc bien ! Vous le devinerez peut-être, répondit l'étranger.

Mais Billotte ne pouvait mettre un nom sur cette figure imposante.

— Je ne sais, fit-il.

Jeannette, qui s'était placée de façon à bien voir le chasseur, ne le quittait point du regard ; il lui semblait qu'il ne lui était pas inconnu.

Celui-ci reprit :

— Faut-il donc, mon cher oncle et ex-tuteur, vous apprendre que vous avez le bonheur de voir devant vous votre neveu bien-aimé, Raoul de Lavery.

Au lieu de se troubler, au lieu de trembler, au lieu de pâlir, Billotte, en face du danger, reprit tout à coup son sang-froid et son insolence ; il releva la tête.

C'était une de ces natures que le péril vague effraye, mais qui grandissent à mesure que la menace se dessine et prend un corps.

— Ah ! fit-il sardoniquement, vous êtes mon neveu, ce drôle que j'ai chassé jadis !

Et il se mit à rire avec ironie.

Mais Raoul ne se préoccupait plus de son oncle, car un fait bizarre se passait.

Jeanne, qui d'abord avait pâli à cette révélation, s'était élancée d'abord vers le jeune homme, les bras étendus ; puis elle s'était arrêtée court.

— Qu'avez-vous donc, ma chère petite ? demanda Raoul surpris en s'approchant d'elle.

— Oh ! rien, dit-elle ; la joie de vous voir, monsieur le comte, car j'espère que vous serez bon maître.

— Tu ne te trompes pas, fillette.

Et à Billotte :

— Il paraît que vous n'êtes pas changé, mon oncle, on ne vous aime guère ici.

— Mon oncle, mon oncle, fit le régisseur ; il faudrait voir, monsieur l'aventurier.

Et toisant Raoul à son tour :

— Vous arrivez déguisé comme en carnaval, vous me traitez d'oncle gros comme le bras, et vous vous imaginez que je vais vous reconnaître.

— Mon Dieu, oui.

— Il faudrait voir.

— Des preuves? Vous demandez des preuves, n'est-ce pas?

— Et de bonnes, encore.

— Je conçois : vous avez des raisons pour les exiger excellentes, cher oncle.

— Je l'avoue.

— Eh bien, en voilà !

Et Raoul, écartant son caban, sa chemise et son gilet, montra sur sa poitrine un de ces signes qui marquent les enfants, lorsqu'une envie ou une peur a frappé leurs mères enceintes d'eux.

C'était une chauve-souris parfaitement dessinée.

Jeannette poussa un cri de surprise d'abord, de confusion ensuite, puis elle rougit.

D'après les idées mesquines de pudeur qui règnent en France, une poitrine d'homme n'est pas chose à regarder pour une fillette.

Qu'a d'indécent, pourtant, une poitrine !

Mais passons...

Cette marque indélébile ne produisit sur le régisseur aucun effet.

— Bon ! fit Billotte. Et après ?

— Après ? Ce passe-port en règle.

Billotte lut avec indifférence.

— Ceci et rien, c'est la même chose, monsieur, dit-il avec dédain.

— Vous vous imaginez donc que l'autorité a délivré un passe-port sans preuves ?

— Ça s'est vu.

— Pas souvent, que je sache.

— Enfin, légalement, votre oiseau, vos papiers et votre aplomb n'établissent pas votre identité, mon jeune et hardi camarade.

— Attendez donc, j'ai autre chose.

— Quoi ?

— Des certificats légalisés...

— Qui attestent...

— Que Jean-Pierre Hidoux, ex-garde chasse, renvoyé par vous, m'a recueilli au château de la Bère, à vingt lieues d'ici;

qu'il m'y a fait passer pour son petit-cousin ; que j'y suis resté jusqu'à l'âge de quinze ans.

Le régisseur ne se dissimula pas qu'il lui serait difficile de lutter contre de pareilles preuves.

— Montrez-moi donc ces pièces ? demanda-t-il.

— Point du tout. Elles sont en bonnes mains, chez un notaire, et parfaitement en règle.

— Vous dites cela...

— Et je suis à même de vous empêcher d'en douter, car voici un reçu de ce notaire.

Le comte exhiba l'attestation.

— Ah ! ah ! fit-il. Vous voilà, bon gré mal gré, forcé de m'admettre au sein de la famille.

— Provisoirement ! hasarda le régisseur.

— De tuer le veau gras !

— Hum ! hum !

— De me mener à l'appartement de ma petite sœur Jeanne, qui sera enchantée de me sauter au cou.

— Elle n'est point ici.

— Bah !

— Non. Elle est à Paris.

Le régisseur cherchait à gagner du temps.

Georges insista :

— Vraiment ! A Paris !

— Au couvent des Oiseaux.

Et Billotte essayait de dominer du regard Jeannette qui cherchait, dans son corsage, la lettre refusée.

— Vous mentez, cher oncle, dit Raoul.

La figure du jeune homme prit alors une expression menaçante, et ses yeux lancèrent deux gerbes magnétiques qui firent reculer le régisseur.

Le comte s'avança lentement, prit le régisseur par le collet, le secoua avec une force irrésistible et lui dit :

— Billotte, si vous avez commis un crime, vous êtes mort ; je n'attendrai pas une condamnation pour vous brûler la cervelle moi-même avec ce pistolet.

De sa main restée libre, le jeune homme appuyait sur le front de son oncle le canon de son arme.

Celui-ci suait à grosses gouttes.

— Je suis innocent ! s'écria-t-il.

— Innocent! Elle est donc morte?

Et le visage du comte prit une expression de menace effrayante pour le régisseur.

— Non! non! supplia celui-ci.

— Elle vit, alors?

— Oui.

— Où est-elle?

— Lâchez-moi, je vais vous le dire.

— Parle, ou je te fais sauter le crâne.

— Mais vous m'étranglez!

— Parleras-tu, misérable!

— Im... pos... pos... sible.

Le régisseur râlait.

Jeanne intervint.

— Vrai, monsieur Raoul, il ne peut vous répondre, observa-t-elle; vous l'étouffez.

— Tu as raison, petite, dit le comte.

Et il lâcha son oncle.

— Ouf! fit celui-ci respirant bruyamment.

Il s'essuyait le front.

Le comte s'était croisé les bras, tenant toujours son pistolet armé, prêt à faire feu.

— Gredin! dit-il, tu en prends à ton aise.

— Laissez-moi souffler, que diable! s'écria Billotte qui voulait réfléchir.

Ce ton exaspéra Raoul.

— Maître Billotte, dit-il, une dernière fois, répondez catégoriquement : Où est ma sœur?

Et il visa le régisseur.

La vérité était trop dure à dire.

— Rappelez-vous donc qu'il y a des juges pour les assassins en France, dit l'oncle.

— Des jurés, vous voulez dire.

— Des jurés qui vous condamneront au bagne si vous me tuez, mon cher neveu.

— Du tout; ils m'acquitteraient.

Et pour déterminer son oncle, ne lui laisser aucun doute, il ajouta :

— Au reste, j'ai le moyen, un moyen infaillible d'éviter une condamnation.

— Par exemple !

— Je déclarerai que vous vous êtes suicidé en vous voyant surpris par moi.

— On ne vous croira pas.

Raoul jugea que discuter plus longtemps était inutile.

— Ah ! c'est ainsi... dit-il.

Et il arma le chien du pistolet.

Le sourcil froncé, il étendit si rapidement le bras qu'il avait ramené à lui en dialoguant, que l'oncle n'eut que le temps de le lever.

— Voilà Jeanne ! cria-t-il.

Il montra Jeannette.

— Ma sœur !

— Sa sœur !

Les deux exclamations partirent en même temps, et presqu'en même temps les deux jeunes gens tombaient dans les bras l'un de l'autre avec effusion.

— Pauvre petite Jeanne ! J'aurais dû te reconnaître ; tu ressembles à notre mère dont j'ai conservé la miniature, disait Raoul.

— Et moi, je sentais bien que quelque chose me poussait vers vous, reprit Jeanne.

— Mais qu'est-ce donc ?

Le jeune homme regardait l'accoutrement de la jeune fille avec stupéfaction.

— En cuisinière ! dit-il.

Elle baissa les yeux.

— M'expliquerez-vous ce que cela signifie, mon oncle ? demanda Raoul dont le visage s'empourpra d'un flot de sang qui du cœur montait au front.

Billotte se tut.

— Jeanne, parle, toi !

— J'étais servante ici, mon cher Raoul, dit-elle avec un certain enjouement.

— Toi ! Une Lavery !

— Mon Dieu oui !

— Et tu as consenti ?

— J'ignorais qui j'étais.

— Il a osé...

Et bondissant vers son oncle :

— Comment, misérable, vous avez fait une laveuse d'assiettes de votre nièce !

— Il voulait ce matin me forcer à l'épouser; je comprends pourquoi, maintenant.

Toutes ses batteries démasquées, Billotte n'avait plus rien à cacher, par conséquent plus rien à attendre de Raoul; il leva le masque.

— Oui, dit-il insolemment, vous triomphez; mais j'ai failli réussir.

— Scélérat ! murmura Raoul avec une fureur concentrée que brava Billotte.

— N'importe ! Je vous ai pris une bonne moitié de votre fortune, mes bons amis.

Il ricanait.

— Ce que je tiens, je le garderai.

— C'est ce qu'on verra ! gronda Raoul.

— Bah ! C'est en or et en lieu sûr.

Raoul haussa les épaules.

— Puis, ajouta Billotte avec ironie, j'ai beaucoup fait rosser mademoiselle Jeanne.

— Qui s'en souvient pour vous maudire, mon oncle, dit la jeune fille gravement.

— Oh ! ta malédiction, je m'en moque, ma petite; mais tu n'en as pas moins ciré mes bottes.

Et il se disposait à sortir.

Raoul l'arrêta.

— Vous croyez donc, lui dit-il, que vous ne serez point châtié, mon oncle ?

— Je l'espère ! fit-il.

— Moi, je vous affirme que vous allez recevoir votre punition, et sur-le-champ.

Jeanne, malgré l'extrême douceur de son caractère, avait au fond de l'âme un étrange levain de haine dont plusieurs fois elle avait donné la mesure.

C'était une de ces natures douces, tendres, expansives dans les circonstances ordinaires de la vie; vindicatives, ardentes, dans certaines occasions.

Son frère avait les mêmes traits de caractère.

Ils tenaient tous deux de leur mère quant au fond, mais,

par intervalles, le vieux sang des Lavery bouillonnait et dominait tout en eux.

La colère de Raoul était arrivée à son paroxysme et il avait changé entièrement de physionomie; un rictus étrange donnait à tous ses traits une dureté presque féroce; ses lèvres blêmes, contractées, amincies par une émotion violente, formaient des plis comme on en voit aux gueules des chats et des lions dans les moments d'irritation.

Sa main tourmentait un poignard.

Il avait remis son pistolet à sa ceinture.

Billotte se crut à l'abri des colères du comte; il voulut le narguer et l'écraser par une révélation.

— Laissez donc votre couteau tranquille, lui dit-il, tout s'arrangera à l'amiable; j'épouserai ma charmante nièce, qui sera enchantée de s'appeler madame Billotte.

Raoul s'indigna.

— Emportez-vous, mon cher neveu, emportez-vous si vous voulez, mais ce sera.

— Jamais!... s'écria Jeanne.

— Ne réponds donc pas! dit Raoul.

— Vous me faites rire, avec votre assurance, dit le régisseur. Vous en rabattrez.

— Prenez garde, ma patience a des bornes.

— Vous me frapperiez!...

— Poussé à bout... je vous tuerais...

— Et dire que vous m'embrasserez le jour des noces, comme un bon neveu doit faire.

— Encore...

Billotte s'avança vers Jeanne avec une incroyable audace, et lui dit en lui pinçant le menton.

— J'avais pris mes précautions, petite.

Déjà Raoul avait souffleté son oncle.

Celui-ci garda un sang-froid exaspérant.

— Vous pouvez frapper, je suis vengé, dit-il.

— Mais que veut-il donc dire! s'écria Jeanne.

— Que je ne suis point un sot, mignonne; qu'on vous a mise hors d'état de refuser ma main.

Et avec un geste significatif :

— Ça se verra d'ici à quelque temps, espérons-le.

Tant de cynisme eût révolté les plus patients, et les Lavery avaient toujours été prompts à châtier l'offense.

Raoul, sans mot dire, mais terrible, se plaça devant la porte de l'office, voyant son oncle se diriger de ce côté.

— Place! dit celui-ci.

— Non, dit Georges.

— Me retiendrez-vous malgré moi?

— Tu ne mettras plus les pieds hors d'ici que pour aller à la tombe, bandit!

Et, sans que Jeanne s'y opposât, Raoul, d'un revers de main, jeta le régisseur à terre.

Celui-ci tomba lourdement.

— Tu vas mourir! reprit le comte.

— A moi! cria Billotte.

Et il essaya de se relever.

Georges posa sur sa poitrine son pied qui pesa sur le misérable et l'immobilisa.

Il continuait à crier :

— A moi! à l'assassin!

— Jeanne, bâillonne-le, ordonna le comte à la jeune fille avec autorité.

La jeune fille, sans s'étonner, l'œil farouche, la main preste, noua une serviette autour de la tête du régisseur, qui tâchait en vain de soulever ce pied aussi lourd pour lui qu'une montagne.

Le comte avait un jarret de fer.

— Mon oncle, dit-il, vous avez torturé ma sœur de la plus odieuse façon; vous m'avez moi-même battu à outrance jusqu'au jour où j'ai pu m'échapper; vous avez voulu nous voler indignement. De plus, vous avez préparé contre Jeanne un guet-apens odieux.

Le jeune homme tira son poignard.

— Je suis un sauvage, moi, un barbare, dit-il; je vis en pleine indépendance sur une terre où tout homme fort est libre par son fusil et son courage. Là on punit, on se venge soi-même, et c'est ce que je vais faire.

Il laissa Billotte se relever.

— En mon âme et conscience, vous avez mérité de mourir pour votre infâme conduite et vos sanglants affronts; je vais exécuter ma sentence, mon oncle.

Et il bondit sur son oncle, qu'il étendit ensanglanté à ses pieds.

Le malheureux râla, se tordit, puis, après quelques convulsions, ne bougea plus.

— C'est fait! dit Raoul.

Jeanne, pâle, considérait d'un œil morne le cadavre étalé sur les dalles.

— Nous sommes perdus! dit-elle.

— Non, si tu as foi en moi! dit Raoul.

— Que faut-il faire?

— Avoir du courage et m'aider.

— Commande! dit-elle.

Par un phénomène fréquent, ces deux jeunes gens qui ne s'étaient vus qu'enfants s'étaient tout à coup, en peu d'instants, compris et unis d'âme à âme, de cœur à cœur, aussi étroitement que s'ils eussent vécu fraternellement l'un près de l'autre.

Jeanne avait foi absolue en Raoul.

Celui-ci transporta le corps du régisseur loin du pavillon, dans une salle du château qu'il ferma; il fit, aidé de sa sœur, disparaître toute trace de meurtre, puis il sonna du cor.

Bientôt Mohammet arriva.

En quatre mots, il mit l'Arabe au fait et lui exposa son plan pour échapper à la justice.

Il s'agissait, chose facile, de transformer Fatma en chasseur et de lui substituer Jeanne.

Quant à lui, il se chargeait de dépister toutes les recherches et il donnait rendez-vous à ses amis sur les frontières de la province d'Alger, aux bords du Sahara, où Jeanne devait suivre les chasseurs.

On a vu comment toutes ces transformations s'opérèrent.

VII

Où il est parlé des coureurs de bois.

Un mot sur les coureurs de bois algériens.

Ce sont des chasseurs hardis, appartenant à toutes les races qui peuplent l'Algérie : races indigènes, races européennes.

Arabes, Kabyles, Turcs, nègres, mulâtres, font le coup de fusil dans les bandes de chasseurs, à côté des Maltais, des Espagnols, des Français, des Juifs, qui ont adopté ce genre de vie.

Ces hommes mènent une existence étrange.

Ils se réunissent au nombre de deux, trois, parfois douze et quinze ; ils se construisent dans une forêt, à distance *d'un coup de fusil*, des cabanes en feuillage (gourbis), et passent leurs jours et leurs nuits à tuer du gibier, dont ils font grand commerce.

Se trouvant, autant que possible, non loin du grand chemin, ils viennent apporter aux diligences le produit de leurs chasses, approvisionnant les villes algériennes de lièvres, de lapins, de perdrix et de gazelles; c'est à eux que l'on doit l'abondance de la venaison sur les marchés du littoral et de l'intérieur.

Ils prennent aussi au piége et détruisent un grand nombre

de bêtes fauves pour toucher les primes et tanner les fourrures qui se vendent fort bien.

Souvent ils abandonnent leurs gourbis, forment des associations, s'enfoncent dans le grand désert et y chassent l'autruche, dont les plumes s'achètent fort cher.

Quoique perdus dans des solitudes où le mince filet d'une route européenne rappelle seul la civilisation au milieu de la barbarie arabe, quoique n'ayant pour toute protection que leurs fusils et leurs chiens, les coureurs de bois sont craints, redoutés et aimés des tribus.

Leur courage, leurs vengeances terribles, leur esprit d'association pour les vendettas, leur merveilleuse adresse, en font la terreur des douars; mais d'autre part ils sont adorés des Arabes, parce qu'ils n'hésitent jamais à attaquer les lions et les panthères, dont les villages ont tant à souffrir.

En somme, les coureurs de bois sont des types curieux à étudier, menant la vie la plus pittoresque et la plus accidentée qu'on puisse imaginer, courant les aventures les plus inattendues.

Partout où la civilisation est en lutte avec la barbarie, on retrouve ces caractères bizarres qui s'en vont, avant-garde du progrès qu'ils annoncent, servir de tête de colonne à la civilisation.

Natures énergiques, cœurs de bronze, — qu'ils soient en Amérique, aux Indes ou en Algérie, — ils livrent aux hommes, à la nature et aux fauves, d'héroïques combats; qui les connaît, les admire et les aime.

C'est l'épopée d'une de ces bandes, illustre entre toutes, que nous voulons raconter; elle a laissé, par delà la Méditerranée, une renommée impérissable d'audace et d'adresse par le succès d'une entreprise téméraire, dont les résultats furent merveilleux.

Cette troupe, composée d'éléments divers, comptait dans ses rangs quelques-uns des plus vieux noms de la noblesse européenne, dont les représentants s'étaient faits coureurs de bois à la suite de différents revers de fortune, dus surtout à des causes politiques; plus d'une vieille famille redora son blason grâce à des razzias ou à des trouvailles de trésor, car l'Algérie est remplie de silos où dorment des tas d'or abandonnés pendant les guerres civiles.

En somme, ce livre est l'histoire vraie d'une des plus fameuses bandes de la colonie.

Les aventures, le procès qui les mit en lumière, le mystère qui couvre le dénoûment du drame, tout contribue à rendre intéressante cette étude des mœurs algériennes, que le cours forcé des événements fait débuter en France, d'une si bizarre façon.

VIII

D'un dîner africain préparé en un château du Berry et de la transformation d'un forestier en coureur de bois.

Les chasseurs étaient des hommes accoutumés au bivac.

Campant en plein désert, vivant du produit de leurs chasses, ne visitant les villes que de loin en loin, ils n'étaient pas gens à rester embarrassés pour un dîner.

Maître Antoine, pour faire oublier ses insolences, montrait une complaisance et un zèle qui simplifiaient beaucoup les choses; il mit les chevaux aux écuries, les chiens au chenil; le dromadaire à l'attache dans la cour.

Il prit soin de tout et de tous.

Par son entremise, on trouva les marmites, les casserolles, les pots à graisse.

Un feu immense flamba dans l'âtre.

Les chasseurs se partageaient la besogne.

Ils avaient çà et là cueilli dans le bois certaines herbes tout en marchant; le père Antoine et les Berrichons étaient loin d'en soupçonner les vertus culinaires; ces Algériens avaient une manière à eux de préparer leurs plats qui étonna fort le vieux forestier.

Ils placèrent, par exemple, le chevreuil entier sur les dalles de l'âtre, le dos tourné aux charbons; la peau formait en dessous une sorte de tapis.

Les côtelettes et les gigots seulement furent détachés et posés aussi en ligne.

Le filet de la bête se fendilla peu à peu, et prit bientôt bonne tournure.

— Comment ferez-vous rôtir l'intérieur ? demanda Antoine, inquiet du succès de l'opération.

— Nous ne le mangeons jamais! dit un chasseur, Parisien de naissance et nommé Lagrenée.

— Bah ! fit le garde étonné.

— Non, nous autres, gens de grandes chasses, méprisons les bas morceaux; nous ne rôtissons que les côtes, le râble et les cuissots; le reste est abandonné aux chacals.

— Viande perdue! fit Antoine.

— Oh! fit Lagrenée en souriant, s'il nous fallait dévorer tout ce que nous abattons, nous attraperions souvent des indigestions; nous tuons le gibier pour la peau.

— Diable ! dit Antoine; ça doit terriblement dépeupler les pays; si l'on en faisait autant ici....

— On pourrait dire bonsoir aux chevreuils, après deux ou trois années, n'est-ce pas?

— Oui, pour sûr.

— Eh bien! là-bas, plus on tue de pièces, plus il en revient; c'est le paradis des chasseurs.

Puis en aparté :

— Il est fâcheux que nous n'ayons pas de dattes ici, mais nous possédons des crottes de gazelle.

Et tout haut :

— Ohé ! Maltais!

— Ecco (voilà), fit une voix.

— Fouille donc dans le sac aux crottes.

— On y va.

Le chasseur interpellé sortit dans la cour, puis revint avec un petit sachet :

— Tiens, dit-il à son camarade.

L'autre prit l'objet.

— Qu'avez-vous donc là-dedans? demanda Antoine.

— Je vous l'ai dit, camarade, des crottes de gazelle; passez-moi donc une tasse d'eau.

Antoine s'empressa.

— Voilà, dit-il en apportant un bol.

— Merci, fit le chasseur.

Et il tira plusieurs petites boules rondes, assez pareilles à celles que l'on voit réunies en tas énormes près des terriers de lapins; mais un peu plus grosses et très-luisantes.

Le chasseur les écrasa sous ses doigts, et comme elles étaient fort sèches, les réduisit en une poussière très-fine, qu'il jeta dans la tasse et qu'il y délaya.

Cela fait, il arrosa le gibier de ce liquide, au grand ébahissement du garde.

— Comment, dit celui-ci, vous semez comme ça de la fiente dans votre manger !

— Comme vous voyez.

— Mais c'est dégoûtant.

— Excellent, voulez-vous dire.

Et tendant le sac à demi plein au garde, il lui en mit l'orifice sous le nez.

Antoine renifla le parfum le plus délectable qu'il eût senti de sa vie.

— Sacrebleu ! dit-il, qu'est-ce que ces gazelles peuvent avoir dans le derrière, pour flairer aussi bon que ça ? On dirait sentir du musc.

— C'en est, et du plus fin.

— Mais, tonnerre, s'il y a des bêtes pareilles en Algérie, ce doit être *bigrement* agréable d'y chasser, et lucratif, par la même occasion.

— Agréable, oui ; lucratif aussi.

— Si on voulait m'emmener, j'irais bien.

— Vous pourriez plus mal faire.

— Est-ce que les permis sont chers, là-bas ?

— Là où nous allons, nous autres, on n'a d'autre permis que le canon de sa carabine.

— Il n'y a point de gardes ?

— Non. Mais il y a des lions et des panthères qui vous font la chasse, comme vous la faites aux braconniers, et des tribus pillardes qui ne cherchent qu'une occasion pour vous attaquer et vous massacrer.

— Tout n'est pas rose, alors.

— Du moment où vous parlez de rose, vous parlez d'épines; qui dit l'un, dit l'autre.

— Vous avez raison; mais les avantages?

— On a la liberté, des plaines immenses, l'abondance, le ciel bleu, des femmes qui vous aiment follement, sans le poignard du mari sans cesse menaçant, une réputation de bravoure et de force qui fait de vous un roi du Sahara.

— Et l'argent?

— Voilà le produit d'une campagne, dit le chasseur négligemment en tendant un portefeuille de maroquin.

Le garde l'ouvrit.

Il resta stupéfait.

— Un, deux, trois...

Il comptait...

Il compta jusqu'à vingt billets de mille francs, rangés ensemble et liés par le milieu.

— Quoi! vingt mille francs à tuer des bêtes sauvages! s'écria-t-il stupéfait.

— Des bêtes et des hommes.

— Ah! fit Antoine.

Le mot lui jeta un certain froid au cœur.

— Des hommes? demanda-t-il.

— Oui, des ennemis.

— Vous faites la guerre, alors?

— De temps à autre, quand une tribu ou une bande nous a causé quelque méfait.

— Vous êtes donc beaucoup de chasseurs?

— Quelquefois trois, souvent dix ou douze, rarement trente; la dernière fois, nous étions vingt-deux.

— Et vos adversaires?

— Deux cents.

Le garde fit un soubresaut.

— Oh! ce n'était pas difficile, dit le chasseur, surtout avec le prince de Nadieff qui est un fin politique, et notre ami Raoul qui est un habile chef de partisans.

— Comptez-moi donc ça.

— Voici la chose en deux mots:

« Imaginez-vous que les Ouleds-Beda en voulaient à mort aux Ouleds-Manours.

« Deux tribus sœurs, pourtant!

« Mais, vous savez, quand on se met à s'exécrer de famille à famille, ça devient terrible.

« Ces deux tribus, quoiqu'ennemies entre elles, ne nous en avaient pas moins toutes deux déclaré une guerre d'extermination ; nous de même à elles, par conséquent ; ça durait depuis deux mois et demi.

« Nous leur avions tué déjà une cinquantaine d'hommes, par ruse, force ou hasard.

— Vous alliez bien ! fit le garde.

— C'est si simple ! dit le chasseur avec bonhomie ; vous allez voir, camarade.

« Les tribus ont des puits, n'est-ce pas ?

— Probablement.

— Autour des puits, des arbres.

— Ça me paraît naturel.

— Vous vous cachez dans un bosquet avec une jument rapide, vers le soir, à l'heure où l'on fait boire les bestiaux ; et vous attendez tranquillement.

— Je comprends ; un homme ou deux viennent conduire à l'abreuvoir leurs chevaux, et vous les tuez ?

— Non.

— Ah !

— Nous tuons les chevaux d'abord, pour qu'on ne puisse nous poursuivre, les hommes ensuite ; nous sautons en selle et nous piquons des deux.

— Très-bien.

Mais après réflexion :

— Le lendemain ils reviennent en force au puits, dit le garde, ou ce sont des imbéciles.

— Aussi, le lendemain, procède-t-on autrement ; on entoure le village à distance ; on s'en rapproche à cent mètres ; tout le monde y dort sous les tentes.

« Un des nôtres crie feu !

« Chacun tire.

— Sur les tentes ?

— Sur une seule, désignée d'avance ; on est à peu près sûr d'y tuer quelqu'un.

— Je le crois, je le crois, fit le garde.

— Vous concevez, reprit le chasseur, que chaque jour on invente du nouveau.

— Mais l'affaire des vingt mille francs?

— Nous y arrivons. Chaque village des deux tribus pouvait disposer d'environ cent guerriers. Le prince eut l'idée de les mettre aux prises les uns avec les autres.

« Je dois vous prévenir qu'ils vivaient sur le pied d'une trêve armée, se détestant, mais ne s'attaquant point, ayant juré devant un marabout de cesser la guerre; ce qui ne faisait point notre compte.

« Nous imaginâmes, une nuit, de nous déguiser en Arabes, de tomber sur les Ouled-Beda, et, pendant l'escarmouche, de crier et de nous comporter de façon à nous faire passer pour des Ouled-Manours; ce qui réussit à merveille.

« Nous battîmes en retraite vers le douar des Manours, qui, au bruit de la fusillade, prirent les armes et accoururent vers le lieu du combat, afin de savoir ce qui se passait; curiosité sur laquelle nous comptions.

« Nous fûmes bientôt entre les deux troupes, assez rapprochées pour que les Beda vissent derrière nous les Manours; qu'ils prirent pour un renfort nous arrivant.

« Nous nous couchâmes sur le sol, puis nous rampâmes de façon à nous perdre sur les flancs des deux partis, et à rester spectateurs de la scène.

« Les Beda se ruèrent sur les Manours, en criant à la vengeance et au parjure de la foi promise.

« Les Manours, n'y comprenant rien, et d'autant plus enragés, se jetèrent sur les Beda.

« Le combat dura au moins dix minutes, à l'arme blanche, au pistolet, à coups de crosse.

« Nous, tirant dans le tas, faisions ravage, et ça allait on ne peut mieux.

« Quand les deux partis se furent exterminés, à une cinquantaine d'hommes près, nous nous élançâmes le couteau au poing, et en deux ou trois tours de main par chasseurs, ce fut bientôt fini.

— Mais les vingt mille francs?

— Dame! vous concevez, à nous les tentes, les troupeaux, les femmes, les richesses... tout fut vendu.

— Les femmes aussi?

— Aussi. Que vouliez-vous en faire?

— Les malheureuses!

— Pas tant que vous pensez. Un village de femmes n'eût été qu'une proie pour les tribus voisines; nous savions qu'une colonie de Mozabites, émigrée pour cause politique d'un ksour, s'était établie à vingt lieues de nous, et manquait de femmes; nous leur proposâmes un achat en bloc qui fut accepté.

— Elles furent esclaves de ces gens-là?

— Du tout; ils les épousèrent; mais, en Afrique, se marier coûte cher; on paye la jeune fille au père, au frère ou au maître qui a droit sur elle.

— Drôle de pays! Mais, dites-moi, n'avez-vous pas conservé chacun une des plus belles femmes?

— Ma foi non.

— Eh bien! moi, à votre place, j'aurais voulu en garder une, peut-être même deux ou trois.

Les yeux du garde brillaient singulièrement.

— Qu'en auriez-vous fait?

— Eh! eh! ce que vous savez bien.

Le chasseur se mit à rire.

— Vous parlez comme un homme qui n'a pas eu souvent de bonnes fortunes, dit-il.

— Heu! heu! fit le garde d'un air fat; on a eu ses jours comme les autres camarades!

— Quoi! Des paysannes!

— Des fermières.

— Belle affaire. Des mains noires, des têtes bêtes, des niaises gardeuses de vaches ou de dindons.

— Vous êtes bien dégoûté.

— Quand on a eu des houris, des femmes aux yeux noirs, pleins de flammes, à la croupe rebondie, des filles taillées pour le plaisir, comme une jument pour la course; quand on n'a eu qu'à choisir dans les sérails de l'Algérie, je vous assure qu'on prise peu vos campagnardes, mon cher.

Le garde était froissé.

— Allons, ne vous vexez pas, l'ami: vous avez fait de votre mieux pour vous distraire.

— C'est vrai.

— Quand on n'a pas d'antilopes, on tue des gazelles: faute de gazelles, des lièvres.

— Vous avez raison ; mais comment faisiez-vous pour disposer des sérails, camarade ?

— Tantôt d'une façon, tantôt de l'autre. Parfois, c'est une femme qui vous aime et vous le fait dire.

— Ça arrive souvent ?

— Oui, à nous autres.

— Heureux gaillards !

— D'autres fois, c'est une femme qu'on aime, qu'on veut posséder à tout prix, et qui vous résiste.

— Alors ?...

— On l'enlève.

— Et la police ?

— Il n'y a point de police ; il y a le mari, la tribu ; mais on s'en moque, et on bat tribu et mari.

Le garde était grisé par cette conversation.

— Camarade, demanda-t-il, à quelles conditions peut-on faire partie de votre troupe ?

— A aucune.

— Tant pis.

— Entendons-nous ; quand je dis aucune, j'entends, non que vous ne pouvez entrer dans notre bande, mais, au contraire, que nous n'imposons, nous autres coureurs de bois, aucune condition à ceux qui veulent prendre le même état que nous.

— Ah ! Alors, je puis être des vôtres ?

— Certainement.

— Eh bien ! j'en suis !

— Minute, minute, dit le coureur de bois. Réfléchissez un peu qu'il faut apprendre le métier, se former à notre manière de vivre ; être longtemps apprenti, enfin, avant d'être maître, et de gagner sa vie.

— Diable, diable.

— Tout seul, que feriez-vous ?

— Rien.

— Donc, il faut qu'un camarade consente à vous protéger, à vous nourrir même.

— Mais je chasse et tire bien.

— Ici, oui ; là-bas, non.

— Soyez mon ami, alors ?

— Ma foi non.

— Pourquoi ?

— J'ai un petit bonhomme, là-bas, ce joli garçon que vous voyez, un négrillon gentil qui m'obéit à la baguette, est très-docile, et me sert d'ami, de frère, de chien, de domestique ; il m'est dévoué à se jeter sur un lion pour moi. Vous comprenez que je ne puis en attendre autant de vous.

— J'y mettrais tant de bonne volonté, fit piteusement maître Antoine avec onction.

— Vous ne parviendriez pas à me remplacer Barbouche ; vous êtes trop vieux. Mais, attendez, peut-être trouverai-je votre affaire, mon cher.

— Et le chasseur cria :

— Ohé ! camarades !

Les compagnons, étonnés, tournèrent la tête de son côté, sans trop se bouger pourtant.

Il se leva.

— Ah çà, mes enfants, dit-il, vous ne venez point à l'appel d'un ami ? J'ai pourtant une grave communication à vous faire ; voyons, en cercle.

Le père Antoine était très-ému.

On l'entourait.

— Mes amis, dit le chasseur, voici un vieil animal qui a de l'œil, du jarret, de la bonne volonté, et qui veut être des nôtres ; qui en fait son ami ?

— Trop laid ! fit un Arabe.

— Il a l'air abruti ! dit un Espagnol.

— En voilà une vieille carcasse ! s'écria un Coulougli.

— Corpo di Baccho ! j'aimerais mieux un nègre idiot que ce chacal galeux.

— Il est fou, ce lièvre sans poils !

Et les exclamations se croisaient dans l'air, passant par-dessus la tête du père Antoine.

Heureusement, il ne comprit pas les plus mal sonnantes, dites en langue sabir.

Tout à coup, une voix dominant tout cria :

— Je le prends, moi !

— Toi ? firent les chasseurs surpris.

— Oui ! dit un grand mulâtre colossal, cicatrisé, couturé, affreux, mais ayant l'œil bon et doux.

— Que diable feras-tu de ce gaillard, Nmer ? demanda-t-on au mulâtre.

— Mes enfants, j'ai mon idée, dit-il.

— Voyons l'idée. C'est étonnant, Nmer, que tu aies imaginé quelque chose.

— C'est vrai, je ne suis pas malin; pourtant, je crois que vous m'approuverez.

« Cet homme est bête, n'est-ce pas?

— Pour ça, oui.

— Il a l'air niais?

— Oh oui! oh oui!

— Eh bien! s'il est des nôtres, la moitié des blagues et des farces que vous me faites tombera sur lui; nous partagerons vos rires et vos plaisanteries, ce sera moins lourd à porter.

Les chasseurs se mirent à rire.

— Bravo, Nmer! crièrent-ils.

Antoine n'avait rien compris du tout, cette fois; mais quand il sut qu'il était admis, il lança son tricorne en l'air et poussa un hourrah.

Il ne se doutait guère de ce qui l'attendait; s'il avait su dans quelle galère il s'embarquait, il eût reculé fort probablement, le pauvre diable.

Dans sa joie, cependant, il courut à Nmer, les bras étendus, ravi, transporté.

Nmer le repoussa.

— Non, pas ça, fit-il.

Puis à ses camarades, en sabir :

— Dites-lui donc que je ne l'ai pas pris pour ça, vous autres; il est embêtant, ce vieux!

Cette protestation souleva un rire homérique.

Cependant, le dîner avançait.

On mit la table...

Pendant que les chasseurs s'occupaient de maître Antoine et du repas, Jeanne, dans une salle voisine, recevait un complément de toilette.

Fatma lui teignait les ongles avec du henné, tiré d'une de ses boîtes, dans un coffre porté par le mahari; elle passait du kokeul sur les cils de la jeune fille, et lui bronzait le teint avec de la sepia; si bien que Jeanne, se regardant dans un miroir, ne se reconnut pas elle-même quand tout fut fini.

Nadief, le chasseur qui avait titre de prince, frappa discrètement à la porte, comme Fatma mettait la dernière main à la coiffure de Jeanne qui lui cria :

— Entrez !

— Parfait ! dit-il en voyant la jeune fille ; vous ressemblez tout à fait à une Mauresque, et je vous en fais mon compliment, mademoiselle.

— Vous pensez que l'on ne se doutera de rien ? demanda Jeanne inquiète.

— J'en jurerais.

— J'ai bien peur.

— Rassurez-vous. Votre oncle lui-même, si le cher homme n'était pas mort, se refuserait à vous appeler sa nièce ; mais il n'aura plus à vous parler.

— Le misérable ! dit Jeanne d'un air sombre.

Le prince s'étonna.

— Oh ! oh ! dit-il, vous êtes aussi vindicative que votre frère, mademoiselle.

Il ignorait l'outrage que Jeanne avait subi, et trouvait vive cette haine que la mort ne désarmait point ; du reste, il aimait les caractères bien trempés.

— Ne vous y trompez pas, dit-il à un geste de la jeune fille ; je suis grand admirateur des femmes qui ont quelque chose de mâle dans le cœur.

Et avec un soupir :

— Malheureusement, elles sont rares.

Les yeux de Jeanne brillaient d'un feu sinistre ; la blessure était trop récente pour ne pas saigner encore douloureusement.

Toutefois, elle ne répondit point.

Nadief la regardait avec une attention extrême, frappé de sa beauté ; elle, la paupière baissée, le poing crispé sur un meuble, semblait perdue dans une amère méditation ; elle songeait à ce déshonneur qu'elle avait subi sans le mériter, et son orgueil fouettait impétueusement son sang qui circulait rapide, et faisait palpiter son cœur.

— Tudieu ! quelle petite fille ! pensa Nadief ; comme ça vous supporte un assassinat.

Puis, prenant la parole :

— Mademoiselle, dit-il, il s'agit de jouer serré ; les gendarmes sont amoureux de vous.

— Amoureux! fit Jeanne.

— Oui, je leur ai soufflé cela; il est bon que vous les encouragiez un peu.

— C'est un rôle répugnant, monsieur; ne pouvez-vous m'en dispenser?

— Impossible! Il faut détourner, aussi longtemps que possible l'attention de ces gens-là!

Jeanne eut un geste de dégoût.

— En grâce, gagnons quelques heures, fit le comte; il y va du salut de votre frère.

— Soit! Pour lui je me dévoue.

Mais prenant la main du comte:

— J'aimerais mieux, dit-elle, lui donner un bras que supporter les propos odieux dont vont m'accabler ces gendarmes, qui, du reste, m'ont fatiguée déjà de leurs galanteries autrefois.

— Bah! vous les laisserez dire. Un mot par-ci, un mot par-là, avec une prononciation dure et rauque, quelques regards adroitement partagés, un baiser ou un pressement de pied, voilà tout.

Jeanne soupira.

— Allons! fit-elle.

Et ils sortirent.

En allant de la chambre à la salle à manger, suivant un corridor obscur, ils ne virent point un homme qui se rangeait sur leur passage.

Quand ils eurent disparu, l'homme qui s'était adossé au mur fit quelques pas, chancela, se releva, puis chancela de nouveau, et reprit son souffle.

Appelant à lui toutes ses forces:

— Allons! dit-il, du courage : je m'en tirerai.

Et il arriva jusqu'à la cour en prenant les plus grandes précautions.

Tout à coup, il vit un gendarme.

— Ah! mon Dieu, s'écria-t-il.

Et il tomba évanoui.....

IX

Le tournoi d'amour, et du grand combat qui devait s'ensuivre.

Le repas était servi.

Une immense table avait été improvisée et couverte de venaison; les plats fumaient, répandant dans l'air les senteurs les plus appétissantes; le vin, dans de larges cruches, promettait de verser à flots aux convives l'appétit et la gaieté.

Les chasseurs semblaient affamés.

Les gendarmes et le garde ne l'étaient pas moins.

Mais, pourtant, la maréchaussée, tout en lorgnant l'aspect splendide de la salle à manger, semblait inquiète.

C'est qu'*elle* n'avait pas paru.

Elle, la femme aux millions, l'ange aux ailes d'or, la divine Fatma, dont les deux gendarmes, en vrais paladins d'autrefois, allaient essayer de faire la conquête.

Enfin *elle* vint.

Le cœur des gendarmes battit bien fort.

Elle entra dans la salle, resplendissante du feu de vingt chandelles, au bras de Nadief.

Celui-ci, avec une bonne grâce extrême, conduisit la reine de la soirée à sa place, au centre de la table, dont elle devait faire les honneurs et l'ornement.

En passant devant le brigadier, elle effleura sa botte du pan de son haïque, et le brigadier en frémit de la tête aux pieds; mais elle jeta un regard au gendarme qui en blêmit d'espoir.

Pauvre petite Jeanne!

Cette comédie lui était odieuse.

Pourtant il fallait s'y soumettre.

Elle avait bravement pris son parti, et s'était résolu à jouer son rôle avec assurance.

Elle s'assit.

Ce fut un signal.

D'un geste, elle invita le brigadier d'abord, pour sa droite; le gendarme ensuite, pour sa gauche.

Les deux braves ne se firent point prier.

Les chasseurs, en bons enfants insoucieux, bohèmes, mais fils de la nature, attaquèrent brusquement les mets; ils burent à pleins bords et se mirent à converser bruyamment en langue sabir, riant à gorge déployée, et se souciant peu des convenances et des belles manières; le garde, au milieu d'eux, faisait comme eux.

Mais les gendarmes!

Les gendarmes, dignes, recueillis, émus, s'apprêtaient à lutter de grâces, d'esprit, de galanteries et de petits soins.

Seulement ils hésitaient à commencer le feu.

Nadief les surveillait du coin de l'œil; c'est à peine s'ils osaient regarder à la dérobée l'objet de leur flamme; ainsi sont les vrais braves!

Timides au début, mais étourdissants d'audace à la fin !

Le brigadier ne s'était aperçu en rien de la substitution; le gendarme n'avait eu qu'un regard surpris; mais Jeanne, saisissant cette hésitation, s'était empressée de sourire, et ce sourire avait été un éblouissement tel, que le gendarme n'y avait plus vu que du feu.

Du reste, il ne soupçonnait rien; il lui avait semblé que dans la forêt, à travers la brume, le visage entrevu par lui n'avait point cette expression-là; mais, quant à se douter de quoi que ce fût, le brave homme en était à mille lieues.

Du reste, tout contribuait à endormir la défiance de la maréchaussée : la contenance des convives était abandonnée, joyeuse et franche; ils étaient commodément installés et faisaient chère lie, buvant tous largement le vin du château, à l'exception de l'agha et de ses deux serviteurs. Tous les compagnons de Nadief, méprisant le couvert placé près d'eux, mangeaient comme ils en avaient l'habitude en Afrique, avec de grands couteaux qui servaient à la fois de fourchettes et de cuillers, piquant la viande ou le pain trempé dans les sauces succulentes.

Ils offraient une singulière variété de types.

Arabes au nez mince et courbe, au visage ovale et osseux; Kabyles aux yeux gris, à la tête ronde; Maures aux traits purs, au teint mat; Espagnols petits, nerveux; Maltais robustes, mi-partie Anglais, mi-partie Italiens; Français et nègres formant contraste; ils étaient là une quinzaine d'individus représentant huit ou dix races différentes et parlant une même langue; le sabir, formé de tous les dialectes connus dans le bassin de la Méditerranée.

Il avait fallu un concours de circonstances bien extraordinaires pour cimenter entre tous ces hommes un pacte d'alliance et les amener à dîner au milieu du Berry.

Mais habitués à tout, ne s'étonnant de rien, ayant passé par les phases les plus diverses dont une existence d'aventurier est semée, ils devisaient joyeusement entre eux sans s'occuper le moins du monde du meurtre que chacun savait avoir été commis.

L'insouciance est la première qualité du chasseur algérien.

Autre trait :

Le garde avait été adopté par l'un d'eux; dès lors ils le considérèrent comme faisant partie de la troupe, et ils le traitèrent en camarade.

Par hasard il se trouvait placé entre son ami adoptif et Fatma, déguisée en homme.

Il put établir entre ces divers types une comparaison piquante : son ami était d'une laideur complète et Fatma d'une beauté parfaite.

Mais il était trop préoccupé pour rien remarquer.

Donc ni lui, ni les gendarmes, ne s'étonnèrent de la substitution d'une jeune fille à l'autre.

Un président de cour d'assises en fut fort surpris plus tard, mais il ne prit pas assez garde à la passion folle, à l'ambition insensée que Nadief avait excitée dans le cœur des deux gendarmes, acharnés à vaincre.

Le brigadier, en homme fûté, méditait son attaque.

— Pour lorse, dit-il en se penchant vers sa voisine, voilà les camarades qui se livrent à la joie.

Jeanne sourit sans répondre.

— Ils cherchent, continua le brigadier, ils cherchent leurs *volupetés* dans les vains plaisirs du boire et du manger; mais que nous autres, militaires, nos goûts ont plus de raffinements.

Jeanne, n'eût été la gravité de la circonstance, eût eu bonne envie de rire, mais elle se retint.

— Ce n'est pas pour les blâmer, ajouta le brigadier, mais ils paraissent insensibles aux charmes de la beauté, tandis que nous...

Le gendarme, effrayé de l'éloquence de son chef, lui coupa la parole avec une impolitesse remarquable :

— Tandis que nous, fit-il, nous préférerions un simple baiser d'une belle femme à tous les festins du monde, ce serait-y ceux du nommé Balthazar, qui jouit pourtant d'une belle réputation comme restaurateur.

— Oui, belle dame, oui, s'empressa d'ajouter le brigadier, le bonheur d'être près de vous nous coupe l'appétit; pour ma part, j'aimerais mieux mourir de faim en regardant vos yeux qui ont l'air d'être en émail tant ils sont superfins, que de manger à ma faim sans vous voir.

Si le gendarme avait pu étrangler son chef, il l'eût fait volontiers; mais le sentiment du devoir est enraciné dans les cœurs qui battent sous les jaunes baudriers; il se contint, combinant une revanche, car évidemment il était battu d'une longueur de phrase par son supérieur en grade, dans ce steeple-chase de la galanterie.

Il saisit une bouteille, et versant rasade à Jeanne, il lui dit, l'œil en coulisse :

— Permettez que je vous offre à boire, ravissante Africaine, le vin est l'ami intime de l'amour.

Jeanne refusa :

— De l'eau ! dit-elle.

Et elle compléta sa pensée en manifestant pour le vin une horreur profonde, exprimée par un geste bien senti.

Nadief intervint :

— Messieurs, dit-il aux gendarmes, les Arabes ne boivent pas de vin; leur prophète le leur défend.

— Il a raison! s'écria le brigadier enchanté d'être agréable à la jolie Musulmane et désagréable à son rival; il a raison. L'ivrogne seul peut dire que Bacchus et Vénus font bon ménage.

— Brigadier! fit aigrement le gendarme, j'ai dit cela et ne suis pas un ivrogne.

— Je maintiens mon opinion; la preuve, c'est que es gens mal appris qui aiment à lever le coude se conduisent toujours comme des polissons à l'égard du *sesque*.

— Un peu n'est pas trop! s'écria le gendarme rouge comme un coq. Je n'ai pas prétendu qu'il fallait se livrer à une intempérance mal placée et rouler sous les tables. Il était inutile de se servir à mon endroit d'un mot malsonnant et défectueux.

— Tant pis pour vous si vous méritez d'être traité ainsi, dit le brigadier ouvrant la plaie faite à l'amour-propre de son camarade, dont la tête s'échauffait.

— Messieurs, messieurs, s'écria Nadief, du calme; vous vous oubliez, ce me semble.

Les deux gendarmes baissèrent la tête.

Cependant une inquiétude vint au brigadier.

— Elle est Arabe, pensa-t-il, elle répond à peine; ne comprendrait-elle point.

Il craignait que tant d'éloquence ne fût déployée en pure perte, et il voulut s'en assurer.

— Mademoiselle saisit-elle ce que nous disons? demanda-t-il à Nadief brusquement.

— Tout ou presque tout, fit celui-ci; pour répondre, c'est autre chose; car elle ne connaît que quelques mots de français.

— Bien ! fit le brigadier rassuré. Quant au gendarme, il se souvenait d'avoir été tutoyé, et il croyait pertinemment être sûr d'avoir été compris.

Il recommença les hostilités :

— C'est un bien bel état, dit-il, d'être dans la gendarmerie à cheval, et plus d'un envie notre sort; pourtant, je n'hésiterais pas à rentrer dans le civil si une femme comme mademoiselle me disait : Nicolas, quitte ton cheval, ton baudrier, tes aiguillettes, tes gants, ton tricorne, tes bottes, et viens avec moi dans le pays de mes pères. Je donnerais ma démission et je la suivrais partout, même dans le fin fond des déserts africains.

— Et moi aussi! s'écria le brigadier.
— C'est beau, ça! dit Nadief.

Et remplissant son verre :
— Je bois à votre désintéressement, camarades, dit-il, et au succès de l'un ou l'autre.

Les gendarmes firent raison à ce toast.

Ils avaient bu déjà beaucoup; ils s'animaient de leur rivalité; ils étaient sous le coup d'une triple ivresse d'ambition, d'amour et de vin; leur nez rougissait; leurs yeux s'allumaient; ils se regardaient de travers tout en couvant du regard leur petite voisine, qui tenait entre eux la balance égale.

Jeanne prenait un malicieux plaisir à exciter les jalousies des deux braves qui cherchaient à lui plaire; elle favorisait d'un sourire ou d'un mot tantôt l'un, tantôt l'autre; mais elle était désespérante d'impartialité.

Ce jeu dura pendant tout le repas.

A l'autre bout de la table, la conversation était tout aussi animée; on n'y parlait pourtant pas d'amour.

Le garde ouvrait des yeux démesurés et n'en croyait pas ses oreilles; on remuait devant lui (par la parole) les millions à la pelle.

— Comme cela, disait-il, vous croyez sérieusement que ce trésor existe?

— Puisque Raoul et Nadief l'ont vu, disaient les chasseurs; puisque nous ne venons à Paris que pour réaliser le plus d'argent possible en engageant les propriétés de Raoul et celles de Nadief; nous supposez-vous gens à nous déranger pour rien?

— Mais vingt millions! répétait le garde.
— Vingt ou cent, on ne sait.
— Pourquoi les gens du pays ne se sont-ils pas emparés du trésor?
— Parce qu'ils ne savent point où il est.
— Et comment vos amis l'ont-ils trouvé?
— Par hasard.

Le garde semblait incrédule.

— Nadief! cria un chasseur.

— Qu'est-ce? fit celui-ci.

— Dis donc à notre nouveau camarade qui nous ennuie avec ses questions, à combien peut monter le trésor du Bou-Saïd.

— Si toutes les couches de monnaie sont de l'or, ça peut aller à cent cinquante millions.

— Mon Dieu! mon Dieu! s'écria le garde.

— Si c'est de l'argent mêlé à de l'or, ça ira toujours à vingt ou trente millions.

Le garde était abasourdi.

— Et vous m'emmenez? s'écria-t-il.

— Puisque l'un de nous t'a choisi pour ami.

— Quelle chance! dit-il.

Et après réflexion :

— Camarade, dit-il, un bon conseil.

— On t'écoute.

— Ne parlez de ce trésor à personne.

— Et pourquoi cela?

— On nous l'enlèverait.

Les chasseurs se mirent à rire.

— Allons donc! firent-ils.

— Eh! j'en ai peur.

— Mais, imbécile, il faudrait savoir où il est, et c'est ce que ni Raoul ni Nadief ne diront.

— On vous espionnera.

— Quand nous nous mettrons en route, nous veillerons aux espions, et ils seront bien malins s'ils nous suivent; les coureurs de bois ne laissent point de traces.

Le garde parut rassuré, réfléchi et puis demanda :

— Combien serons-nous à partager cela?

— Nous avons calculé qu'il nous fallait être une quarantaine d'hommes pour faire face à tout; c'est pourquoi chacun de nous s'adjoint un camarade.

Tout ceci était trop sérieusement dit pour que le garde ne fût pas convaincu; il cessa de douter.

— Mille tonnerres! s'écria-t-il, j'ai eu une fameuse idée, en vous proposant d'être des vôtres.

— Et si tu crèves des fièvres pendant la route?

— Ou d'une balle ?

— Ou d'une piqûre de serpent ?

— Ou de soif ?

Toutes ces exclamations se croisaient rapidement et pleuvaient sur le forestier.

— Bah! dit-il philosophiquement; on ne meurt qu'une fois, d'une chose ou d'une autre.

« A notre réussite! »

Il emplit un verre bord à bord, et sa motion fut accueillie par un hourrah.

Mais tout à coup on entendit un juron formidable et le bruit d'une querelle.

Voici ce qui s'était passé :

Les deux gendarmes, las d'escarmouches, avaient agi, c'est-à-dire que, cherchant sous la table les pieds de Jeanne, ils avaient tenté de lui faire comprendre ce langage muet, mais éloquent, que l'on peut se parler sous les tables.

Jeanne, à cette attaque, avait mis ses pieds sur les bâtons de sa chaise, ses petits souliers fuyant les grosses bottes de la maréchaussée, lesquelles avaient fini par se rencontrer sous la table et par se serrer l'une contre l'autre réciproquement.

Les deux gendarmes n'en étaient encore qu'à se côtoyer l'un l'autre, et ne pouvaient reconnaître leur erreur.

Mais le brigadier leva sa semelle hardiment pour la placer sur le coude-pied du gendarme.

Aux clous, celui-ci reconnut l'erreur.

— Bon! se dit-il; amusons-le.

Et il répondit aux appels du brigadier par de légères secousses, qui semblaient dire :

— Je vous comprends.

Le brigadier, pâmé d'aise, roulait des yeux demi-morts d'amour, si drôles, que son gendarme, n'y tenant plus, commit l'imprudence de rire.

Ajoutant encore à la confusion de son chef, qui comprit tout et rougit jusqu'aux oreilles, il fit mine de chasser un chien sous la table, en s'écriant :

— Allez donc. Oust!

Et à Nadief :

— Vos chiens ont l'habitude de marcher sur les pieds des gens; c'est désagréable.

Le tout accompagné de coups d'œil fort clairs.

Autour d'eux, l'on se mit à rire; Jeanne elle-même ne put s'en empêcher.

Alors, hérissé, furieux, le brigadier se leva.

— Vous vous fichez de moi, camarade! dit-il. Sortons. Ce n'est plus un brigadier courroucé qui vous parle, mais un simple homme oubliant ses galons d'or.

— Bien! dit le gendarme crânement; j'aime autant que le sabre en décide.

— Allons!

— Allons!

Et ils allèrent ceindre leurs armes.

— Qui me sert de témoin? demanda le brigadier.

— Nous tous! dirent les chasseurs.

Évidemment, ces gens-là étaient curieux de voir ces deux preux aux prises.

Tout le monde s'était levé.

Les deux gendarmes marchèrent vers la porte, près de laquelle le brigadier, s'écartant, dit à son inférieur :

— Après vous, môssieur!

Ce môssieur caractérisait la situation.

Plus de brigadier, plus de supérieur, plus de militaires! Des hommes qui allaient s'aligner!

Le gendarme s'inclina.

— Non, môssieur, à vous l'honneur!

Le brigadier n'insista point.

D'une main ferme, il ouvrit le loquet et tira le battant à lui, puis recula effaré.

Il y avait de quoi.

Un homme ensanglanté était debout sur le seuil, se soutenant d'une main au mur.

X

Où le revenant s'explique.

Pas un chasseur ne broncha.
Les gendarmes chancelèrent sur leur base.
Antoine tomba à la renverse.
Jeanne s'évanouit.
Mais Fatma, empressée près d'elle, vint à son aide et lui fit respirer les sels d'un flacon qu'elle portait sur elle ; la jeune fille reprit ses sens.

— C'est lui ! dit-elle.

Nadief était auprès d'elle.

— Ne vous troublez pas, recommanda-t-il, il ne vous reconnaîtra point, j'en réponds.

— Le régisseur ! s'étaient écriés les gendarmes.

— Monsieur ! avait dit Antoine.

— Oui, moi ! moi, assassiné par un brigand qui se dit mon neveu, s'écria Billotte.

Les gendarmes semblaient se réveiller d'un songe ; ils regardaient autour d'eux avec des airs soupçonneux, récapitulant les événements ; se demandant ce qu'ils devaient croire, ce qu'ils devaient penser, ce qu'ils pouvaient faire.

Billotte, toujours debout et montrant les chasseurs :

— Et tous ces brigands-là sont ses complices ! affirma-t-il avec assurance.

Les gendarmes, dans le premier moment, ne réfléchissant plus, penchaient à croire à l'accusation.

Mais Nadief intervint.

— Complices ! fit-il.

— Oui. Vous êtes tous des bandits !

Et Billotte fit un pas en avant.

Nadief, le voyant chanceler, le prit par le bras, le conduisit à une chaise et l'y assit.

— Monsieur, lui dit-il, vous accusez notre ami Raoul, qui est bien votre neveu, de vous avoir blessé ; ce fait est à vérifier ; vous pouvez vous tromper ; ça arrive souvent.

Billotte protesta.

— Quant à nous, ajouta Nadief, ne se laissant pas interrompre, nous ne pouvons être responsables d'une action qu'il est impossible que nous ayons commise.

— C'était un guet-apens !

Nadief, interpellant les gendarmes :

— Messieurs, dites donc à maître Billotte que la souffrance le fait divaguer.

— C'est vrai, dit vivement le gendarme.

— Ces messieurs ne nous ont point quittés, ajouta le brigadier avec non moins de vivacité.

— Ils ne sont point des brigands ! continua le gendarme avec chaleur en regardant Jeanne, qui lui accorda un coup d'œil.

— A preuve, les passe-ports qu'ils ont, et qui nous les recommandent chaudement.

Le brigadier contempla son idole.

Il en eut un sourire.

— Vous plairait-il de nous dire comment le fait est arrivé ? demanda Nadief insinuant.

— Voilà, dit Billotte en toussant, comment ça s'est passé. Je courais avec Jeannette, ma cuisinière, qui s'entendait avec le misérable dont j'ai reçu un coup de couteau.

— Pardon, fit Nadief. Vous appelez Raoul misérable ; **vous** avez tort, monsieur.

— Comment ! Un assassin !

— Qui prouve que vous n'ayez pas commencé. Vous avez bien des torts derrière vous, maître Billotte.

— Je suis un honnête propriétaire, moi, fit le régisseur; votre ami n'est qu'un aventurier.

Nadief, au lieu de répondre, dit aux gendarmes :

— Messieurs, Raoul, avant d'entrer au château, m'a confié tous ses papiers; il se défiait de son oncle; voici des certificats légalisés constatant son identité.

Les gendarmes lurent et furent convaincus.

— Mais, dit Billotte, si c'est réellement mon neveu, il n'en est que plus coupable.

— On ne sait pas; la justice informera et tirera les choses au clair, peut-être à votre désavantage.

— C'est trop fort! gronda Billotte.

— Voulez-vous, alors, nous dire tout simplement où se trouve votre nièce?

Billotte, qui avait fait son plan, et qui avait eu depuis dix ans le temps de se précautionner, répondit nettement :

— Elle est placée à dix lieues d'ici, je le prouverai, et je n'ai rien à me reprocher.

Le régisseur avait l'air bien sûr de son fait.

— Possible, fit Nadief; mais Raoul a peut-être eu des raisons pour ne pas vous croire, il craignait que vous n'eussiez assassiné sa sœur, et s'il a pensé en avoir des preuves, dans sa colère il vous aura frappé.

— Tiens! fit le brigadier, les choses m'ont l'air de s'être passées comme le dit le camarade.

— C'est la probabilité, dit Nadief.

Puis, tirant de ses poches tout un dossier, que Raoul lui avait donné dans leur entrevue de la forêt, il le montra aux gendarmes en leur disant :

— Voici une lettre envoyée au couvent des Oiseaux, à Paris, et qui prouve que, depuis l'âge de cinq ans, mademoiselle de Lavery a quitté cette maison; mon ami est entré ici avec la crainte que sa sœur n'eût été empoisonnée.

Les gendarmes vérifièrent le fait.

— Bref, fit Nadief, Raoul peut avoir cédé à un mouvement de colère; il aura à en rendre compte au jury, qui l'acquittera fort probablement.

— Eh! eh! ça se pourrait, dit le gendarme.

— Quant à vous, vous irez à l'échafaud si mademoiselle de Lavery est morte ; au bagne pour vol de confiance, si vous vous êtes contenté de vous approprier ses biens par des faux.

Depuis quelque temps le garde Antoine donnait des signes d'inquiétude visibles.

— Où diable est passée Jeannette ? demanda-t-il. Je ne vois plus cette petite.

— Puisqu'elle est la complice de l'autre ! dit le régisseur. Elle est partie avec lui.

— Allons, vous devenez fou, dit Nadief. Cette enfant a vu Raoul pour la première fois aujourd'hui.

Antoine se grattait le front.

Quand Antoine se grattait le front, une idée en jaillissait, bonne ou mauvaise.

— Savez-vous mon opinion ? fit-il.

— On ne vous la demande pas, dit Billotte.

— Si fait, si fait ! dit le brigadier.

— Eh bien ! dit Antoine encouragé, je crois que Jeannette était la nièce du patron !

— Voilà qui est singulier ! fit le brigadier.

— D'où venaient vos soupçons ? demanda Nadief ravi de la tournure des choses.

— Jeannette ressemblait comme deux gouttes d'eau au portrait de feu la comtesse.

— Je comprends tout ! s'écria Nadief, comme s'il venait seulement de découvrir ce qu'il savait fort bien.

Il expliqua par supposition, moins la violence subie par Jeanne, comment les choses avaient dû se passer, et il fit passer sa conviction dans l'âme des gendarmes.

Le brigadier résuma la situation :

— Pour l'instant, dit-il, notre devoir est d'arrêter M. Raoul, si nous le trouvons.

— C'est vrai, dit Nadief.

— La justice verra ce qu'elle en fera.

— Raoul doit être loin.

— C'est incontestable. S'il cherche à fuir, il a plusieurs heures d'avance sur nous.

— Nous ne le rattraperons pas, ajouta le gendarme à l'appui de son chef.

— Donc, nous ferons notre rapport tout simplement à M. le procureur du roi.

— Vous y mentionnerez, dit Billotte, que cette petite Jeannette a aidé son prétendu frère à me bâillonner.

— On mettra tout ce que vous direz, maître Billotte, dit le brigadier; mais nous serons obligés aussi de mettre bien des choses sur votre compte, malheureusement.

— Tout ce que vous voudrez ! Je suis blanc comme neige, et je n'ai peur de rien : on plaidera.

Sur ce mot, Billotte, un peu remis, se leva :

— Restez tant que vous voudrez, brigadier, dit-il; vous êtes ici comme chez vous.

Et avec haine :

— Quant à ces gens-là, qu'ils f...... le camp de chez moi, et tout de suite.

Les chasseurs eurent tous un mouvement de fureur, que Nadief contint d'un regard.

— Monsieur, dit-il, nous quittons ce pavillon pour vous y laisser en paix, vous êtes blessé.

— Vous faites bien de filer !

Et le régisseur menaça Nadief du geste.

Celui-ci continua, imperturbable :

— Mais nous allons nous installer au château; Raoul en est propriétaire; nous avons reçu son invitation, et ce n'est pas un drôle de votre espèce qui nous en chassera.

Puis à Antoine :

— Des lumières, et conduis-nous, dit-il.

— Si tu bouges, je te chasse, toi, fit Billotte.

— Je ne suis pas à votre service, mais à celui du comte, dit le garde insolemment.

— Gredin ! s'écria Billotte.

— Gredin vous-même !

Et le garde fit signe à ses nouveaux amis de le suivre.

Le régisseur demeura seul avec les gendarmes.

— Est-ce que vous allez m'abandonner à la discrétion de ces gens-là ? demanda-t-il.

— Non ! firent les gendarmes, quoique ce soient des personnages on ne peut plus distingués.

Le brigadier, faisant son plan, dit :

— Je demeurerai près de vous; mon gendarme va s'en

aller prévenir le procureur du roi, et moi je m'installe ici, près de vous; en passant au bourg, on vous amènera un médecin.

Cette combinaison ne parut pas être du goût de maître Billotte, qui méditait quelque chose.

— Je souffre bien! dit-il.

— Un pansement vous soulagera, répondit le brigadier; dans une demi-heure, le docteur sera ici.

Billotte soupira.

— Si vous étiez complaisants, vous attelleriez ma carriole, et votre gendarme me conduirait au bourg.

— Vous serez cahoté.

— Qu'importe! J'arriverai plus vite.

— Ça envenimera votre plaie.

— Je ne pense pas; je suis blessé à l'épaule.

— Au fait, à votre aise!

Et les gendarmes sortirent.

Quand ils eurent disparu, Billotte laissa paraître sur sa physionomie un sourire radieux.

— Que je puisse faire vingt lieues, murmura-t-il, et tout est sauvé!

Cinq minutes après Billotte partait tout blessé qu'il était.

Il revint dans la journée suivi d'une femme d'un certain âge et d'une jeune fille voilée.

Le procureur du roi était au château, interrogeant les chasseurs et verbalisant; son arrivée fut un coup de théâtre.

— Voici ma nièce et la respectable institutrice qui l'élève depuis l'âge de quatre ans, dit-il, en présentant au procureur du roi une jeune fille dont la ressemblance avec Jeannette était frappante; celle-ci, présente sous son déguisement, n'osait dire un mot.

D'où venait cette fausse héritière des Lavery?

C'est ce que Billotte seul savait.

Le magistrat dut admettre les déclarations catégoriques de l'institutrice; la jeune fille, confrontée, du reste, avec le portrait de la comtesse, fut déclarée sa fille par les gendarmes eux-mêmes, revenus de leurs préventions contre le régisseur.

Les chasseurs décontenancés, Jeanne indignée, assistaient à toute cette scène, sentant bien tout ce qu'elle avait de menaçant contre Raoul, impuissants toutefois à conjurer le danger.

Le procureur du roi reçut les déclarations de tout le monde, y compris celles de Nadief, qui s'attacha surtout à jeter adroitement quelques doutes dans son esprit.

Par malheur, il n'y réussit que fort incomplétement.

Billotte fit un chef-d'œuvre.

— Monsieur, dit-il à Nadief, M. le procureur du roi semble vous considérer comme un homme digne de croyance; hier, dans le premier moment, je vous ai été désagréable.

— Oh! si peu! fit Nadief railleur.

— N'importe, acceptez mes excuses!

— Le finot! pensa le chasseur.

Le régisseur reprit :

— Si le jeune homme qui m'a frappé est bien mon neveu, allez à sa recherche, dites-lui que sa sœur, sa vraie sœur, est ici, que je lui pardonne, que l'affaire n'aura pas de suites, que j'abandonnerai ma plainte.

— Impossible! dit le procureur du roi.

— Ah! mon Dieu!

— L'instruction est commencée.

— Ainsi, ce serait mon vrai, mon cher neveu, que je ne pourrais obtenir qu'on le laissât tranquille!

— Non, monsieur.

Billotte versa une larme de crocodile.

Dès lors, tout fut dit.

Le procureur du roi crut à la bonne foi de ce gredin, et lui fut acquis; sa religion était trompée.

Nadief le comprit.

— Monsieur, lui dit-il, nous n'avons plus rien à faire ici, ni moi, ni mes compagnons, permettez-nous de continuer notre voyage; nous nous tiendrons à la disposition de la justice?

— Allez, messieurs!

Après cet exeat, la caravane se mit en route.

Et Billotte la voyant partir se frottait les mains en murmurant :

— Quelle fameuse idée de m'être préparé en ce cas pour substituer Louisette à cette drôlesse de Jeanne! Me voilà sauvé et voilà mon neveu perdu!

« Je vais me guérir, me mettre à ses trousses, le dénoncer indirectement quand je l'aurai trouvé, le reconnaître comme un aventurier et un faux Lavery et le faire condamner.

« Alors, à moi l'avenir!...

XI

D'une petite femme comme on en a peu vu et comme on n'en verra plus guère ; d'un marquis du temps passé et d'un domestique extraordinaire.

Les duchesses s'en vont.
Les grandes traditions se perdent.
Comme démocrate, nous en sommes ravis.
Pourtant nous avons un regret.
Avec l'aristocratie, avec les grandes fortunes nobiliaires, l'art ou du moins tout un côté de l'art s'éclipse; certaines branches de la sculpture et de la peinture, non des moins précieuses, doivent être fécondées par le luxe princier des riches maisons, jalouses de se distinguer des maisons riches par un faste de bon goût.

Autrefois, le noble pouvait être ignorant : mal orthographier ses lettres était un de ses priviléges ; mais il était tenu de faire des vers spirituels qu'un poëtriau à gages remettait sur leurs pieds quand ils boitaient; le noble devait aimer et comprendre le beau ; il mentait aux traditions, s'il n'était artiste et homme d'esprit.

Aujourd'hui, titres, noms, terres, tout cela s'efface ; mais à la place de la gentilhommerie s'élève une gentlemanerie, qui ne la vaut pas et dont l'avénement est déplorable.

Le grand seigneur se meurt.

Le millionnaire est né.

Triste figure !

Le millionnaire a gagné ses tonnes d'or dans le commerce, ce qui est fort honorable, quand il n'a pas volé, — ce qui est assez rare; malheureusement son esprit ne s'est pas élevé en même temps que montaient les piles d'écus dans ses caisses; il est resté rustre, sot, amoureux du positif, de ce qui se pèse et se compte.

Il en résulte qu'il n'hésitera pas à dorer sa maison, à dorer ses laquais, à couvrir sa femme de brillants et lui-même de breloques; mais quant à acheter trente mille francs une toile de quatre pieds carrés, c'est ce qu'il ne fera jamais.

Triste, triste figure !

Avec le grand seigneur, la grande dame s'est aussi envolée; il n'en pouvait être autrement.

Que nous est-il resté à la place?

Une femme maniérée, minaudière, prétentieuse.

Plus triste figure encore que le mari !

Car enfin le mari... on peut s'en passer... du mari; il n'est pas toujours sur vos talons le mari; il va au cercle, à ses affaires, à ses plaisirs de goujat, le mari !

Mais sa femme... on ne saurait se priver de sa conversation, des relations charmantes que l'on entretient avec elle depuis qu'Eve fut tirée de la côte d'Adam.

Et l'on regrette amèrement de ne plus retrouver le type perdu que nos pères adoraient.

Car si jadis tout le monde ne pouvait se payer des duchesses en titre, chacun pouvait s'en consoler avec des duchesses au petit pied; tant les femmes d'une époque se ressemblent, à quelque degré de l'échelle sociale qu'elles soient placées.

Voyez plutôt :

Sous la Restauration : princesses, marquises, soubrettes, gentilles marchandes, bouquetières, grisettes, courtisanes, toutes avaient les mêmes traits généraux de caractères : le désintéressement, l'amabilité, la franchise, le bon ton, les goûts élevés.

Aujourd'hui financières, boutiquières, ouvrières, femmes de chambre, cocottes, toutes aussi ont la même physionomie.

Plus d'amour, l'intérêt personnel.

Pour les unes, la gloriole ou la dépravation ; pour d'autres, l'amant subventionnant le budget du ménage ; pour la plupart un contrat de vente en règle, et encore et toujours la tromperie sur la qualité de la marchandise.

Voilà notre monde.

Et ces femmes égoïstes, sèches, vénales, ont des prétentions à la dignité qui font crever de rire.

Mais assez de philosophie comme ça ; nous en avons fait juste ce qu'il en fallait pour que la figure que nous voulons décrire ait son repoussoir et se détache vigoureusement.

C'était une vraie duchesse, fille d'une lignée de ducs que la marquise de Nunez.

Femme à vingt ans d'un mari vieux, aimable et incapable de perpétuer son nom par lui-même, elle était dans toute la splendeur d'une jeunesse qui s'épanouit au grand soleil du luxe et de l'indépendance.

Rien n'avait défloré sa beauté radieuse ; elle avait été l'une de ces mariées qui ne le sont pas.

Elle savait tout... par ouï dire.

Elle ignorait tout en réalité.

Mais elle se souciait peu d'en apprendre davantage.

Le vieux duc eût été ravi de pouvoir faire l'éducation de sa jeune femme ; il avait tenté de donner une première leçon ; mais les philosophes l'ont dit :

« La science est un cerneau dont l'écorce est aussi dure qu'amère. »

Rien de plus vrai.

La duchesse avait trouvé à la première bouchée que la dose d'amertume était trop forte et, poussant les hauts cris, elle avait tenu au marquis à peu près ce langage :

— Soit que votre couteau ne coupe pas, soit que le cerneau de la science soit trop dur pour lui, le fait est que vous me fatiguez, sans avancer à rien. Finissons-en, de grâce !

Et le gentilhomme avait rengainé son couteau, en disant gracieusement :

— Mignonne, vous avez raison. La lame est émoussée ; mais la noix est diantrement dure. Cependant il faut aviser ; voici ce que je vous propose ; voyez ceci :

Et le marquis, allant à sa bibliothèque, lut à sa femme un passage de nos vieilles chroniques, où il est dit que les seigneurs du temps passé avaient des chapelains armés d'un excellent couteau pour ouvrir les cerneaux rétifs et que ces gens d'église fort aptes excellaient à commencer l'éducation des dames.

— Aujourd'hui, continua le marquis, les abbés, les militaires et, en général, tous les fils de famille, peuvent remplacer les chapelains avec avantage; vous avez la liberté du choix.

Puis galamment :

— Et croyez bien, mignonne, ajouta-t-il, que vous ne laisserez jamais tomber un mouchoir aux pieds de quelqu'un, sans que ce quelqu'un, fût-il roi, ne le ramasse.

Sur ce, une courbette régence et liberté complète, sous réserves des convenances.

Et le vieux marquis s'en était allé aussi gaillardement que si le cerneau n'avait pas été trop dur.

De loin en loin, il s'informait de la marquise, si elle avait distingué un professeur.

Celle-ci répondait non.

— Ventrebleu, s'écriait le marquis, mignonne, dépêchez; je voudrais pourtant voir mon nom se perpétuer.

Mais elle ne se pressait point.

C'est que...

Non, attendons pour dire cela.

Les mois se passèrent.

Le marquis questionnant.

La marquise éludant avec une moue charmante ces demandes inquiètes et indiscrètes.

Si bien, qu'à la fin, le marquis s'alarma.

En cachette, il consulta un vieux docteur de ses amis qui lui conseilla les voyages.

— On a conquis l'Algérie, lui dit-il, allez-y, mon cher marquis, allez-y ; c'est un pays chaud, une Espagne avec plusieurs degrés en plus ; or, j'ai ouï dire qu'en Estramadure, les dames étaient comme le soleil du pays, très-ardentes. J'en conclus qu'en Algérie, le climat réveillera la duchesse de son engourdissement.

— Vous pensez, docteur ?

— Je le parierais. De plus le voyage éveille chez les femmes des sensations nouvelles physiques et morales. On est secoué en chemin de fer et en poste ; on est distrait, intrigué par le changement de sites et les aventures qui surviennent en route.

— Je le crois ! fit le marquis.

— Les aventures surtout ! Voilà le grand moyen.

Le marquis sourit.

— On en aura, dit-il, merci docteur.

Et le marquis, trouvant le conseil judicieux, résolut de le mettre en pratique sur-le-champ.

L'Algérie était pour lui pays inconnu ; mais il avait dans une de ses forêts sise non loin du château de Lavery, un garde forestier qui avait servi longtemps en Afrique.

Il lui écrivit pour lui enjoindre de venir le trouver à Paris, touchant deux mots dans sa lettre d'un prochain départ pour Oran où le garde devait l'accompagner.

Le marquis attendait la réponse.

Il déjeunait avec sa jeune femme, causant de leur prochain voyage, quand un valet de chambre apporta, sur le plateau d'argent traditionnel, une lettre que M. de Nunez ouvrit, lut le sourcil froncé et froissa ensuite.

— Le maraud ! fit-il.

— Qu'avez-vous donc ? demanda la marquise.

— Ce drôle qui s'avise d'avoir une volonté de refuser d'obéir, de prétexter que sa femme est en couches ! Voilà pourtant un maroufle que mon père aurait fait bâtonner et que je suis forcé de respecter aujourd'hui !

— Mais de qui parlez-vous ?

— De ce Jean !

— Votre garde ?

— Oui, ma toute belle.

— Il ne veut pas venir ?

— Ma foi non.

— C'est un contre-temps fâcheux.

— D'autant plus que c'est un fidèle garçon, intelligent, résolu, et qui nous aurait servi de guide.

— On en trouvera un autre.

— Qui ne le vaudra pas.

— Nous n'en savons rien, mon ami.

— Ah ! mignonne, vous oubliez que les bons serviteurs se

font rares et que peu à peu, par ce temps de démocratie qui court, nous en viendrons à nous servir nous-mêmes.

— Il restera toujours des nègres !

— Bravo ! fit le marquis, bravo, madame. Vous avez mille fois raisons ; il y a des nègres et je veux m'en attacher là-bas cinq ou six que je ramènerai ici.

— Vous me donnerez deux négresses ; les femmes de chambre deviennent impossibles.

— C'est convenu. Mais il nous faut voir l'homme que Jean nous envoie à sa place.

— Il vous parle donc d'un remplaçant ?

— Le porteur de la lettre.

— Quelque rustre.

— Pas trop lourdeau peut-être.

Le marquis ramassa la lettre, la défroissa de son mieux et la tendit à sa femme.

— Hum ! dit celle-ci en lisant, « un jeune homme de vingt-cinq ans, sortant du service, arrivant de Constantine, connaissant les trois provinces de la colonie, désirant trouver une place de forestier ; mais enchanté de retourner en Algérie au service de monsieur le marquis ; j'en réponds sur l'honneur. »

La marquise s'interrompant :

— Sur l'honneur, fit-elle.

— Ah ! chère ; ça jure là-dessus comme les gentilshommes et je dois dire que Jean tiendrait.

— Encore si ce n'est pas un pataud, ce remplaçant !

— Nous allons voir.

Le marquis sonna :

— Faites entrer, dit-il.

Le domestique introduisit le messager.

Celui-ci se présenta avec aisance.

La marquise, avec une impertinence toute princière, prit son lorgnon et toisa l'homme.

Elle parut surprise.

C'était un grand, jeune et beau garçon ; un type hardi de soldat ; il avait l'œil assuré, le geste élégant, la mine fière ; des cheveux noirs, un peu crus de ton, coupés en brosse, encadraient bien sa martiale figure.

Bref. la marquise fut si frappée qu'elle vit bien que ce gaillard n'était pas du même bois que ses domestiques.

Elle laissa tomber son lorgnon.

Le marquis avait fait la même inspection et l'homme lui avait plu ; mais il avait un je ne sais quoi en lui qui irrita le vieux gentilhomme.

— Vous n'êtes pas fait pour servir ! lui dit-il brusquement. Vous ne resterez jamais en place.

Puis après une pause :

— Tu es soldat, tu dois être susceptible, à en juger à ta mine ; tu feras mieux de rentrer au régiment que de chercher à te mettre en maison.

Et après un nouveau coup d'œil :

— Tu es mis comme un bourgeois, l'ami ! Tu ne porteras jamais la livrée avec soumission.

C'était l'avis de la marquise ; elle sourit avec approbation ; l'homme plaisait trop, pour ne pas déplaire beaucoup ; en vérité il n'avait rien de servile.

Ceci était froissant pour un maître.

Le marquis reprit :

— Allons, mon ami, suivez mon conseil, remplacez ou engagez-vous et bonne chance !

— Mais l'homme resta.

— Monsieur le marquis voudrait-il permettre ! demanda-t-il en s'inclinant avec un respect parfaitement mesuré.

— Parle !

— Monsieur le marquis m'a bien jugé, dit l'homme ; je ne voudrais pas être valet de chambre.

— Eh bien alors ?

— Monsieur le marquis avait besoin d'un guide, du moins c'est ce que Jean m'avait dit.

— Sans doute, d'un guide.

— Ce poste m'irait, on n'est pas valet.

Et sur un geste du marquis :

— En Afrique, pour voyager convenablement, il faut des mulets, une espèce de petit convoi ; pour surveiller les muletiers indigènes, choisir et régler les mouches, organiser les repas et les assurer, il faut un homme expert.

— Toi, par exemple.

— J'ose affirmer que personne ne pourrait mieux se charger

de ces soins que votre très-humble serviteur, monsieur le marquis; je parle arabe, je connais le pays, j'ai la main solide et le coup d'œil prompt.

— Et aussi la langue déliée.

— Quand je défends ma cause.

— Allons, tu m'irais, n'était la crainte que tu ne regimbes à un ordre ou à une observation :

— Soldat, j'ai appris à obéir à la baguette; sergent j'ai commandé sec et bref, monsieur le marquis.

— Ah vraiment!

— Je sais à quoi je m'engage. Monsieur le marquis est de trop grande maison pour ne pas parler à son monde le langage qui convient à chacun. Je déclare d'avance que je me tiendrai toujours pour satisfait de ses façons d'être avec moi.

Le marquis réfléchit.

Il hésitait.

Enfin, s'adressant à sa jeune femme :

— Qu'en pensez-vous, chère amie ? demanda-t-il.

— Faites à votre guise, dit-elle avec indifférence.

— Soit! tu seras mon guide, mon majordome, mon intendant, ce que tu voudras pour sauver ta dignité.

Le marquis souligna le dernier mot un peu ironiquement.

— Je serai votre plus dévoué serviteur ! dit l'homme gravement et simplement.

— Très-bien! fit le marquis.

Il chercha dans son gousset.

— Voilà trois louis de denier à Dieu, dit-il; tu as été soldat et tu aimes la bouteille, va boire à ma santé; je t'attends demain.

L'homme prit les louis sans que son œil brillât de convoitise, mais aussi sans dédain.

Le marquis l'observait :

— Il n'est pas avide, pensa-t-il.

Et tout haut :

— Va! A demain matin, neuf heures.

Le jeune homme s'inclina pour partir.

Le marquis parut étonné.

— Tu ne parles pas de tes gages! lui dit-il.

— Oh! fit-il, ceci importe peu. J'ai tenu à entrer dans la

maison d'un des derniers grands seigneurs de France, sachant bien qu'on ne lésine pas chez lui sur les salaires.

— Tu es bien stylé, l'ami ! fit le marquis, flatté plus qu'il n'eût voulu se l'avouer.

— Mon père était garde du duc de Chevreuse ! Il m'a appris ce qu'était un vrai gentilhomme et ce qu'on devait à un maître de votre qualité, monsieur le marquis.

— Bon ! bon !

Le marquis sonna.

Il avait pris une décision.

Le valet de chambre parut.

— Joseph, lui dit-il, monsieur est mon majordome pour le voyage dont vous serez avec Pierre et Louis.

Le valet fut béant de surprise.

— Vous donnerez une chambre à *monsieur*, continua le marquis accentuant le mot.

Et se tournant vers l'ancien soldat :

— Ton nom ! fit-il.

— Georges ! dit-il.

— Il me va ! C'est heureux, car tu aurais dû en changer ! j'exècre certains noms.

Et une dernière fois au valet de chambre :

— Vous entendez, Joseph ? M. Georges, à l'avenir, vous commandera en mon absence.

Joseph restait ébaubi.

— Allez ! fit le marquis.

Georges prit très-poliment congé.

Le valet de chambre dépité, furieux, jaloux, se retira pâle et oubliant la courbette obligée.

— N'avez-vous pas été bien vite en besogne, mon ami ? demanda la marquise à son mari.

— Non, chère belle, non ; je crois que nous avons mis la main sur un oiseau rare, un phénix.

— Mais c'est à peine si nous avons eu le temps de voir ce jeune homme.

— Bah ! je me fie à mon flair. Ce garçon est poli, bien élevé, bien dressé ; il sait ce qu'il vaut et ce que nous valons, croyez-moi, il nous conviendra...

— Espérons-le. Cependant j'ai cru remarquer de la roideur dans ce caractère-là.

— Tant mieux. Voyez ce Joseph, par exemple; il est vil et plat; mais il nous vole.

— Oh! fit la marquise.

Elle semblait dire qu'importe.

— Soit, passons; mais ce drôle a un caquet infernal; ça juge son maître et sa maîtresse.

— A l'office.

— Passons encore; il va chez les fournisseurs y cancaner, ce dont nous nous soucions peu, mais ce qui est fâcheux.

La marquise approuva d'un geste dédaigneux.

— Enfin, voici qui est grave.

Ici la jeune femme leva la tête.

— Le coquin, me croyant du bois dont on fait les cassandres, a cru devoir ébaucher çà et là quelques confidences que j'ai arrêtées net, afin de n'avoir pas à le chasser.

— Vous avez eu tort.

— Il fallait le renvoyer?

— Sans doute.

— Hélas! chère belle, il ne vaut ni plus ni moins que d'autres qu'il eût fallu dresser.

La marquise se récria :

— Décidément, dit-elle, j'ai hâte d'avoir une maison montée sur un autre pied; l'idée que des personnes de notre sorte ont à compter avec leurs serviteurs me révolte.

— Nous partons dans trois jours, dit le marquis.

Il se leva, baisa gracieusement la main de sa femme et la laissa seule.

Cependant Georges n'avait pas encore quitté la maison.

Joseph, obséquieux, voulut lui montrer sa chambre, lui présenter Pierre et Louis, l'installer.

Le nouvel intendant se laissa faire.

Toutefois rien de la mauvaise humeur du domestique ne lui avait échappé, car il le prit en particulier et lui dit :

— Vous m'avez vu entrer ici avec regret, Joseph; ne niez pas, je comprends ça.

— Monsieur !

— Il n'y a pas de monsieur qui tienne. A votre place je serais tout comme vous, mon cher ami.

Joseph sourit.

— Or, reprit Georges, vous ne perdez rien à mon installation ; du reste je ne garderai pas longtemps cette place.

— Ah !

— Non, mon intention est de demander un emploi de garde-chasse au retour.

— Très-bien, monsieur Georges ; votre confidence me soulage d'un grand poids, allez.

— J'en étais sûr.

— Que voulez-vous ! on n'est pas resté dix ans dans la même maison sans avoir pris des habitudes.

— C'est très-naturel.

En quelques minutes l'intendant et le valet de chambre étaient devenus les meilleurs amis du monde ; le dernier s'attendait à trouver le premier hautain et roide ; il était enchanté de s'être trompé du tout au tout.

Georges avait une valise.

Il l'ouvrit.

Joseph fut assez étonné de la voir bourrée de cigares et de tabac blond.

— Oh ! oh ! dit-il, voici une jolie provision pour un fumeur, monsieur Georges.

— Ce sont des *basson* d'Oran et du *touchran* de Milianah ! Ça vaut tout ce que vous avez de mieux à Paris. En usez-vous, mon cher ?

— Avec votre permission.

— Comment donc !

Et Georges offrit un cigare à Joseph, en alluma un, s'assura que la porte était close, invita le valet de chambre à s'asseoir et lui dit :

— Causons.

— Volontiers, fit l'autre.

— Mettez-moi au fait.

— Hum ! c'est délicat.

— Sans doute, avec un sot ; mais avec moi ! ne craignez rien ; je n'abuserai pas de vos confidences.

— Vous le promettez ?

— Je le jure ; un mot sur monsieur d'abord.

— C'est un original, un vrai grand seigneur, il n'a pas de préjugés bourgeois, il sait que je le vole et n'en souffle pas un mot ; bref, c'est un maître parfait.

— Parfait ! parfait !
— Ma foi, oui.
— Allons tant mieux. Et madame ?
— Elle, c'est différent.
— Ah ! ah ! voyons ça.
— C'est une femme bizarre, arrogante, dure aux gens, méprisant tout ce qui est au-dessous d'elle.
— Diable ! Et au-dessus !

Joseph riant :

— Au-dessus ! Elle ne croit personne supérieur à elle ; c'est inouï combien cette femme-là a d'orgueil.
— Dame ! Elle est marquise.
— Oui, sans doute, mais elle se croit reine, déesse, plus encore, s'il y a mieux que ça.
— Oh ! oh !
— Tenez, par exemple, elle ne me regarde pas comme un homme moi qui vous parle !
— C'est trop fort !

Georges dit cela avec une fine pointe d'ironie que ne remarqua pas le valet de chambre.

— Non ! fit-il. Je puis vous le prouver.
— Prouvez, Joseph, prouvez.

Joseph aurait bien voulu dire Georges tout court ; il n'osait pas, il n'osa jamais.

L'intendant lui en imposait.

— Imaginez-vous, dit-il, qu'un jour, un matin, en l'absence de la femme de chambre, madame sonne.
— Vous accourez !
— Précisément et je la trouve...

Joseph se croisa les bras.

— Devinez où ?

Il avait une pose indignée.

— Au lit ? demanda Georges.
— Non.
— En chemise ?
— Non.
— Au bain ?
— Vous y êtes.
— Vous avez raison, c'est fort.
— Je veux me retirer, mais elle me commande ceci, cela :

elle me fait aller, venir, j'en étais sur les dents; l'émotion me faisait voir trouble et je tremblais.

— Pauvre Joseph !

— A ma place vous auriez été comme moi.

— Je n'en doute pas.

— C'est que, voyez-vous, c'est la plus belle femme qu'on puisse voir ; la chair est du marbre, du marbre blanc ; au Louvre, à Versailles, n'importe où, on ne voit rien de pareil.

Georges eut un mouvemement qu'il réprima.

— Ce n'est pas tout, dit Joseph.

— Quoi encore, grand Dieu !

— Ceci est grave.

— Qu'allez-vous me dire ?

— Madame est cruelle.

— Cruelle !

Une vraie panthère ! Elle bat ses femmes de chambre ; elle ne peut en garder une pendant un mois.

— C'est une manie.

— Un besoin, monsieur.

Et Joseph baissant de ton :

— Battre ce n'est rien ; elle larde ses femmes.

— Quoi, vraiment !

— Elle les larde, vous dis-je, avec ses épingles à cheveux.

— Un monstre alors !

— Tout simplement.

Georges songea.

— J'ai ouï raconter, dit-il, que les grandes dames romaines avaient l'habitude de piquer ainsi leurs esclaves avec des aiguilles d'or, quand elles en étaient mécontentes.

— Voyez-vous ça ! C'est pour imiter ces femmes qu'elle se donne un pareil genre.

— Que disent les bonnes ?

— Elles crient, menacent, se font payer la piqûre et partent la poche pleine.

— Pauvres filles !

Georges avait l'air peu convaincu.

— Comment madame vit-elle avec monsieur ? demanda-t-il curieusement au valet de chambre.

— Au mieux.

— Elle l'aime ?

— Allons donc
— Elle le trompe ?
— Non.
— Elle s'en contente ?
— Ils n'ont aucun rapport.
— Point de mari, point d'amants ! Décidément voilà une femme extraordinaire !
— Si vous saviez tout !
— Mais, sacrebleu, ne me cachez rien.
— Je n'ose.
— Vous êtes trop avancé pour reculer.
— Allons, soit. En avant du secret de madame. Ecoutez...

XII

Le secret de Madame.

Georges semblait anxieux de tenir le secret de la marquise, il tendait avidement l'oreille.
Joseph avait des démangeaisons sur la langue.
Il ne se fit pas trop prier.
— Nous avons tout su, dit-il, par l'ancienne femme de chambre, celle qui précéda celle-ci, une bonne fille qui supporte tout, tout sans mot dire.
— Quelle patience !
— Les gages sont énormes !
— Et le secret ?
— J'y arrive.
« Imaginez-vous que le marquis ne peut avoir d'héritiers de sa femme et qu'il en voudrait un.
— Bon, je saisis.
— La marquise est donc libre de prendre un amant et elle n'en prend pas ; ça, j'en suis sûr.
— La main au feu ?
— La tête aussi.
— Je vous crois, quoique très-étonné.
Joseph prit un air capable.

— A nous autres on ne cache rien, dit-il.

« Je continue :

« Depuis longtemps nous étions donc intrigués de ce mystère-là, car il y avait du louche là-dessous.

« On veillait inutilement.

« La femme de chambre dont je vous ai parlé a tout su, elle.

— Une fine mouche !

— Rouée comme tout.

« Elle a tant épié madame, qu'une nuit, à la rentrée du bal, elle l'a entendue parler toute seule.

— Que disait-elle ?

— Des choses drôles !

« Elle était déshabillée et se mirait dans ses glaces avec amour, en s'écriant d'un air rageur :

« Un homme !...

« Où trouverais-je un homme digne de ça ?...

— Ça, c'était elle.

— Évidemment.

— Quelle femme !

— Il paraît qu'elle arpentait la chambre, rugissant comme une tigresse contre les Parisiens.

— Tiens ! tiens !

— Elle les trouvait mesquins, laids, petits.

— Pauvres Parisiens !

— Elle demandait à haute voix les hommes d'autrefois, les grands hommes, les Romains !

— Pas dégoûtée, la marquise !

— Elle frappait sur son sein, monsieur.

— Une vraie rage, alors !

— Elle disait :

« Cléopâtre ! voilà Cléopâtre !

— Entre nous, je crois que Cléopâtre n'était pas plus belle ; qu'en pensez-vous, Joseph ?

— Moi, je n'en sais rien. Mais j'ai entendu parler de César, un empereur d'autrefois, qu'elle appelait ce soir-là.

« Voilà Cléopâtre, disait-elle, mais où est César ? »

Et très-finement :

— N'ayant pas de César à lui offrir, nous n'avons pas bougé, bien entendu et nous sommes tenus cois.

— Vous étiez donc là ?
— A la fin, oui.
— Et vous concluez ?
— Que la marquise a du tempérament, qu'elle aimera quelqu'un à la folie, mais un roi.
— Ou un domestique.

Joseph sauta sur sa chaise.

— Quelle folie, dit-il.
— Ah ! monsieur Joseph, ne vous récriez pas ; vous verrez ça, je vous le prédis, mon cher.
— Mais songez donc !
— Je vous dis, moi, que ces caractères-là sont capables de tout ; elle aura un jour quelque fantaisie bien surprenante.
— Eh ! eh ! fit Joseph. Dites vrai et que ce soit moi qui lui plaise, monsieur Georges.
— Je vous le souhaite.

L'intendant en savait assez.

— Je sors, dit-il, merci de votre confiance ; comptez sur un silence absolu et sur ma bienveillance.

« Au revoir ! »

Il sortit.

— Drôle d'homme ! murmura Joseph.

Il le regarda marcher dans la cour.

— Ces soldats ! dit-il, ça se dégourdit au régiment ; celui-là marche comme un homme de qualité.

« C'est égal, il me va. »

Quant à Georges, il disait une fois dehors :

— Je puis bien avoir prophétisé vrai. Il pourrait advenir que la marquise aimât un domestique. Ces types-là sont fort singuliers et s'éprennent vite.

Il se perdit dans la foule.

XIII

D'un coup de poing qui fit bon effet sur la marquise.

Trois jours plus tard, on partait.
Le marquis avait loué deux chaises de poste ; une pour lui et sa femme, une pour ses gens.
La sienne luxueuse.
L'autre simplement confortable.
Georges avait présidé aux achats.
Le marquis en était très-content.
Il faisait tout discrètement, sans zèle importun, sans bruit; son monde marchait d'un regard.
La marquise avait dédaigné de faire aucune observation sur l'intendant qui se trouvait dans la première voiture.
Celui-ci occupait, en haut de la chaise, sur une espèce d'impériale, un siége en plein soleil.
Il faisait une chaleur étouffante.
Hors Paris, le marquis remarqua que sa jeune femme haletait, il sourit.
— Ma toute belle, vous avez bien chaud, dit-il, mais votre supplice va cesser.
— Et comment ?

— Tenez, nous voilà sur le grand chemin, nous n'avons plus à nous gêner, regardez.

Il poussa un ressort.

Les pans de la chaise tombèrent, et se rabattirent horizontalement au-dessus des roues; des stores se baissèrent en même temps et formèrent une sorte de tente dont l'étoffe, agitée par le galop des chevaux, faisait éventail, rafraichissant l'air agréablement.

La marquise donna sa main à baiser à son mari qui s'en montra ravi, comme s'il n'eût eu que cinquante ans.

— Ne me remerciez pas encore, dit-il.

— Quoi! Ce n'est pas tout?

— Non!

Et le marquis prit un léger paquet, le défit, en tira un filet de soie extrêmement fin, le suspendit à deux crochets au sommet de la chaise et dit :

— Voilà un hamac!

— C'est délicieux! s'écria la marquise.

— N'est-ce pas?

— Vous êtes mille fois bon.

— Vous me confondez, chère Marie.

— Comment reconnaitrai-je votre attention ?

— En me donnant un héritier, mignonne.

— Ah! voilà le grand mot !

— Que voulez-vous! Il le faut bien. Les de Nunez ne sauraient finir avec moi.

— Je tâcherai! dit-elle.

On arrivait au relais.

Les stores donnaient une forme étrange à la chaise; les badauds l'entourèrent.

— Ces manants! fit la marquise avec dégoût, en écartant une toile; ils glosent sur nous.

Tout à coup de vigoureux coups de fouet retentirent, puis quelques cris douloureux.

Une voix avait crié :

— Fouettez-moi cela, postillon !

Le postillon y avait été gaiement.

Mais un homme, une sorte de porte-faix s'avança, quand chacun reculait dans la foule; il cria au postillon :

— Je veux rester ici, moi ! Gare à qui me touche !

Georges sauta à terre.

— En selle, dit-il au postillon et prépare les guides.

Le postillon monta sur son cheval.

Georges, alors, s'avança vers le mécontent, l'empoigna par le milieu du corps, le jeta à dix pas très-tranquillement, remonta sur son siége lestement et ordonna :

— Partez!

Les deux voitures s'ébranlèrent.

La foule stupéfaite s'entr'ouvrit et se tut, faisant une large place aux chaises.

Il est vrai que, quelques instants après, l'on entendait quelques clameurs confuses.

Mais on était loin déjà.

XIV

Où la marquise est offensée par un officier.

La marquise avait vu toutes les péripéties de cette scène rapide; elle n'avait dit mot.

Pourtant, au moment où l'homme avait roulé à terre, elle avait poussé un petit cri.

— Qu'est-ce? avait dit le marquis.

Penchée pour voir, elle n'avait point entendu et par conséquent point répondu.

On était à deux cents pas du théâtre de l'incident, quand, se tournant vers le marquis, elle lui dit :

— Qu'en pensez-vous ?

— De quoi, chère belle ?

— De notre guide ?

— Que c'est un charmant jeune homme qu'il faut ménager et nous attacher.

— C'est mon avis.

— C'est lui qui a eu l'idée du hamac.

— Ah !

— En trois jours il a obtenu le prodigieux résultat d'aménager cette chaise en palanquin.

— C'est un garçon précieux.

— Il a mis cinq ouvriers à l'œuvre, les a surveillés nuit et jour, leur commandant tout.

Le marquis se retourna et poussa un bouton.

— Tenez, une cave à liqueur, ici, dit-il.

En effet, dans le fond de la voiture s'ouvrait un tiroir plein de bouteilles et de verres.

— Ici la glacière, continua le marquis.

« Ici la bibliothèque ! »

Et il ouvrait des armoires, découvrait des cachettes, émerveillait la marquise.

— Ici un garde-manger ! continua le vieux gentilhomme.

— Et là ?

— Une toilette.

— Mais c'est charmant !

La marquise fit une chose inouïe.

— Mon ami, dit-elle, je n'ai pas besoin de vous recommander d'être généreux avec ce garçon ?

— Je le couvrirai de louis ! dit le marquis.

— Et vous y ajouterez de bonnes paroles, n'est-ce pas ? Car je suis très-contente de lui.

« Avez-vous vu comment il a malmené cette espèce d'athlète tout à l'heure ?

— Mais point.

« Que s'est-il passé ?

— Vous n'avez donc pas regardé ?

Et la marquise raconta la scène.

— Bravo ! bravo !

Le vieux gentilhomme se sentant tout joyeux, prit un verre dans le cabaret, l'emplit de *porto* et le passant par l'interstice des stores à Georges étonné :

— Tiens, mon ami, dit-il. La marquise t'engage à vider cela à sa santé et à la mienne.

Georges se pencha, saisit le verre, remercia et but.

Tout à coup on entendit le cristal se briser en morceaux sur la route.

— Que fait-il ? demanda la marquise.

— Il casse le verre, tudieu ! dit le marquis. C'est magnifique de tact, c'est splendide, c'est régence.

— Je ne comprends pas.

— Mais, mignonne, ne voyez-vous pas que ce jeune homme

n'admet pas que vous puissiez boire dans ce verre où il a bu,
lui qui n'est pas notre égal. Est-ce joli cela?

— Trop joli !

— Que dites-vous ?

— Que l'on rêve des domestiques comme ça ; mais que jamais on ne les trouve.

— Et celui-là ?

— Vous verrez qu'il a quelque vice énorme !

— Peuh ! J'en doute.

— Ah ! mon ami, souhaitez qu'il n'en ait qu'un. Je crois que je lui pardonnerais de se griser.

Décidément la marquise s'était engouée de Georges.

On arrivait au relais, on y déjeuna.

La marquise, en remontant dans la chaise, observa Georges, il n'avait pas la moindre apparence d'avoir trop bu.

— Allons, se dit-elle, il nous volera.

Le marquis protesta.

— Pour cela, non, dit-il.

— Quelle preuve en avez-vous ?

— Pour voler il faut être avide, n'est-ce pas ? Eh bien, vous allez voir de quel air il reçoit l'argent.

Le marquis, — la chaise n'était pas encore en route, — héla Georges qui se présenta à la portière.

— Tiens, mon ami, dit M. de Nuñez, voilà pour le coup de poing à ce maraud du relais.

— Merci, monsieur le marquis, dit Georges en prenant une dizaine de louis qu'on lui tendait.

Il les mit dans son gousset sans compter.

— Vous avez vu ?

— Oui, fit la marquise.

Et elle se mit à réfléchir.

Jusqu'au soir elle ne dit presque rien.

On entra dans la ville où l'on couchait.

Au dernier relais, Georges avait choisi un bon cheval et était parti ventre à terre en avant.

A l'arrivée des voitures devant l'hôtel, la marquise trouva tout le personnel de la maison rangé sous la voûte de la porte cochère pour la recevoir.

Le maître d'hôtel, sa femme, cinq ou six domestiques, tous,

la coiffe, le chapeau ou la casquette à la main, respectueux, muets et circonspects, se tenaient prêts.

Les palefreniers allèrent aux calèches.

Les gens de service montèrent les malles.

Le maître d'hôtel conduisit les voyageurs à leur appartement, où deux bains étaient prêts.

Tout était prévu.

Mademoiselle Fanny s'empressa près de madame.

Joseph s'occupa de monsieur.

Comme madame, après s'être baignée, se faisait coiffer, le chef vint demander ses ordres pour le dîner.

— Dans une heure, dit-elle; quant au menu, voyez M. Georges; je tiens à une glace, voilà tout; le reste le regarde.

Et le chef alla voir l'intendant.

Celui-ci organisa le repas, puis s'habilla d'une façon assez élégante et sortit.

Il se promenait depuis quelques instants sur la grande place, quand parut la marquise au bras de son mari.

C'était l'heure où les officiers de la garnison prenaient l'absinthe.

On sait quelle transformation s'est opérée dans l'armée depuis les guerres de Crimée et d'Italie.

L'officier auparavant cassant, roide, prenait le haut du pavé, en province surtout.

L'épaulette se croyait tout permis.

Depuis le type du matamore, du capitaine Fracasse, du mousquetaire par imitation, a disparu.

Mais alors...

Chacun s'en souvient.

Donc, messieurs les officiers humaient l'absinthe devant la porte de leur café.

L'apparition de la marquise fit sensation.

— Tudieu la jolie femme!

— Sacrebleu la belle tête !

— Et les épaules... etc.

Sur le mari, autre concert.

— Ce petit vieux est son grand-père.

— Ou son oncle...

— Il a cent ans.

— Il était dans l'arche.
— C'est son mari.
— Vraiment !
— J'en suis sûr.
— Il devrait être honteux, ce bonhomme avec sa face en vieille lune, de promener à côté de lui ce soleil-là.
— Jouons-lui un tour.
— Lequel ?
— Une idée, je vais offrir un bouquet à sa femme.
— Vite, un bouquet.
— Pierre, cours au jardin, ravage-le, apporte-nous des fleurs ; vite donc, animal.

Cinq minutes après un joli sous-lieutenant, légèrement gris, l'auteur de l'idée, un bouquet à la main, s'inclinait devant la marquise qui pâlissait.

— Avec la permisson de monsieur ! dit-il, permettez-moi, madame, de vous présenter ces fleurs.

— Prenez donc, marquise, dit M. de Nunez avec un beau sang-froid, en toisant le sous-lieutenant.

Les officiers riaient

Sous le froid regard du vieux gentilhomme, le sous-lieutenant perdait un peu contenance.

— Vous formez donc une corporation ? demanda négligemment le marquis après examen.

— Que voulez-vous dire ? demanda l'officier troublé.

Le gentilhomme mettait la main à son gousset.

— Je vois que les bouquetiers de la ville portent un uniforme et je suppose qu'ils forment, comme les bouquetières de Florence, une sorte de corps d'état.

Puis, avec une sorte de négligence :
— Tenez, l'ami.

Le marquis donna dix francs à l'officier.
— Monsieur ! dit celui-ci.

— Prenez et dépêchez, mon garçon. Ne me faites pas supposer que j'ai de trop bons yeux ; que je vois sur vos épaules des épaulettes de sous-lieutenant, ce qui me ferait croire qu'aujourd'hui, dans l'armée, des goujats les portent.

— Goujat ! répéta l'officier furieux.

— Le mot est dur, dit une voix derrière lui ; il ne fallait pas vous y exposer, monsieur.

Le sous-lieutenant se retourna.

Son colonel, en bourgeois, était derrière lui.

En passant, il avait vu ce qui se passait, et il intervenait, disposé à sévir.

— Madame, dit-il à la marquise, veuillez accepter mes excuses et mes regrets.

Et au marquis :

— A vous, monsieur, je pense qu'un mois d'arrêts sera satisfaction suffisante. Si toutefois vous désirez plus, j'en écrirai au ministre de la guerre.

Le colonel salua courtoisement et se retira; le sous-lieutenant, tout penaud, s'éloignait aussi.

— Voilà un galant homme! dit le marquis en parlant du colonel, qui avait déjà quitté la place.

— L'autre est un misérable! fit la jeune femme.

Et en passant près d'un ruisseau elle y lança le bouquet avec une rage fiévreuse, quoique contenue.

A peine avait-elle regagné l'hôtel, que l'incident se corsait singulièrement.

Georges venait s'asseoir, comme par mégarde, parmi les officiers, près de celui qui avait offert le bouquet.

Il demanda une absinthe, ouvrit un journal, goûta sa consommation et la lança par-dessus son épaule.

— Détestable! dit-il.

Le contenu du verre avait frappé en pleine figure le sous-lieutenant au bouquet.

— Tonnerre de Dieu! s'écria celui-ci ravi de passer sa mauvaise humeur sur quelqu'un.

Georges ne se détourna même pas.

— Dites donc, monsieur le maladroit, dit le sous-lieutenant, vous feriez bien de regarder derrière vous, afin de ne pas arroser les gens; vous allez m'essuyer ça avec votre mouchoir !

Georges se leva.

— Monsieur, dit-il, si vous aviez été poli, je vous aurais offert les services du garçon et mes excuses.

— Gardez vos excuses et essuyez!

— Avec un soufflet, si vous voulez!

Et le geste suivit le mot.

Un duel était inévitable.

— Demain, à l'épée, si vous voulez? dit Georges.
— Accepté.
— A sept heures du matin.
— Soit.
— Sur la route de Lyon.
— Pourquoi par là?
— Parce que, après vous avoir donné un coup d'épée, je me mets en route pour Lyon.
— Vous êtes bien sûr de me blesser?
— Oui.

Ce oui, dit froidement, exaspéra le sous-lieutenant.

— Mon petit monsieur, dit-il, avant de vous *tuer*, il appuya sur le mot, je vous préviens que je suis plus fort que le maître d'armes du régiment, qui manie joliment le fleuret.

— Tant mieux, ça m'amusera un peu.

Et Georges se remit flegmatiquement à lire.

— Il faut quitter la place! dit le sous-lieutenant rageur; ce café est le nôtre, monsieur!

— C'est possible, monsieur! Mais, à moins que vos camarades ne trouvent mauvais que je reste, je demeurerai.

Et se tournant vers les officiers :

— Messieurs, dit-il, j'aime fort l'armée, je compte en Afrique beaucoup d'officiers parmi mes amis; je vous le demande, ai-je été provoquant, et pouvais-je accepter la façon de parler de votre ami? Pas un de vous ne l'admettra.

Il y eut un silence d'approbation.

Le jeune homme en fut plus enragé.

— Prenez garde! dit-il.
— A quoi?
— Je vous chasserai!
— N'essayez pas!

Le sous-lieutenant fit un pas.

Ses amis voulurent intervenir.

— Laissez, dit Georges, vous allez voir.

Et prenant d'une main une table de marbre massif, il la leva, montrant une force de poignet prodigieuse, la reposa sur le sol et se rassit.

— Avis! fit-il.
— Monsieur est hercule?

Georges ne dit rien, fouilla dans son gousset, en retira un ruban rouge, le mit à sa boutonnière sans mot dire.

C'était une réponse au mot hercule.

Le sous-lieutenant se tut.

— Je recevrai vos témoins ce soir, dit Georges au bout de dix minutes; je souhaite qu'ils me viennent voir, à l'hôtel, en bourgeois; ils demanderont M. Georges.

« Messieurs, j'ai l'honneur de vous saluer.

Il quitta le café.

XV

Où la marquise s'étonne de la conduite de Georges à l'égard du beau sexe.

Au dîner, la marquise fut maussade.
— Fâcheuse affaire, n'est-ce pas? lui dit le marquis.
Elle suivait une pensée sans écouter.
— Remettez-vous, ma mignonne, dit le vieux gentilhomme; de pareilles impertinences sont choses que l'on ne peut éviter; il faut prendre cela comme on prend le temps.
— On ne peut éviter, soit, mais on peut punir, dit la jeune femme avec des éclairs dans les yeux.
— Un mois d'arrêt.
— Qu'est-ce que cela?
— Si j'avais su! fit le marquis.
— Qu'eussiez-vous fait?
— J'aurais refusé les excuses que le colonel nous a faites au nom de ce petit étourdi.
— Et puis?
— Je me serais battu.
— A votre âge?
— Eh! madame, ne me jugez pas sur une défaite qui n'a aucun rapport avec le duel.
— Mon ami!

— Oui, oui, je sais; vous n'avez pas voulu me faire de la peine; mais, croyez-le, j'ai pu faiblir... un certain soir... malgré le feu encourageant de vos beaux yeux... c'était, il est vrai, besogne de jeune homme.

— De grâce !

— Mais, sur un autre terrain, je vaux un jeune homme; je tire encore très-proprement.

— Je suis désolée.

— Chère enfant, ne regrettez rien. Il est trop tard maintenant, et, au fond, mieux vaut qu'il en soit ainsi. Un duel eût fait un énorme scandale et donné du retentissement à cette affaire; mais j'aviserai à vous venger autrement de ce drôle.

— Savez-vous combien je suis folle ?

— Je vous trouve très-raisonnable.

— Vous ne direz plus cela quand vous connaîtrez le fond de mon caractère; tenez, si un homme me tuait cet insolent ou me le faisait tuer, je lui en saurais un gré infini.

— Oh ! oh ! Ne dites pas cela si haut.

— Soyez tranquille, on ne nous entend point.

— Heureusement.

— Quel dommage que Georges n'ait pas passé par là !

— Ah ! vous pensez qu'il...

— Qu'il eût rossé l'officier, oui.

— C'eût été d'un effet détestable. Qu'on jette un portefaix dans la poussière, ce n'est rien. Mais un sous-lieutenant battu par un de mes gens, ce serait une déplorable chose.

— Tant pis pour qui s'expose à cela.

— Ah ! marquise, vous ne vous doutez pas de ce qui en résulterait; il n'y aurait qu'un cri dans l'armée.

— On la laisserait crier.

Le marquis admirait sa femme.

— Tenez, dit-il, vous méritiez de vivre au bon vieux temps, d'être la reine Margot, Diane de Poitiers ou la Pompadour, toutes femmes pour lesquelles les rois faisaient se battre les peuples !

— Je crois que ces rôles, en effet, eussent été à ma taille; mais ces jours de fêtes sont passés pour les femmes.

Elle se leva.

— Nous allons au théâtre, je crois ? dit-elle.

— Oui, Georges a loué une baignoire; de cette façon, nous ne nous afficherons pas, ma chère belle.

— Comment irons-nous au spectacle?

— Dans une calèche assez sortable, que notre guide a su dénicher le diable sait où.

— Vous serez prêt?...

— Dans un instant.

La marquise passa dans sa chambre, mit un chapeau et attendit que son mari la prît.

Celui-ci causait avec Georges, qui avait demandé la permission de se présenter à son maître.

— Que veux-tu? demanda-t-il bienveillamment à celui-ci.

— Me montrer! dit-il en souriant.

— Pourquoi?

— Monsieur le marquis m'a laissé comprendre qu'il m'accordait certaines libertés.

— Prends-les, mon garçon.

— Reste à savoir si je ne dépasserai pas la mesure. Ainsi, ma mine peut déplaire?

— Non, parbleu non. J'aime l'élégance chez mes gens. Tu es fort bien en habit noir.

— Je remercie monsieur le marquis.

— Où passes-tu ta soirée?

— Au théâtre.

Le marquis eut une idée de grand seigneur.

— Tu ne bois pas? dit-il.

— Peu, du moins.

— Joues-tu?

— Parfois, toujours avec bonheur.

— Sans passion, alors?

— Avec un certain intérêt, mais pas plus.

— Si tu n'aimes ni le vin, ni le jeu, tu dois adorer les femmes; tu souris, c'est cela.

— Ce serait là mon faible, dit Georges.

— Ton fort, tu veux dire?

Et avec bonhomie :

— On ne te connaît pas en ville; tu as belle tournure; tranche du gentleman, mon ami.

— Vous me comblez.

— Non pas : je fais la part du feu. On n'a pas de serviteur parfait; je te permets les femmes.

Georges s'inclina.

Le marquis reprit :

— Il y a peut-être une actrice potable ici ; attire son attention, sème l'or; tu n'en manqueras pas, si nous continuons à être contents l'un de l'autre.

— Monsieur le marquis est trop bon.

— Ta, ta, ta, va donc toujours. Campe-toi à l'orchestre, lorgne les bourgeoises; inquiète les maris.

— Je ferai de mon mieux.

— Envoie des bouquets sur la scène.

— Je n'y manquerai pas.

— Très-bien! Ton manége m'amusera. Jadis je fus mousquetaire, et, cornebœuf! j'en faisais de belles. J'aime les lurons!

Georges s'inclina et prit congé.

Le marquis et madame de Nunez montèrent en calèche et arrivèrent au théâtre, qui était comble ce soir-là.

Le spectacle était amusant.

Georges était allé trouver le directeur, et lui avait donné une somme assez ronde pour qu'il changeât l'affiche et jouât des vaudevilles au lieu d'écorcher un opéra.

Il en était résulté que le directeur avait prévenu la troupe qu'un original fort riche serait le soir dans la salle; les dames s'étaient mises sous les armes.

En entrant, le marquis chercha des yeux son intendant, et ne le vit point à l'orchestre.

— Il se fait attendre! pensa-t-il.

Et à part lui :

— Ce garçon est très-amusant. Il me distrait.

A la fin du premier acte, il se fit un certain bruit dans l'orchestre; un monsieur gagnait sa place, dérangeant tout le monde; personne n'osait refuser passage.

Au parterre, on criait :

— Chut!

Aux galeries, on clamait :

— Assis!

Il y eut du trouble.

Enfin, le monsieur prit place.

Il avait une mise de dandy irréprochable; autour de lui, les gandins du crû faisaient tache.

Il portait avec brio son linge fin, son habit, ses gants jaunes, son lorgnon; il jouait très-élégamment avec sa jumelle; il avait des poses abandonnées d'habitué de l'Opéra; il se tenait fort bien enfin.

Toutes les lorgnettes s'étaient braquées sur lui, et il semblait à l'aise au milieu de cette curiosité générale; de ci, de là, il faisait errer un regard indifférent.

Bref, un lion parisien ne se fût pas mieux comporté; aussi fit-il sensation.

Avec cela, extrêmement beau, et parfaitement placé pour être vu; les femmes s'affichaient par leur persistance à le lorgner; plus d'un mari fut dépité.

— Voyez donc ce Georges! fit le marquis.
— Comment, en habit de soirée! dit la marquise.
— Je le lui ai permis. Le trouvez-vous mauvais? Il m'a semblé drôle de faire tourner la tête à toutes ces bourgeoises par notre intendant; nous en rirons demain.

La marquise haussa légèrement les épaules.

Georges avait loué deux stalles au lieu d'une, afin d'être à l'aise; ce détail frappa fort les provinciaux.

Pendant l'entr'acte, on causa.

A côté de la loge de la marquise, une jeune femme et une vieille dame, assez comme il faut toutes deux, parlaient haut, selon la coutume des gens de province.

— Voilà un beau jeune homme! disait la vieille.
— Quelque fashionable de Paris, fit la jeune. Quel grand genre il a!
— Il doit être noble.
— Avec une tête comme celle-là, noble ou pas, il doit faire bien des passions.
— Le fait est que jamais je n'ai vu de type aussi parfait que le sien.
— Entendez-vous? fit le marquis.
— Oui! dit la jeune femme attentive et les lèvres un peu pincées.
— Ces deux femmes ont raison. Ce soir, sous les armes, ce garçon est magnifique.
— Oh! pour des bourgeoises, il est très-bien; mais sous

cette tenue de gentilhomme, le bout de l'oreille du croquant doit passer.

La marquise, abritée par les paravents, lorgna Georges, et chercha en vain un détail manqué dans sa toilette; elle ne trouva aucune critique à faire.

— On ne le connaîtrait point, dit-elle, qu'on s'y tromperait, et qu'on le croirait de race.

Il y avait de la surprise et du dépit dans cet aveu.

Puis tout à coup elle observa.

— Où a-t-il pris ces habitudes d'élégance?

— Il a été secrétaire d'un général qui connaissait son père, m'a-t-il conté.

— Je m'explique son attitude alors.

Le rideau se leva.

Georges parut d'abord prendre un médiocre intérêt au vaudeville qu'on représentait; mais peu à peu il sembla apprécier le jeu d'une actrice et suivre la pièce avec attention; deux ou trois fois, du bout des doigts, il applaudit.

L'actrice, enchantée, le prit pour point de mire, chanta pour lui, parla pour lui.

Ce manége fut remarqué.

A l'entr'acte, Georges sortit.

A l'acte suivant, l'actrice reparut avec un magnifique bouquet à la main; elle affecta de le conserver sur une table du salon que représentait la scène, et cribla Georges de ses œillades assassines.

Il soutint ces provocations très-dignement, souriant sans fatuité, montrant une mesure, un tact, un bon goût dont le marquis fut plus étonné encore que de tout le reste.

C'était le dernier acte.

Avant la chute du rideau, Georges quitta la salle; il sembla qu'avec lui s'en allait l'intérêt de la soirée.

La marquise ne voulut pas attendre non plus la fin du spectacle; elle se retira.

En passant sous le péristyle, elle remarqua Georges causant avec une jeune femme.

C'était l'actrice.

Elle était fort jolie.

Son rôle terminé avant la fin de l'acte, elle avait pu quitter la scène et attendait Georges.

Elle le buvait du regard, pour employer une expression populaire pleine de force; on lisait l'amour dans son œil; Georges semblait très-froid.

La marquise vit tout cela en passant..

A l'hôtel, en se faisant déshabiller par Fanny, elle fut impérieuse et difficile.

— Madame souffre? demanda celle-ci.

— Vous vous dispenserez de me questionner, une autre fois, dit la marquise avec mauvaise humeur.

Fanny resta bouche close.

— Vraiment, c'est incroyable, s'écria la marquise un instant après; M. Georges se permet de s'absenter, et je n'ai pas réglé la journée de demain avec lui.

Fanny hasarda :

— Madame se trompe.

La marquise fut étonnée.

— Il est donc là? dit-elle.

— Oui, madame, du moins je l'ai vu rentrer, il y a quelques minutes, avant de venir ici.

— Sonnez, et faites-le mander.

Fanny obéit.

— Eh bien! ne me jetez-vous pas un peignoir sur les épaules? dit la marquise avec impatience.

— Je n'osais, madame.

— Vous n'osiez, sotte! Pensez-vous donc que je vais recevoir ce garçon demi-nue!

— Tiens! pensa Fanny.

Et plus tard, à Joseph, elle disait :

— Celui-là est un homme pour elle!

Georges avait ôté son habit et endossé un paletot assez modeste.

La marquise remarqua ce détail.

Elle observa qu'il était en pantoufles.

— Je voulais vous demander comment vous comptez nous faire voyager demain? demanda-t-elle.

Georges, en quatre mots, expliqua le plan de la journée, et voulut se retirer.

— A propos, dit la marquise, vous étiez au théâtre, ce soir; les pièces que vous nous avez fait donner m'ont amusée; vous avez bon goût, monsieur Georges.

— Trop heureux, madame la marquise, dit le jeune homme, d'avoir si bien réussi.

— Dites-moi, le marquis vous a donné congé jusqu'à demain, n'est-ce pas? Je voulais vous recommander de ne pas négliger vos devoirs malgré cela.

Et comme Fanny souriait :

— Mon mari m'a dit, fit-elle, que vous aviez trouvé ici l'un de vos amis d'Afrique; de là cette permission.

— C'est vrai, madame, dit Georges. Mais je ne saurais profiter de l'autorisation; mon ami est un sergent de la garnison, et il est de garde.

— Voilà un contre-temps. Ainsi, vous ne sortirez plus?

— Non, madame.

La marquise réprima son étonnement.

Georges quitta la chambre.

— Fanny, ma fille, dit tout à coup la marquise, je suis très-curieuse, tu le sais.

— Oui, madame.

— Je m'ennuie.

— Le voyage distrait.

— Un peu, pas assez.

— Que veut savoir madame?

— Pourquoi monsieur Georges...

La marquise s'arrêta.

Elle hésitait.

Enfin, et brusquement :

— Fanny, dit-elle, je te répète que je suis curieuse, c'est terrible pour moi, mais quand je suis prise du désir de connaître une chose, je suis tourmentée.

— Que madame ne se gêne pas.

— Eh bien! ma fille, ce soir, ce garçon est allé au théâtre; il a plu à une actrice.

— Madame suppose que...

— Je suis sûre, te dis-je.

Fanny fit la grimace.

— Qu'as-tu?

— Rien, madame.

— Tu as quelque chose?

— Je vous jure...

— Ne mens pas, je devine. Tu aimes ce jeune homme?

— Un peu, oui, madame.

— Je ne t'en empêche pas.

— Comment, madame tolère...

— Oui, tâche même de lui faire comprendre que tu as du penchant pour lui ; tu es jolie, très-jolie.

— Madame me flatte.

— Sotte ! fit la marquise.

Et elle reprit :

— Qu'il sache clairement que tu en es éprise, et tu me raconteras comment il prend la chose.

— J'obéirai.

— Tu tâcheras aussi de te rendre compte de sa froideur pour cette actrice qu'il dédaigne.

— Il l'a dédaignée ?

— Oui.

— C'est à cause de moi.

La marquise eut un soubresaut étrange.

Elle fit brusquement :

— En es-tu sûre ?

— A peu près.

— Tâche d'en avoir la certitude. Bonne nuit, va-t'en.

Fanny se sauva.

— Singulière femme ! fit-elle.

Un coup de sonnette la rappela.

— Tu as eu des amants, n'est-ce pas ? lui demanda la comtesse à brûle-camisole.

Elle tardait à répondre.

— Parle. Je ne suis point une bourgeoise, moi !

Fanny se décida.

— Oui, fit-elle rougissant.

— Eh bien ! vingt louis pour toi, si tu me prouves qu'il est à toi ; ce, le plus tôt possible.

— Je ferai de mon mieux, madame.

Seule, la marquise dit :

— Ce garçon a quelque chose de singulier qui m'intrigue, il faut que je sache son secret.

Quant à mademoiselle Fanny, réellement éprise, pleine d'espérance, elle alla, effrontée, frapper à la porte de Georges, qui cria :

— Entrez !

9.

Et à la vue de Fanny :

— Tiens, c'est vous, petite! dit-il.
— Oui, monsieur Georges.
— Que me voulez-vous?
— Vos ordres, fit-elle.
— Rien, ma belle! dit-il.
— Rien du tout?
— Un baiser, si tu veux?

Elle tendit son front.

Il l'embrassa.

Moitié calcul, moitié passion, elle lui jeta les bras au cou; mais lui, tout doucement :

— Là, dit-il, on m'aime donc?
— Oui! fit-elle.
— Diable! dit-il.

Et il parut embarrassé.

Il la prit sur ses genoux, la calma un peu, et lui dit tout doucement, pour ne la pas froisser :

— Ne t'étonne pas, petite, si je n'accepte pas ta gentille offre; mais j'ai un secret.
— Quel secret?
— Un gros.
— Dites-le.
— Non, c'est trop lourd à porter.

Et la poussant doucement vers la porte :

— Au revoir! dit-il.

Il l'embrassa encore.

Elle pleurait en s'en allant.

Elle pleurait un beau garçon et vingt louis.

Toutefois, elle courut à la chambre de madame, frappa discrètement et entra.

— Oh! déjà! fit la marquise.
— Madame, excusez-moi.

Et Fanny raconta son entrevue.

— Oh! oh! fit la marquise, voilà qui se complique; il faudra voir clair là-dedans.

Elle s'endormit très-intriguée.

XVI

Où Georges se bat.

Le lendemain, au réveil, le marquis sonna Georges.
Point de Georges.
Joseph présentait les excuses de l'intendant.
— Il a mis tout en ordre, dit-il, et m'a chargé de dire à monsieur que, pour affaire urgente, il partait en avant.
— C'est assez sans gêne! fit le marquis.
Il en parla à madame de Nunez.
— Oh! dit celle-ci, nous ne reverrons plus ce garçon-là; il nous a volés et il est en fuite; je m'explique tout maintenant: c'est un de ces chevaliers d'industrie habiles et de haute main qui vous pillent le plus adroitement du monde.
Le marquis fit vérifier ses malles, palpa son portefeuille et trouva tout en ordre.
— Non, dit-il, Georges est la probité même, chère amie, tout est intact.
— Mais ce départ?
— Une surprise, sans doute, qu'il nous prépare.
La marquise se creusa la tête pour deviner.
On galopait depuis quelques minutes, quand au détour de

la route, à l'entrée d'un bois, on vit un groupe d'officiers arrêté autour d'un brancard.

— Qu'est-ce que cela? fit la marquise.

On se pressa pour arriver plus vite, et le postillon arrêta la chaise.

La marquise vit, couché sur le brancard, l'officier qui l'avait insultée la veille; il était ensanglanté et râlait sous la main d'un chirurgien.

La jeune femme se rejeta vivement en arrière, et cria au postillon :

— En route!

Elle était devenue fort pâle, puis très-rouge.

— Voilà qui est bizarre, dit le marquis; qui a pu tuer ce sous-lieutenant?

— Ne devinez-vous pas?

— Georges, peut-être?

— Je le crois.

— Vous en aviez parlé devant lui?

— Pas un mot.

En ce moment Georges apparut.

Il s'avança tranquille et souriant.

— Monsieur Georges, dit sévèrement le vieux gentilhomme, vous avez eu tort de faire ce que vous avez fait et je suis très-irrité de ce manque de tact.

— Monsieur le marquis, je suis désespéré. Mais cet officier m'avait gravement offensé.

— Comment cela? fit le gentilhomme changeant de ton.

Georges raconta la scène du café.

— Votre récit est exact de tous points? demanda M. de Nunez avec insistance.

— Scrupuleusement vrai.

La marquise intervint.

— Ne saviez-vous pas que ce sous-lieutenant m'avait offensée? demanda-t-elle.

— Personne ne m'en avait parlé, dit Georges.

— C'est différent, alors, fit le marquis.

Et il eut l'air satisfait.

La marquise, vengée, sourit.

Georges prit sa place; on se remit en route.

— Il ment! dit-elle.

Le marquis répondit en riant :

— Oui et non ! Il a tourné la difficulté. Il a affirmé qu'on ne lui avait point parlé de l'affaire ; il n'a pas dit qu'il l'ignorait. Il est très-adroit.

— Ce garçon-là méritait d'être gentilhomme ! fit la marquise.

Et, s'enfonçant dans un coin comme pour dormir, elle ferma les yeux.

Le sommeil vint-il ?

Nous l'ignorons.

Au déjeuner, rien d'extraordinaire.

La marquise fut charmante avec tout le monde, froide avec Georges ; ce qui frappa son mari.

En route, elle fut maussade.

— Vous souffrez ? dit le marquis.

— Un peu ! fit-elle.

Mais revenant sur ce mensonge, elle dit :

— Je vous trompe.

— Vous vous portez à merveille, je m'en doutais.

— J'en conviens.

— Vous êtes un peu nerveuse, voilà tout.

— Oui, la curiosité.

— Quelque chose vous intrigue ?

— Un enfantillage.

— Tout est enfantillage chez les femmes.

— Et tout est sérieux pour elles.

— Puis-je vous aider ?

— Je l'espère.

— Alors, parlez, chère belle.

La marquise fit un préambule.

— Ne trouvez-vous pas, dit-elle, que, de toutes les énigmes, celles du cœur humain sont les plus irritantes ?

— A ce sujet, je pense comme vous.

— Eh bien ! mon ami, je cherche la solution d'un problème indéchiffrable ; le Sphinx, vous le connaissez

— Nommez-le.

— Georges !

Le marquis fit un léger mouvement.

— Qu'avez-vous ? demanda-t-elle avec une certaine appréhension.

— Un cahot ! dit-il.

Elle observa sérieusement son mari; mais elle ne saisit rien d'extraordinaire en lui.

— Donc, Georges est passé à l'état de Sphinx pour vous? dit le marquis négligemment.

— Oui, mon ami.

— Le motif?

— Je me demande pourquoi ce garçon, hier, a eu cette étrange retenue de ne pas profiter de la permission que vous lui avez donnée; il a dédaigné cette actrice.

— C'est là tout ce qui vous embarrasse?

— Pas autre chose.

— Je vous croyais plus de pénétration.

— Vous vous faites fort de deviner?

— C'est si simple.

— J'y songe depuis ce matin, moi, sans réussir.

Le marquis eut encore un tressaillement.

— Mais, mon ami, vous frissonnez.

— C'est la digestion, chère enfant.

— Vous sentez-vous mal?

— Point du tout.

— Donnez-moi mon explication, alors.

— En deux mots: une nuit trop occupée fatigue, et Georges, se battant le lendemain, a voulu dormir.

— Suis-je sotte! s'écria la marquise.

Et elle s'occupa d'autre chose.

On arriva au souper sans incident; on fut au spectacle; le marquise s'attendait à y voir son intendant; mais il ne parut pas: ce dont M. de Nunez s'étonna fort.

Le soir, en rentrant à l'hôtel, la marquise entendit jouer du violon, et s'étonna du merveilleux talent de l'artiste; en se livrant à Fanny, elle s'enquit du nom du virtuose.

— C'est M. Georges! dit-elle.

La marquise fit un bond.

— Priez mon mari de passer chez moi! ordonna-t-elle.

Fanny courut.

Lorsque le marquis entra, elle lui dit:

— Mon ami, vous entendez cet artiste qui nous donne une sérénade?

— Oui, chère belle.

— C'est un talent hors ligne.

— Et fort original.
— C'est vrai ; il a une méthode particulière.
— Un peu abrupte.
— N'importe ; il joue admirablement. Mais savez-vous qui est ce rival de Paganini ?
— Ma foi, non.
— Votre intendant !
— J'en tombe de mon haut.
— Et moi, j'en suis stupéfaite.
— Fanny, dit le marquis, appelez donc M. Georges.

Georges accourut.

— Monsieur, dit le vieux gentilhomme, madame et moi sommes très-étonnés que vous cherchiez une place de garde-chasse quand vous avez entre les mains un moyen de gagner une fortune.

Georges sembla si naturellement ébahi, que le marquis abandonna tout soupçon.

— Que veut donc dire monsieur le marquis ? demanda-t-il surpris.

— Mon mari, fit la jeune femme, vient de vous entendre : vous êtes de première force sur le violon.

— Au régiment, on me l'avait déjà dit. Mais je ne connais pas la musique ; je joue d'instinct.

— Ah ! par exemple !
— Madame la marquise ne le croit pas ?
— C'est difficile.
— Je dis vrai cependant. Etant tout jeune, j'ai possédé un violon ; je me suis amusé à rendre avec mon archet les airs que j'entendais ; sans doute j'avais des dispositions, car je suis arrivé à jouer les morceaux les plus compliqués, après les avoir écoutés une seule fois.

— Et vous n'avez reçu aucune leçon.
— Non, madame.
— De là, ce jeu singulier qui m'a frappé, dit le marquis ; sa façon d'attaquer la corde a quelque chose de sauvage.

— Je voudrais vous voir jouer ? demanda la jeune femme avec curiosité ; voulez-vous aller nous chercher votre instrument ?

— Volontiers, madame.

Le marquis était dilettante.

La marquise rafolait de musique.

Fanny fut congédiée quand Georges revint.

— Faites-nous entendre tel air que bon vous semblera, dit la jeune femme en s'étendant sur un fauteuil.

— Oui, à votre fantaisie ! ajouta le marquis.

Georges préluda.

Le violon rendit des sons d'une harmonie étrange qui jetait dans l'âme un vague trouble ; dès le début ces notes timbrées bizarrement, ouvraient aux rêves de vastes espaces, des horizons lointains.

Puis l'instrument vibra sonore sous l'archet, les mélodies se détachèrent rapides, brillantes, pleines, chaudement colorées sur un rhythme qui avait un cachet saisissant d'originalité.

C'était une cadence lente, perdue dans des contours mal définis, mais persistante sous les thèmes qui se succédaient avec cette base cachée, flottante, d'un effet inexprimable.

On eût dit un de ces bruits sourds de la nature, pleins de nuances et de mystérieuses beautés ; c'était quelque chose comme la plainte du vent ou le rugissement de la vague, quand il arrive affaibli d'une rive éloignée.

Ces notes, qui se raccordaient par une chaîne invisible, berçaient l'âme délicieusement, pendant que l'esprit se laissait aller aux entraînements des motifs.

Ceux-ci tantôt doux et suaves, vraies caresses d'amour pleines de murmures, de baisers et d'aspirations tendres, tantôt impétueux et violents, débordant de séve et de fougue, étaient empreints d'une couleur pittoresque et pénétrés d'un parfum oriental qui appelaient l'imagination dans les paysages enchantés, au milieu des féeries de la nature tropicale, rutilante de splendeurs, éblouissante de lumière, irrésistible, fascinatrice.

Le marquis, en vrai poëte, avait fermé les yeux et s'égarait dans les perspectives infinies qui se déroulaient devant lui ; le monde vrai n'existait plus pour lui.

La musique exerce une puissance d'attraction telle sur les organisations riches qu'elles ne peuvent secouer le charme quand elles l'ont une fois subi.

La jeune femme, enivrée, tressaillait à chaque coup d'archet et se livrait tout entière, sans réserve, au magique pouvoir de la poésie dans le son ; elle écoutait haletante, frémissante, éperdue ; dès l'abord dominée, elle s'abandonnait ravie à l'extase qui l'avait envahie.

Elle était subjuguée.

Georges finit brusquement.

Il sembla tout à coup à la jeune femme qu'une vive lumière s'éteignait ; qu'un monde, fait de chimères adorables, s'évanouissait, que la nuit tombait froide et glacée sur elle ; son âme se sentait, avec mille regrets, plongée au milieu des ténèbres.

La secousse fut brusque.

Elle regarda Georges et son mari avec l'étonnement de qui sort d'un songe et dit :

— J'étais dans l'azur.

— Nous revoilà sur terre, chère belle, fit le marquis.

— Cette musique est divine, monsieur ; dit la jeune femme, jamais je n'ai rien entendu de pareil. De qui est-elle ?

— De personne, madame.

— De personne !

— Mon Dieu, oui.

— Mais elle a un auteur, impossible autrement.

— Un traducteur si vous voulez.

La marquise cherchait un sens à ce non-sens.

— Madame, dit Georges, voici comment le mot de traducteur me paraît plus juste que tout autre.

« Pendant mes stations au désert, je m'enfonçais dans les sables, j'écoutais les voix qui parlaient mystérieusement à travers les sables sans fin ; une indicible émotion s'emparait de moi ; l'archet frémissait malgré moi sous ma main et le violon chantait tout seul à l'unisson de ces grands bruits du Sahara.

« Puis les caravanes passaient ; l'oasis s'éveillait aux souffles du soir ; les femmes des Ksours allaient et venaient voilées à travers les palmiers ; les cavaliers faisaient voler des nuages de poussière sous le galop effréné des chevaux ; je ne sais comment j'éprouvais une irrésistible envie de peindre ces images par des sons ; mes doigts couraient sur les cordes convulsivement et il me semblait que je traduisais la nature, le désert, par la musique, à l'aide d'un génie invisible qui me soufflait mes chants.

On ne résiste pas à certains enthousiasmes.

La marquise se leva, fit quelques pas vers Georges et lui dit d'une voix stridente :

— Savez-vous ce que vous êtes ?

Il ne répondait pas :

— Un grand poëte ! s'écria-t-elle.

Le marquis non moins engoué confirma ce jugement.

— Mon cher, dit-il, je vais perdre un intendant ; mais les arts vont compter un génie de plus.

— Oui ! continua la marquise ; nous vous devons aide et protection ; il faut prendre des leçons de musique.

— Fi, la profane ! s'écria M. de Nunez. Un professeur tuerait ses inspirations.

— Que faire, mon ami ?

— Appeler un compositeur, lui dire d'écouter et de noter, avec défense absolue de changer le moindre point d'orgue. De la sorte nous obtiendrons des chefs-d'œuvre.

— Dès ce soir, vous cessez d'être notre intendant, mon cher ami ; vous devenez notre commensal.

Et le marquis tendit la main à Georges.

Celui-ci serra cette main avec une certaine froideur, ce dont M. de Nunez s'aperçut.

— Mon projet ne semble pas vous sourire.

— Je le confesse, dit Georges.

— En quoi vous déplait-il ?

— En tout.

— Diantre ! diantre !

Si femme fut jamais intriguée, ce fut la marquise ; le refus de Georges bouleversait ses idées.

— Asseyez-vous, dit-elle avec une familiarité qu'on ne lui avait jamais vue.

Elle poussa un siége elle-même.

— Là, maintenant expliquez-vous.

Georges, nullement embarrassé, s'adressa particulièrement à la jeune femme.

— Madame, lui dit-il, j'ai des goûts qui m'empêcheront toujours de chercher la gloire.

— Vous êtes modeste.

— Non, madame. Mais j'ai un culte pour la poésie, pour l'art, pour le beau.

— Raison de plus pour conquérir la renommée.
— Pas selon moi.

Le marquis avança la tête ; il se doutait bien qu'il allait entendre émettre une thèse originale.

— Je crois, madame, que tout à l'heure vous serez de mon avis ; je cherche l'idéal.

— Soit, mais...

— Je vous avoue que parfois, il me semble l'avoir trouvé : ainsi le morceau que j'ai joué me satisfait complétement, absolument.

— Il est parfait !
— C'est mon opinion.
— Faites-le éditer.
— Jamais !

Le regard de Georges prit une expression singulière en disant ce mot fatal.

— Jamais ! répéta-t-il.

Je ne veux pas livrer ce beau dont je suis épris, cet idéal que j'ai atteint, à la foule banale ; ce serait une profanation ; un gros boursier écoutant ma musique me ferait l'effet d'un rustre violant une duchesse.

Le mot lâché, Georges s'arrêta court.

— Allez ! fit la marquise, nous ne sommes pas des bourgeois ; je vous admire, vous approuve et vous comprends. Il y a prostitution à jeter des chefs-d'œuvre en pâture aux intelligences ineptes ; les Latins sentaient bien cela, eux !

— Ne jetez pas de perles aux pourceaux ! dit le marquis.

— Restent pourtant les intelligences d'élite que vous privez cruellement de jouissances exquises, dit la marquise.

— Je ne suis pas charitable.

Et avec explosion :

— Je suis jaloux !

Madame de Nuñez jeta sur Georges un regard profond.

— Oui, jaloux, répéta-t-il. Je consens à jouer mes œuvres à quelques-uns, à des intelligences sœurs de la mienne ; mais, je ne sais pourquoi, je refuserais à d'autres de leur livrer mon âme en leur donnant mes chants.

— Soit ! Tout cela est pour le mieux, mon cher ami, dit le marquis, je vous approuve de tout cœur. Mais reste un point obscur dont je veux m'expliquer franchement avec vous.

— Je dirai tout ce que je puis dire.

— D'abord, pouvant être autre chose que garde-chasse, pourquoi donc être entré à notre service ?

— Shakespeare a été valet et Shaskespeare n'en était pas moins Shakespeare !

— Il quitta l'étrille quand il put, fit le marquis.

Georges se mit à rire.

— Je vais tout ou à peu près tout vous dire ! fit-il, je vois que je chercherais en vain à me taire.

Ses deux interlocuteurs l'écoutèrent curieusement.

— En mon âme et conscience je suis innocent, je vous le jure, dit-il; vous me croirez du reste. Je n'ai pas l'air d'un criminel et j'ai agi, je crois, en homme de cœur.

— Qu'avez-vous fait ?

— J'ai tué mon oncle...

Il se fit un silence pendant lequel trois regards se croisèrent comme trois flammes.

— C'est grave ! fit le marquis.

— C'est horrible ou magnifique ! dit la jeune femme.

Le marquis, revenu du premier choc, dit :

— Allons, plaidez, accusé.

— Oui, défendez-vous.

Georges sentit sa cause à demi gagnée.

— Je suis orphelin, dit-il ; j'ai une sœur ; mon oncle, pendant que j'étais au service, l'a déshonorée.

— Vous êtes revenu, vous l'avez su, vous l'avez tué, vous avez eu raison, je vous absous.

C'était la marquise qui prononçait la sentence.

— Mais, chère belle, dit le marquis, vous rendez trop vite votre verdict ; j'aurais fait des réserves.

— La cause est entendue, dit la marquise. Se substituer à une loi qui ne sévit pas assez sévèrement, écouter une colère que je trouve sacrée, moi, c'est montrer un grand caractère.

— Mais, les suites...

C'était le marquis qui parlait.

— Les suites, je les évite en passant en Afrique. Je suppose que l'on surveille les embarquements à Marseille ; mais j'ai teint mes cheveux ; je suis votre intendant ; je compte passer librement. Puis, là-bas, je reprendrai le métier de chasseur que j'exerçais depuis deux ans, quand ma sœur m'a écrit pour réclamer vengeance.

— Vous nous quitterez? fit la marquise.

— Il le faudra bien.

— Ce n'est pas nécessaire.

Le marquis acquiesça :

— Restez-nous donc, dit-il, restez-nous tant que durera notre voyage du moins ; je vous demande le sacrifice de votre liberté pour quelques mois ; je vous avoue que je vous apprécie fort comme guide, que je vous admire comme artiste et vous aime comme caractère.

— On renverrait les domestiques à Marseille, ajouta la marquise; personne ne vous aurait vu notre intendant et vous deviendriez notre ami; ceci vous déplaît-il trop ?

Georges hésitait.

— Madame, dit-il, je suis touché de votre offre; mais vous avez peu réfléchi avant de la faire.

— A quoi bon réfléchir?

— Vous êtes bien haut. Je suis bien bas.

— Un artiste.

— Un pauvre diable de chasseur.

— Un poëte!

Le marquis fit cesser le débat.

— Acceptez, dit-il. De mon côté, je trouve que la noblesse déroge moins en accueillant un grand écrivain ou un compositeur de génie qu'en se compromettant à recevoir dans ses salons un grand financier, autrement dit un grand coquin.

— Et moi je vois qu'autrefois Cellini, Michel Ange, le Tasse, vivaient dans l'intimité des princes, ajouta la marquise qui lui donna sa main à baiser.

Faveur insigne !

C'était son congé, il se retira.

Un instant après, la marquise sonnait Fanny qui accourait.

— Ma fille, dit la jeune femme, tu vas aller prendre les ordres de M. Georges pour demain.

— Oui, madame, dit Fanny.

— Et tu seras coquette avec lui; tu m'entends...

— Oui, madame; mais hier il m'a mal accueillie, et j'ai peur de perdre mon temps.

— Hier, il avait un duel sur les bras ; ce soir il sera peut-être plus aimable avec toi.

— Madame a raison, c'était le secret dont il me parlait.

— Va, dit brusquement la marquise, et reviens.

Fanny sortit pleine d'espoir.

La marquise s'enfonça dans son fauteuil et songea.

XVII

Où Fanny dit et commet une énormité.

La comtesse, seule, rêvait encore une heure après.
Elle attendait.
Un coup d'ongle à la porte la tira de ses songeries.
Elle alla ouvrir.
— Fanny! fit-elle.
— Oui, madame.
— Déjà!
— Il est deux heures du matin.
— J'ai sommeillé, je n'ai pas senti le temps couler.
— Moi, madame, je tombe de sommeil.
— As-tu réussi?
— Oui, madame.
— Quoi! il a consenti?
— Oh! non, madame, je ne parle pas de ça. J'ai renoncé à toute espérance et je savais bien que toute tentative était inutile.
— Mais, sotte, je t'avais expliqué pourtant que son duel seul l'avait forcé à cette réserve.
— Hélas, madame, vous vous trompiez.
— Tu t'en es assurée?

— Oui.

— Comment ?

— J'ai frappé pour prendre ses ordres. Il m'a crié d'entrer, m'a encore assise sur ses genoux et m'a dit :

Ne me fais pas jouer un rôle ridicule, petite ; ne reviens plus ; je ne t'aime pas.

— Il a dit ça !

— Oui, madame.

Il a même ajouté :

« Ni toi, ni d'autre. »

— Oh ! oh !

— Il est étrange, n'est-ce pas, madame ?

— Oui et non.

La marquise plongea sa tête dans ses mains et demeura plus de cinq minutes ainsi.

— Madame ! fit enfin Fanny.

— Petite !

— Et la fin ? Je ne vous ai pas tout dit.

— Tiens, c'est vrai.

— J'ai tâché d'écouter.

— Pour deviner ?

— Oui, et j'ai vu...

— Par le trou de la serrure.

— Oui, madame.

— Que faisait-il ?

— Il était debout, comme ça.

Fanny prit la pose qu'elle indiquait.

— Il regardait vers la porte, son sourcil était froncé, son regard avait l'air farouche ; il tenait sa main crispée sur une chaise et il ne bougeait point.

— Resta-t-il longtemps ainsi ?

— Bien longtemps.

— Il n'a rien dit ?

— Quelques mots seulement.

— Répète ces mots.

— D'abord cette phrase-ci :

« Les femmes ! jamais ! Ça ne vaut pas l'art ; ça matérialise le bonheur ; ça tue l'idéal ! Non, jamais ! »

— Bon, va-t'en, j'en sais assez.

Fanny savait assez l'habitude de sa maîtresse ; elle ne fit

qu'une fausse sortie, attendant une recommandation qui arrivait toujours.

En effet, la marquise rappela la soubrette.

— Petite, dit-elle, tu es discrète, tu es soumise, tu vaux ton pesant d'or, je te ferai un sort.

— Madame est bien bonne.

— Silence !

— Je serai muette, madame.

— Tu prendras tes dix louis dans ma bourse.

— Je ne les ai pas gagnés.

— Prends toujours.

Fanny prit sans trop d'empressement cette somme importante pour elle, pourtant.

La marquise le remarqua.

— Tu es triste ! dit-elle.

— Oui ! fit Fanny avec un gros soupir. Je comprends bien ce qui va arriver ; madame triomphera.

— Que dis-tu ?

— Oh ! mon Dieu, pardonnez-moi. Le chagrin me rend étourdie, folle, madame ne me chassez pas.

Et Fanny, qui avait en effet commis cette imprudence sous le coup de vives préoccupations, suppliait la marquise dont le sourcil olympien s'était froncé.

— Je veux que tu me dises toute ta pensée ! ordonna la jeune femme d'une voix impérieuse.

— Madame, ne vous fâchez pas.

— Si tu hésites, je te renvoie.

— Madame, je l'aime, je suis jalouse et j'ai eu la bêtise de croire que vous l'aimiez.

La duchesse se croisa les bras, se regarda dans la glace, puis sourit avec un dédain suprême.

— Moi ! fit-elle.

Il y avait tant de mépris dans ce moi que Fanny s'écria du fond du cœur :

— Ah, madame, je m'étais bien trompée !

Le mot avait l'accent du vrai.

— Je te pardonne, dit la jeune femme.

Fanny se sauva joyeuse.

— Un homme de rien ! murmura la marquise. Aimer ça,

après avoir juré de rester vierge ou de me donner à qui me vaudra et le prouvera ! Pauvre petite Fanny !...

La jeune fille se sauva, heureuse d'en être quitte à si bon compte.

Quant à la marquise, elle murmura longtemps cette phrase, écho de son dédain :

— Un *homme de rien ! aimer ça...*

XVIII

Où Georges change de nom.

De Lavery, nous lui restituons son nom, avait une arrière-pensée en taisant sa qualité. Il n'était venu s'offrir à M. de Nunez que pour passer sûrement en Afrique, mais dès qu'il eut vu la marquise il la jugea.

Pour lui, pareille femme était une conquête plus précieuse à faire que celle de n'importe quel trésor; il aimait ces natures supérieures, orgueilleuses, puissantes.

Evidemment cette marquise de vingt ans, vierge encore, se réservant à un homme digne d'elle; cette fière amoureuse qui préférait s'abstenir de tremper ses lèvres à la coupe des voluptés que de s'exposer à y boire un vulgaire nectar; cette âme d'élite et ce corps merveilleux méritaient qu'un homme vigoureusement trempé tentât de les conquérir.

Raoul avait médité son plan avec une sûreté de coup d'œil et une maturité de jugement extrêmes; il avait calculé ses chances, combiné ses attaques, prévu les complications.

Tout gibier se ressemble.

La femme est le gibier de l'homme.

Raoul était grand chasseur!

Homme de tête et d'action à la fois, il était complet, et sa vie aventureuse avait développé en lui de précieuses qualités; il avait une audace de conception extraordinaire; rien ne l'effrayait, rien, puisqu'on le verra, il voulait se tailler dans le monde une royauté sans pareille.

Il avait la prudence.

C'était une vertu acquise.

Il avait la force musculaire, le sang-froid, le coup d'œil, qualités qu'il avait développées patiemment.

Le contact de Nadief lui avait donné la ruse, la dissimulation, la pénétration.

Non qu'il usât ordinairement de ces armes redoutables; elles lui répugnaient; mais quand la nécessité était venue de les employer, il les maniait avec dextérité.

Enfin il connaissait à fond le cœur humain.

Il avait pratiqué les diplomates arabes, les plus fins du monde entier; c'était beaucoup.

Il avait été aimé des plus jolies femmes de l'Algérie; c'était plus encore.

Grâce à des relations charmantes, grâce à l'abandon des confidences faites par vingt maîtresses éprises, qui n'avaient point de secrets pour lui, il savait la femme par cœur.

Cette science devait le servir énormément.

Ainsi, quoique cotant la marquise ce qu'elle valait, c'est-à-dire fort haut, il ne s'illusionna pas; elle était femme supérieure, mais femme, c'est-à-dire sujette à des entraînements, à des faiblesses, à des préjugés, à des enfantillages.

Or, Raoul était convaincu qu'il fallait étonner les femmes pour les séduire.

Il jugea sa situation excellente au début.

En effet un trait très-naturel de la part d'un gentilhomme frappe dans un valet.

Intriguer la comtesse, faire travailler son imagination, la forcer à s'occuper de lui, tel fut le premier jeu de Raoul; s'élever à ses yeux, prendre pied, lui faire souhaiter de trouver un homme doué comme lui parmi ses pairs, fut ensuite sa tactique.

Lui dire enfin : Je suis Raoul de Lavery, je mûris des desseins gigantesques, soyez à moi! telle était la troisième partie du programme; il voulait ne pas être à elle, mais elle à lui.

Raoul ne se dissimulait pas qu'il aurait des échecs à subir ; avec les prétentions de cette femme qui se jugeait digne d'un demi-dieu de l'antiquité et l'était, il y avait beaucoup de mauvaises chances.

Mais Raoul ne prisait point les faciles triomphes.

Du reste, il sentait bien qu'il engageait toute sa vie dans cette partie ; cet amour-là devait grandir et s'imposer à lui inexorable et fatal.

Il ne s'agissait point de lutter avec l'arrière-pensée de se consoler d'une défaite ; il fallait vaincre à tout prix, car Raoul se connaissait bien.

Ou la marquise l'aimerait et se livrerait soumise et tout entière ; ou elle le repousserait et il ne pourrait survivre à cette honte.

A la place de Raoul tout autre aurait cru la partie gagnée, après la scène de la veille ; il connaissait la loi des réactions et se tint au contraire sur ses gardes.

Ce qu'il avait prévu arriva.

L'enthousiasme du marquis s'était un peu refroidi.

Madame de Nunez fut plus que hautaine.

La situation devint difficile.

En pareille circonstance, un incident sauve tout ; Raoul sut le faire naître.

Après y avoir rêvé en route, il trouva au déjeuner une bonne idée ; il imagina d'être malade pour priver le marquis de sa personne, lui laisser tout le poids du voyage et se faire regretter du mari.

Il espérait que la marquise s'apercevrait, elle aussi, de son absence.

Il fit mine d'être menacé d'un accès de fièvre, se plaignit d'un violent mal de tête, et se donna une indisposition factice, si bien que Joseph dut le remplacer avec désavantage.

L'hôtel où Joseph devança les chaises était mal choisi ; les bains se firent attendre ; le dîner fut exécrable ; les garçons ne se montrèrent point empressés.

Le valet de chambre avait confisqué les pourboires à eux destinés ; aussi, la soirée fut-elle maussade.

Au théâtre, on donnait *Robert-le-Diable!*

L'opéra fut hurlé.

La marquise s'enfuit.

M. de Nunez était de méchante humeur; le vin ayant été de qualité inférieure, la digestion du vieillard était lourde; il fut s'enfermer dans sa chambre.

Raoul, lui, savait forcer la main aux gens.

Il députait l'hôtelier vers la meilleure cave de la ville, afin de se faire céder n'importe comment, par maître ou valet, quelques bouteilles des grands crûs.

Pauvre marquis!

La nuit fut mauvaise.

Quant à la marquise, elle était logée dans une affreuse chambre et son lit n'avait pas de rideaux.

Triste chose!

Joseph avait trouvé les meilleurs appartements occupés et n'avait pas imaginé qu'on pouvait, par divers procédés, faire déménager les premiers occupants.

— Voyez donc à prendre des nouvelles de M. Georges! dit la marquise à Fanny en rentrant du théâtre. S'il va mieux, je désire le voir; ne le dérangez pas s'il souffre.

En attendant Raoul, la marquise se mit à sa fenêtre qui donnait sur une cour puante; elle fut prise à la gorge par une forte odeur de basse-cour.

Elle se retira indignée.

Elle souhaita que Georges pût continuer le voyage.

Il entra.

Son indisposition était passée.

Frais, dispos, il avait la mine souriante, ce qui ravit la jeune femme et la mit en belle humeur.

Mais lui fronça les sourcils.

— Quoi! fit-il, on a osé vous donner cette chambre, madame, c'est une indignité!

— Que voulez-vous! Joseph a tout fait de travers; c'est un maladroit; il ne s'entend à rien.

— Heureusement me voici sur pied. Ces fièvres se coupent très-facilement avec une goutte de quinine.

Il sonna.

— Vous permettez, madame?

— Oui, faites.

Fanny vint s'informer.

— Mandez l'hôte! dit Georges.

Le maître de la maison vint.

— Monsieur, lui dit Georges, dans une demi-heure il nous faut une autre chambre ; la meilleure de l'hôtel.

— Mais elle est prise.

— Tant pis.

— On ne peut faire relever le voyageur qui l'occupe.

— Vous croyez?

— Si monsieur a un secret.

— J'en ai un ; oui.

Et Raoul montra de l'or.

— Oh ! fit l'hôtelier, le voyageur ne se lèvera pas pour quelques louis ; il est riche et il a de la vergogne ; lui offrir même un billet de banque ne le déciderait pas. Votre secret n'est pas bon.

— J'en ai plusieurs, monsieur l'hôte ; on trouvera moyen d'exciter sa convoitise en ménageant sa vanité ; mais dites-moi quel homme est donc dans cette chambre?

— Un marchand.

— Marié?

— Non, monsieur.

— Père de famille?

— Non, monsieur.

— Diable ! fit Raoul.

Et il reprit :

— Que vient-il faire ici ?

— Vendre des peaux.

— A-t-il fait marché?

— Pas encore.

Raoul sourit.

— Allez l'éveiller, dit-il, demandez-lui s'il veut traiter une affaire de suite et menez-moi à sa chambre.

L'hôtelier remplit ses instructions.

Deux minutes s'étaient à peine écoulées que Raoul entrait chez le peaussier.

— Vous voulez faire marché? dit celui-ci d'un air défiant.

Raoul, sans répondre, étala sur la table des billets de banque et s'assit sans y être invité.

— Monsieur, dit-il, je fais sérieusement les choses, vivement et rubis sur l'ongle, à la parisienne.

— Bon ! fit le le peaussier, ça me va.

— Vous veniez ici pour vendre, je vous achète; combien avez-vous de peaux?

— Une charretée.

— Valant?

— Quinze cents francs.

— J'en donne mille?

Le charretier fut étonné.

— Sans voir? demanda-t-il.

— Sans voir.

— Drôle d'idée!

— Je verrai demain; du reste en rabattant cinq cents francs je dois être dans le taux raisonnable.

— Et vous y êtes! fit le marchand. Mais si demain ça ne vous va pas?

— Je me dédis; mais je perds trois louis que je laisse entre les mains de l'hôte. Est-ce décidé?

— Tope! fit le marchand.

— Est-ce tout ce que vous avez?

— Ici, oui; chez moi j'en ai une autre charretée.

— Voici encore trois louis d'arrhes pour celle-là aux mêmes conditions que l'autre; mais il faudrait partir de suite.

— Pour chez moi?

— Sans doute.

— Il y a cinq lieues!

— Tant pis; si demain à midi, vous n'êtes pas ici, je ne prends pas livraison. Ma maison est pressée.

— Vous achetez pour Paris?

— Oui. Nous avons une forte commande à jour fixe pour l'exportation.

Le marchand appela l'hôtelier.

Quand il fut là, il dit à Raoul :

— Donnez-lui les six louis, je veux être sûr de votre dédit.

— Les voilà!

— A demain, monsieur!

— A demain!

Et le bonhomme s'en alla.

La marquise, à qui le tour fut conté, trouva que Georges avait dépensé bien peu d'argent et beaucoup d'esprit.

Il eût, du reste, payé fort cher cette chambre que la marquise s'en fût soucié fort peu; les questions d'intérêts étant sans intérêt pour elle, comme le disait plaisamment Joseph en manière de calembour.

Elle supposa que Georges ne se coucherait point sans venir recueillir les compliments qu'il méritait; mais il ne parut point et elle s'endormit sans l'avoir vu.

Le lendemain, au départ, à peine lui dit-il deux mots; il semblait l'éviter.

Au déjeuner, il fut introuvable.

Au dîner, il demanda congé.

Bref, jusqu'à l'arrivée à Marseille, il parut prendre à tâche de ne pas entamer de conversation suivie avec la jeune femme qui, malgré elle, sans trop s'en rendre compte, se dépitait et éprouvait le désir de s'entretenir avec lui.

A Marseille, la partie allait se jouer sérieusement.

XIX

Où le marquis confie la marquise à Raoul pour une promenade en mer.

A Marseille, dès le lendemain de l'arrivée, Joseph et les domestiques, à leur grande surprise, furent renvoyés; Fanny pleura comme une Madeleine.

Mais la marquise ne se préoccupait guère de ces sornettes; malgré toutes sortes de prières, la petite femme de chambre dut se résigner.

Il en résulta qu'à cinq heures du matin, Raoul passa de l'état d'intendant à celui d'ami ; il est vrai qu'à cette heure le marquis ronflait et que la marquise rêvait profondément endormie.

Elle trouva à son lit, en s'éveillant, une négresse qui lui fit la plus belle peur du monde avec sa face noire et ses dents blanches.

Cette négresse parlait parfaitement le français.

— Que maîtresse se rassure, dit-elle; je suis noire, mais soumise et dévouée.

La marquise comprit que Georges, sachant qu'elle désirait être servie par une négresse, lui avait ménagé la surprise de lui en donner une.

— Qui t'a engagée près de moi, ma fille? demanda la jeune femme?

— Massou Georges.

— Où t'a-t-il rencontrée?

— Sur la Cannebière.

— Qu'y faisais-tu?

— Je débarquais.

— D'où venais-tu?

— De la Guadeloupe.

— Pourquoi venais-tu en France?

— Pour servir maîtresse.

— Pour me servir, moi?

— Oui, maîtresse.

La marquise n'y comprenait rien.

Elle demanda :

— Sais-tu habiller?

— Oui, maîtresse.

— Vite, aide-moi.

La négresse, qui était du reste jeune et jolie, autant que peut l'être une négresse, montra une dextérité, une adresse, une grâce, une complaisance, dont fut ravie la marquise.

— Comment te nommes-tu? demanda la jeune femme à sa nouvelle camériste.

— Lisa.

— Eh bien! Lisa, me voici vêtue; va demander monsieur Georges, ma fille.

Raoul, mis fort élégamment, n'ayant plus rien de l'intendant, entra avec une désinvolture dont la marquise fut frappée et un peu froissée.

Il le vit bien, il s'y attendait.

— Madame, lui dit-il, je vous ai choquée; j'ai abdiqué trop brusquement peut-être mon titre d'intendant; mais si l'habit est changé, l'homme reste le même : le plus humble et le plus dévoué de vos serviteurs.

Ce fut bien dit.

Aussi la jeune femme, revenant vite de son premier mouvement, tendit-elle sa main à baiser à Raoul, qui effleura du bout des lèvres, les plus jolis doigts du monde.

Il avait eu là un pas difficile à faire; il venait de brusquer une évolution dangereuse avec hardiesse et bonheur; il ne resta plus rien de l'intendant d'autrefois dans l'esprit de la jeune femme.

— Laissez-moi vous remercier, monsieur Georges, dit-elle; vous avez été charmant pour nous dans tout le voyage, et je suis désolée du rôle que les circonstances vous ont forcé à garder trop longtemps.

— Vous êtes mille fois trop bonne, madame; laissez-moi vous demander, à mon tour, si vous êtes contente de votre négresse ?

— J'en suis enchantée. Mais comment cette fille s'imagine-t-elle que je l'attendais ?

Raoul sourit.

— Madame, dit-il, je connais les négresses; elles sont d'une simplicité enfantine; elles ne comprennent pas les longues explications.

« J'ai trouvé celle-ci sur la Cannebière, débarquée depuis un quart d'heure et paraissant fort embarrassée de sa personne et de ses bagages.

« Le navire qui l'avait amenée était devant moi, le capitaine sur le pont.

« Je me doutai de ce qui se passait; je montai sur le bâtiment et pris des informations.

« Cette petite Lisa venait ici avec une jeune veuve, d'une excellente famille, qui, ayant perdu son mari à la Guadeloupe, retournait à Paris dans sa famille.

« Elle emmenait sa négresse Lisa.

« La jeune femme, pendant la traversée, tomba malade d'une pleurésie dont elle mourut; si bien que Lisa se trouva, à vingt-quatre heures de Marseille, sur un navire, seule, sans ressources, et prête à entrer dans une ville où elle ne connaissait absolument personne.

« Le capitaine se proposait de la consigner aux mains des autorités, ne sachant que faire.

« Il me donna sur cette petite des détails qui me plurent beaucoup; elle est d'une excellente pâte.

« Elle a soigné sa maîtresse avec un dévouement sans pareil; elle l'aimait à la folie, comme ces filles-là savent aimer; elle eut de sa mort un chagrin qui dura au moins deux heures : ce qui, chez les négresses, nature d'une mobilité inouïe, est le *nec plus ultra* de la durée d'un regret.

« Les esclaves dressées par une créole sont les plus parfaites domestiques que l'on puisse souhaiter; je me décidai à emmener celle-ci près de vous. »

— Mais que lui avez-vous dit?

— Tu t'appelles Lisa, je t'attendais; viens avec moi chez ta maîtresse.

— Et elle est venue?

— Mon Dieu, oui.

— Sans autre explication?

— Sans avoir la velléité d'en demander.

— C'est prodigieux. Et sa maîtresse?

— Elle s'en souvient vaguement; le passé le plus proche pour le nègre est à l'état de brouillard, — je parle du nègre esclave; — il ne pense pas et exerce peu sa mémoire.

— C'est inouï. Mais servira-t-elle bien?

— Je suis sûr qu'elle vous étonnera. Elle doit savoir tout faire : coiffer, repasser, baigner, habiller, coudre, tout, tout, une femme de chambre parfaite.

— Et sa fidélité?

— Un chien caniche. Faites-vous-en aimer et craindre à la fois par quelques caresses et quelques punitions, et permettez-moi de vous le dire, elle vous adorera.

— Pourquoi?

— Ces filles-là sont comme des plantes qui se tournent vers le soleil avec passion; elles ont une attraction irrésistible pour le beau et vont à lui.

— C'est bizarre!

— Du tout. C'est naturel chez les êtres primitifs. Vous avez une beauté radieuse; elle s'affolera de vous. Tout à l'heure, avant votre réveil, elle vous contemplait et puis venait me dire avec ravissement, les mains jointes :

« Elle est bien jolie, ma maîtresse! »

La marquise fit une moue singulière.

— Elle n'aura qu'un défaut, madame, ce sera de vous témoigner son amitié trop vivement : elle commencera un jour par baiser le pan de votre robe; puis votre main; puis, si vous ne l'arrêtez pas, elle vous comblera de caresses.

— Mais c'est fort ennuyeux!

— Du tout; il y a des heures où les lèchements d'un chien fidèle vous font plaisir, alors on lui abandonne le bout de son doigt; mais s'il lui arrive de vous salir de ses pattes sales ou de vous tourmenter, on lui crie : A bas! Ainsi ferez-vous avec Lisa. Remarquez que pour un bon regard que vous voudrez lui donner de loin en loin, elle se dévouera corps et âme, épiant les occasions de se jeter au feu pour vous.

— Ceci me décide! dit la jeune femme.

On changea de conversation.

— Nous ne pouvons nous embarquer que demain, dit la marquise, que ferons-nous de notre journée?

— Une promenade en mer après le déjeuner si vous voulez bien, dit Georges.

— Ceci me sourit.

— Alors je vais commander une barque.

— A propos, dit la marquise, et mon mari?

— Il est levé.

— Mais, qui le sert?

— Un Arabe.

— Presque un nègre, alors?

— Oui, madame, un mulâtre, ancien brosseur d'un officier, que j'ai déniché sur le pavé en me promenant ce matin; il a eu à Paris, où il avait suivi son commandant promu lieutenant-colonel, la nostalgie de l'Algérie; il a été ravi de devenir brosseur d'un djouad français.

— Djouad! qu'est-ce que cela?

— Le mot équivaut à celui de gentilhomme.

— Et le marquis en sera-t-il content?

— Je le crois, madame.

— Ah! monsieur Georges, quel homme vous êtes!

Le jeune homme sortit sans relever le compliment.

Au déjeuner, Raoul se présenta avec assurance.

On avait dit commensal...

Le marquis n'était pas homme à revenir sur une parole; il eut à en souffrir un peu d'abord; il se repentit d'avoir cédé à l'enthousiasme; mais il s'exécuta gracieusement.

Raoul fut installé en face de la marquise à table.

Il advint, pendant le déjeuner, une chose assez singulière; M. de Nuñez, après avoir observé Raoul, dérida son front soucieux, devint charmant pour le jeune homme et lui parla sur ce ton d'une familiarité subitement venue et entraînant une parfaite égalité dans les rapports.

Raoul interrogea le masque si fin du vieux seigneur, y trouva un sourire qui en voulait trop dire et ne disait rien; il n'y répondit point.

La marquise parla de la promenade projetée, et son mari prétexta un malaise pour s'en dispenser.

— Monsieur Georges, dit-il, vous accompagnera, chère belle, et je vois que le *gentilhomme* le plus accompli ne s'acquitterait pas mieux que lui du rôle de cavalier servant.

La marquise, un peu étonnée, savait son mari très-bon juge en fait de convenances; elle n'objecta rien.

— A quelle heure dois-je me tenir prête? demanda-t-elle.

— Quand il vous plaira, madame, dit Georges.

— A onze heures, alors? fit-elle.

Et l'on se sépara.

XX

Un tête-à-tête entre ciel et mer.

Pour la promenade, la marquise avait fait une délicieuse toilette.

Elle avait mis un de ces chapeaux de paille, fins et souples, dont les larges bords prennent des cambrures harmonieuses sous la main preste de qui veut plaire.

Anne-Marie-Désirée de Nunez, ayant un goût exquis et des doigts de fée, elle était coiffée à ravir ; sa figure patricienne, perdant l'expression hautaine qui lui imprimait un si majestueux caractère, s'était transformée en un pimpant minois malicieux et mutin.

Protée féminin, comme toutes celles qui sont nées pour les puissantes amours, elle avait ces perfections multiples de la beauté, qui fait trouver à l'amant mille femmes en une maîtresse.

Et ce matin-là, sans trop savoir pourquoi, riant devant sa glace de ce caprice, elle s'était faite jeune fille et grisette.

Mais quelle grisette !

L'idéal du genre.

Tout en elle était abandon, grâce piquante, sourire et chansons. Fi de la tenue, de la roideur et des grands airs ; Anne-

Marie de Nunez était devenue une Mariette quelconque, se souciant peu de la noblesse.

Ses cheveux, hardiment dénoués et naturellement bouclés, se jouaient sur ses épaules, mêlés aux rubans du chapeau qui flottaient à chaque coup d'aile de la brise, avec des enroulements capricieux.

Sous un frais peignoir, à peine serré sur les hanches, la marche, les gestes ou le vent, accusaient des formes riches en voluptueux contours; et l'étoffe légère, demi-transparente, prêtait à ses seins de vierge le prestige du voile diaphane qui laisse encore quelques secrets à deviner pour l'imagination vagabonde.

Elle était radieuse et marchait légère, charmée du spectacle qui s'offrait à ses yeux.

Le splendide soleil de la Provence semait la lumière et la joie sur la vieille cité phocéenne et sur les quais ; les milliers de navires du port jetaient sur la Cannebière des nuées de matelots de toutes nations qui se heurtaient dans le plus pittoresque entremêlement de costumes qu'on pût imaginer, offrait une animation extraordinaire.

Il y avait de la gaieté dans l'air.

Les maisons, avec leurs façades multicolores, semblaient sourire à la foule; les cris, les chants, les bruits s'entrechoquaient, tenant l'oreille en éveil : c'était fête pour la vue et l'ouïe.

La marquise, son ombrelle à la main, descendit vers le port, suivant un pêcheur dépêché par Raoul pour la conduire à la barque ; le jeune homme avait évité de la sorte une difficulté sérieuse.

Intendant hier, convive le matin, il eût pu offrir son bras à madame de Nunez.

Mais celle-ci n'eût-elle pas fait un retour sur la position de la veille !

Raoul, par ce tact toujours en éveil, se garait du danger des revirements et des chutes.

Aussi la marquise arriva-t-elle aux quais sans que rien eût troublé ses joyeuses dispositions, à part l'ennui de n'avoir pas son guide auprès d'elle. Elle n'avait vu que les ports du Nord; mille objets l'étonnaient. Mais Raoul n'était point là, et Raoul lui manqua ; elle le regretta cent fois avant d'atteindre le canot.

Il était seul à l'arrière, vêtu de ces légers vêtements d'été que les Provençaux affectionnent, coiffé d'un panama immense qui changeait l'air de sa physionomie.

La marquise lui trouva dans le geste, dans le regard, dans la pose, quelque chose de décidé, de mâle, qu'il avait atténué jusqu'alors sous son paletot d'intendant et sous son habit de gentleman.

Ce n'était plus lui.

Le chasseur de lions avait repris ses libres allures; il était rentré en possession de sa force, dans la plénitude de son indépendance et de ses puissantes facultés.

Anne-Marie de Nunez n'avait vu jusqu'alors que des gandins plus ou moins réussis, des bourgeois plus ou moins ridicules, des domestiques serviles ou des rustres.

Anne-Marie de Nunez voyait un homme.

Anne-Marie fut surprise.

Cela ne dura qu'un instant.

Elle s'était arrêtée hésitante au bord de la barque, flottant entre une velléité d'orgueil et un moment d'étonnement; la marquise se révoltait en elle-même contre la façon dégagée dont Raoul lui présentait la main; la femme sentait en face d'elle un type hardi et énergique; il y eut lutte, puis trêve.

Elle appuya sa main sur cette main nerveuse qu'on lui tendait, sauta dans le canot et s'assit.

Aussitôt elle éprouva une commotion assez brusque; la barque filait vers la sortie.

Raoul saisit les rames et poussa vers la passe qu'il atteignit rapidement; le patron de la barque, au lieu de s'asseoir au gouvernail, était resté sur le quai; madame de Nunez s'imaginait qu'il était à bord.

Avec son habitude de ne pas se soucier des détails, elle n'avait pas retourné la tête depuis qu'elle était assise; les grosses carènes près desquelles on passait attiraient toute son attention.

Lorsque le canot, doublant l'entrée, fut en mer, l'amphithéâtre, au pied duquel la ville est bâtie, se développa dans toute sa splendeur, avec sa ceinture d'îles émergeant des flots, ses falaises aux tons chauds, ses collines blanches et vertes et la nappe azurée des eaux.

Quand l'âme est frappée par un grand spectacle, elle cherche une autre âme sympathique partageant son admiration; la marquise regarda Raoul.

Celui-ci sourit avec un certain dédain.

— Ceci n'est rien, dit-il, répondant à la muette interrogation de la jeune femme.

— C'est un site magnifique, pourtant! s'écria-t-elle; voyez donc!

— Les rades de Mers-el-Kebir, d'Alger et d'Arzew sont bien supérieures à cela; pourtant, du château d'If, le panorama est assez pittoresque; les teintes trop chaudes s'effacent et l'harmonie se fait.

— Où est le château d'If?

— Là-bas!

La marquise se retourna pour voir.

— Quoi! fit-elle tout à coup, le matelot n'est pas avec nous?

— Je l'ai renvoyé.

— Mais vous savez donc manœuvrer une barque?

— Tout aussi bien et mieux peut-être que les meilleurs marins du port.

— Nous voilà seuls ensemble! fit-elle avec une intonation qui prêtait à plusieurs interpellations et répondait à des sentiments contradictoires mais confus.

Raoul ne prit pas garde à cette exclamation; il quitta les rames, se leva, largua la voile, s'orienta, assura l'écoute, prit la barre et invita la marquise à se retourner pour lui faire face; ceci avait presque l'air d'une injonction.

Il fixa les cordes du gouvernail pour être libre, tira un cigare de son étui, l'alluma, et, accoudé nonchalamment au bord du canot, se mit à rêver.

Ceci dépassait la mesure du sans-gêne.

La marquise se pinça les lèvres.

Mais que dire?

Le canot filait sous une petite brise qui ridait la mer faiblement, assez cependant pour que le roulis fût agréable comme le bercement d'un hamac doucement agité par une main légère.

Une tempête s'élevait dans le cœur de la jeune femme, ses sourcils se fronçaient; une occasion, un mot, un rien pouvait donner lieu à une explosion.

Raoul se garda bien de la provoquer.

Il simulait une rêverie profonde.

Peu à peu, la ville sembla s'enfoncer sous l'eau et disparaître dans le lointain; les îles seules surgissaient encore dans tout leur relief; mais on se sentait isolé, malgré leur voisinage; on était en pleine mer et en pleine nature.

La marquise restait rebelle aux impressions de cette promenade; au lieu de s'abandonner à ces paresseuses contemplations auxquelles vous sollicitent les oscillations et le chant monotone d'un flot, elle s'inquiétait, se crispait, s'impatientait, et, après une heure d'attente, lasse du silence, elle se disposait à le rompre par quelque réflexion amère, quand Raoul lui dit brusquement :

— Tenez, c'est ici que j'ai tué un homme pour la première fois; ici, ou bien près d'ici.

L'effet produit fut brusque et sûr.

— Mais, monsieur, vous avez donc versé le sang humain souvent? s'écria la marquise oubliant sa colère.

— Très-souvent! dit Georges.

Et avec une conviction froide :

— Je crois avoir abattu de ma main trois ou quatre cents hommes!

« En Afrique on m'appelle le *Coupeur de têtes*.

La marquise fit un geste d'horreur.

— Napoléon, avant lui César, avant César Alexandre, avant Alexandre Sésostris, faisaient massacrer en une journée des cent mille soldats, madame; ce sont ces géants du meurtre dont les hommes s'affolent et les femmes aussi.

Puis, comme à part lui :

— Moi, je n'agis encore que sur un petit champ d'action; mais patience!

La marquise ne savait que dire; ces confidences la bouleversaient et l'effrayaient.

Raoul, tranquille, se remit à caresser ses rêves.

Elle ne le laissa point songer longtemps.

— Mais, monsieur, lui dit-elle, quel métier avez-vous donc fait en Afrique?

— Chasseur! Je vous l'ai dit.

Raoul était laconique; plus de formules banales de politesse plus de compliments voilés.

— Mais les chasseurs chassent le gibier et point l'homme, je suppose ?

— Erreur, madame.

Et, rallumant un cigare :

— En Afrique, hors le territoire français, chacun chasse et se trouve chassé ; les gros mangent les petits parmi les animaux ; parmi les hommes, les forts pillent et tuent les faibles.

— C'est du brigandage !

— Vous l'avez dit, madame.

Et, sur un mouvement de mépris :

— Là-bas, point de loi, la frontière française franchie ; nulle protection à l'honnête homme. Nous autres chasseurs, amis des petits, des vaincus, nous protégeons et vengeons tous ceux qui ont souffert, parce que tel est notre intérêt et que, du reste, nos sentiments nous poussent dans cet ordre d'idées. Mais nous n'en tuons que plus souvent et plus promptement bon nombre de bandits organisés en troupes ou constitués en tribus. Nous avons eu, l'année dernière, de fort jolies rencontres et, comme nous avions pour nous la morale, le bon droit et autres sornettes de ce genre, l'empereur du Maroc m'a fait tenir par un coureur extraordinaire un sabre d'honneur et dix femmes.

— Dix femmes...

— Que j'ai données à des amis.

La marquise ne releva le mot que par un mouvement de tête effarée.

Il continua avec flegme :

— Le gouverneur général de l'Algérie m'a fait décorer, et le bey de Tunis m'a envoyé le Nicham.

— Qu'aviez-vous donc fait ?

— A douze, nous nous étions emparés d'un village Beni-Snassenn, situé au cœur d'une peuplade de trente mille guerriers ; nous avions brûlé et massacré toute la population mâle de ces douars, délivré cinq prisonniers de nos amis et la fille d'un agha au service de la France, enlevé un marabout fameux et traversé au grand jour ces montagnes célèbres, entourés de plus de quinze mille ennemis qui n'osaient point broncher.

— Pourquoi ?

— Je tenais mon pistolet sur la nuque du marabout, jurant

qu'il aurait la vie sauve si l'on nous laissait passer; qu'il mourrait si on nous adressait la moindre insulte.

— Et ce marabout?

— Il est prisonnier aux îles Sainte-Marguerite, près d'ici. Il eût mérité cent fois la fusillade; mais les autorités françaises ont respecté ma parole. Une colonne entière n'avait pu obtenir la délivrance des captifs, et le fait produisit une grande impression, surtout pour un détail.

— Lequel?

— Nous avions coupé deux cent vingt-sept têtes, que nous rapportions à Nemours dans des couffins.

— Quelle horreur!

Raoul toisa la marquise.

— Je me garderai, dit-il, de rien vous raconter à l'avenir; je vous croyais tout autre.

— Mais c'est de la férocité.

— Quoi de plus naturel? La férocité est le fond de la nature humaine comme l'amour : on aime et l'on caresse; on hait et l'on frappe. Voilà la grande loi qui préside à tout.

— Je proteste.

— Contre l'évidence?

— Mais, monsieur...

— Mais, madame, le lion, comme l'agneau devenu bélier, est tendre pour sa famille et sa progéniture, cruel pour sa proie et ses rivaux.

— L'homme n'est ni un lion, ni un bélier.

— N'importe! Partout où il n'a pas été abâtardi, il a eu le culte de la vengeance.

« Tenez, en Corse, en Hongrie, dans l'Espagne et dans l'Italie montagnarde, la *vendetta* est la loi des populations vigoureuses et énergiques; on y plonge avec délices son couteau au ventre d'un ennemi.

« Les races affaiblies de l'Europe, qui ne savent plus que commercer et s'abrutir dans les jouissances matérielles, n'ont plus de force pour exécrer, mais aussi ont-elles désappris à aimer; elles se prétendent civilisées!

— Ne le sont-elles pas?

— Sans doute; mais ce n'est pas parce que le sang ne coule plus entre adversaires; la civilisation n'est pour rien dans ce fait; c'est une conséquence de l'affadissement des caractères. La civilisation exista splendide et brillante chez les Romains et chez les Grecs, qui furent des massacreurs. Et la France elle-même fut parfois ivre de sang aux époques les plus brillantes de son histoire. Je n'en veux que 93 pour preuve.

— Une époque atroce !

— Une heure magnifique dans la vie des peuples. C'est à cette heure-là que la France fut grande, héroïque, écrasant sous sa main géante et broyant à la fois les nations et les rois; mais dressant l'échafaud sur ses places et les inondant du sang des nobles, revanche ardente, sans pitié, effroyable, d'une séculaire oppression.

La marquise écoutait, dominée, cette apologie de la Terreur ; Georges, debout, l'œil plein de sombres éclairs, continua d'une voix vibrante :

— Voyez l'antiquité !

« Quelles leçons !

« *Væ victis*, « malheur aux vaincus ; » voilà la devise de tous les grands hommes et de tous les grands peuples. Rome marche dans le sang à la conquête du monde; César arrive au pouvoir après les hécatombes de Pharsale et les proscriptions du triumvirat.

« Votre César, pourtant, madame ! »

— Comment ! que dites-vous ?

— Une vérité, parbleu.

Il y eut un long silence.

— Tenez, reprit Raoul, je vous ai comprise, moi; je vous sais par cœur ; vous n'êtes pas la marquise de Nunez; vous êtes, par le rêve, dans le passé et dans l'avenir.

« Vous vivez de souvenirs et de désirs. »

Marie était fascinée ; elle se sentait devinée et ne protestait pas.

— Oui, reprit Raoul, vous êtes une de ces femmes sublimes d'autrefois qui voulaient le monde à leurs pieds et dominaient la terre en dominant un homme ; vous cherchez l'homme, celui qui doit vous donner un empire; vous désespérez de le trouver.

Raoul s'arrêta.

— Est-ce vrai ? fit-il.

— Oui, répondit-elle.

— Comme vous êtes digne de cet homme que, sans moi,

vous ne rencontrerez jamais, je vais vous dire où il se trouve. Écoutez bien.

Ici madame de Nunez parut vouloir ressaisir la possession d'elle-même, car elle sentait que Raoul la tenait sous une sorte de pression magnétique; mais il comprima d'un mot cette tentative.

— Écoutez donc, dit-il. Plus tard vous me remercierez d'avoir foulé aux pieds convenances, préjugés stupides, barrières de respect et niaiseries ridicules.

— Eh bien! allez, dit-elle; aussi bien je suis curieuse de savoir tout ce que vous oserez!

— Ah! c'est ainsi! s'écria-t-il; je me tais. Mais dans votre vieux monde mesquin, usé, impossible aux grands cœurs, vous ne verrez jamais votre rêve même ébauché. Vous mourrez vierge ou prostituée à un pantin.

Rien ne saurait rendre l'énergique dédain avec lequel il dit cela.

Et, virant de bord, il voulut faire voile vers le port; mais, malgré elle, emportée par un élan de curiosité, par l'étrangeté de ce caractère audacieux, par ce je ne sais quoi qui vous pousse aux heures solennelles, elle lui dit :

— Parlez !...

Il n'eut pas un sourire aux lèvres, pas un éclair dans les yeux; rien.

Elle s'attendait à le voir triompher; mais cet appel parut lui être indifférent.

— Vous avez bien fait d'étouffer, dit-il, la voix de cette pécore de marquise, qui parle trop souvent dans votre grande âme; vous revoilà telle que je vous aime et je vais vous donner le conseil qui vous sauvera.

Il s'assit tranquillement.

Elle était troublée.

— L'Europe est finie pour les génies, dit-il; c'est une terre morte aux intelligences dominatrices; la démocratie y triomphe; les rois ne sont plus des rois: ils tremblent devant leurs peuples; ce sont des bergers conduisant des troupeaux de bêtes fauves toujours prêtes à dévorer les pasteurs. Je préférerais ma liberté, mes déserts, mes combats au titre de roi constitutionnel : franchement, un artiste, un vrai poëte, vaut mieux que ce Louis-Philippe, qui se fait gouverner par sa bourgeoisie. Hugo, Lamartine, Rossini, sont plus grands que lui.

La marquise approuva du regard.

— Mais, reprit Raoul, il reste l'Amérique, l'Inde, la Chine, l'Afrique centrale, où l'on peut se tailler des trônes à sa taille.

« Napoléon le sentait bien, quand il se jeta sur l'Égypte ; rien de grand n'est possible en Europe : il s'y est brisé.

« Il voulait l'Orient ; il y eût réussi sans une fatalité. »

— Et vous me proposez ?... demanda la jeune femme, s'attendant à le voir lui offrir son amour.

Mais lui, impassible :

— Je ne propose rien, dit-il ; je vous engage à épier les caractères qui pointent à l'horizon ; chaque année en fournit un ou deux.

« Nous avons eu Raousset de Boulbon, Valker, de Pindray, des flibustiers qui, éclairés et gouvernés par une intelligence supérieure, auraient réussi.

« Remarquez que le génie militaire, l'esprit d'aventure n'entraînent pas, comme conséquence, que les autres facultés soient aussi développées que celles-là ; l'homme complet n'existe qu'une fois par siècle, et encore.

« Prenez donc un de ces aventuriers ; poussez-le vers un monde qu'il vous donnera ; grandissez jusqu'à vous son caractère, galvanisez-le.

« Vous n'aurez pas votre idéal, mais vous aurez quelque chose d'approchant ; peut-être, du reste, le hasard vous servira-t-il, et, de même que Cléopâtre commença par Antoine, une moitié de grand homme, et finit par César, un demi-dieu, peut-être un Raousset ne sera-t-il qu'une préface de votre drame d'amour. Voilà le salut pour vous ; hors de là l'étiolement. Nous allons en Algérie ; je sais vingt chefs de taille à jouer le rôle d'Abd-el-Kader ; il ne leur manque que le souffle qui pousse en avant. Ces Arabes sont des êtres admirablement doués, et, malgré le harem, capables du dévouement et de l'adoration aveugle que vous exigeriez ; vous n'avez qu'à choisir. »

— Et qu'adviendrait-il ?

— Celui que vous distingueriez lèverait l'étendard de la révolte au Maroc ; il réussirait à y régner ou mourrait ; mais, une fois maître à Tanger, il pousserait l'Algérie à la rébellion contre la France lorsque celle-ci, — ce qui est prochain, — luttera contre la Russie ; il jetterait les chrétiens à la mer, étendrait son empire sur tous les États barbaresques, et la partie du monde la plus riche serait à vous, madame.

— Et si cet homme venait à se lasser de moi ?

— Vous êtes une Cléopâtre, une Diane de Poitiers, une femme de génie, enfin ; ces grandes amantes n'ont jamais de défaites : je vous garantis la fidélité la plus absolue.

— Pour un Français, vous me parlez de faire tomber une colonie française aux mains d'un musulman.

— De grâce, madame, ne me croyez pas ces petits préjugés de patrie et du pays qui vous a vue naître. Je suis au-dessus de cela et de bien d'autres choses...

La marquise ne savait quelle mesure donner à l'homme qui lui parlait si étrangement ; elle le métrait par la pensée, et se demandait à quelles hauteurs ce caractère était monté, à quelles profondeurs il était descendu. Pendant qu'elle y songeait, il avait repris son attitude abandonnée, et l'on eût dit que rien ne s'était passé.

La marquise, elle, sentait que cette conversation n'avait pas eu son dénoûment ; elle voulut à tout prix savoir le fond de la pensée de cet homme, qui commettait l'impardonnable oubli de ne pas lui demander à genoux d'être l'élu de son cœur. Elle hésita longtemps.

Ils n'étaient plus qu'à une heure du port, vers lequel ils cinglaient, quand la marquise demanda brusquement :

— Savez-vous ce que c'est qu'aimer, vous, monsieur Georges ?

— Non ! dit-il.

— Vous n'avez jamais eu de véritables passions ?

— Jamais.

— Pensez-vous qu'un jour vous aurez au cœur quelque amour profond ?

— Je n'en sais rien, mais je ne le souhaite pas.

— Pourquoi ?

— Parce que les entreprises gigantesques que je ne tarderai pas à commencer auraient un autre but que celui auquel je vise.

— Et ce but ?

— La satisfaction de mon immense orgueil.

Cette phrase tomba solennelle et glaciale; madame de Nunez ne l'attendait guère.

— Est-ce que vous me blâmez ? fit-il.

— Non, dit-elle. Mais puisque vous faites estime de moi assez pour me comparer à une Diane de Poitiers, dites-moi vos projets.

— Volontiers.

Il fixa la marquise, la prit sous son regard, lui imposa la foi de ses paroles par cette projection magnétique de la volonté qui étouffe le doute et force la conviction; il se recueillit un instant, puis il dit :

— Je veux former, avec douze de mes compagnons, — douze têtes et douze cœurs qui sont à moi; — je veux former, dis-je, un corps de quelques milliers d'hommes environ pour conquérir un royaume nègre dans le Soudan; rien de plus facile pour moi, qui prépare depuis longtemps mes moyens d'action. J'arriverai, avec ma petite armée comme noyau, à étendre mon empire sur autant de pays que je le voudrai dans l'Afrique centrale. Je serai au cœur du pays de l'or et des dents d'éléphants; je réaliserai, en peu de temps, des sommes fabuleuses par un commerce intelligent, employant des milliers de bras dont je régulariserai l'action.

« En même temps, je dresserai et j'armerai à l'européenne une formidable armée (remarquez que le nègre est un soldat admirable quand il est guidé); avec mon or, j'aurai une flotte; sur cette flotte, je ferai monter un torrent d'hommes que je lâcherai sur les Indes, où je broierai les Anglais, me substituant à eux. L'Orient, le véritable Orient, sera mon domaine, ma chose : j'aurai Lahore, Calcutta, Dellys, la vallée de Cachemire, deux cents millions de sujets et une émigration incessante de nègres recrutés sans cesse au milieu de mes anciennes possessions, où deux des miens régneront; ce flot intarissable assurera mon pouvoir jusqu'à ma mort, après quoi je me soucie de ce qui adviendra comme de ceci.

« Moi, rien que moi, et c'est assez.

« Et si vous me connaissiez, si vous saviez ce que j'ai fait, vous ne douteriez point du succès, plus facile à réaliser qu'un coup d'État en Europe ou la conquête d'une province pour un général français muni d'une bonne armée.

« Du reste, on vous parlera de moi en Algérie, où ma réputation n'est qu'à son aube.

— Je vous crois, dit la marquise avec conviction.

Et, avec autorité, à son tour :

— Vous êtes noble, n'est-ce pas? demanda-t-elle.

— Oui, dit-il; mais que vous importe? Manant, m'en estimeriez-vous moins?

— C'est une de mes faiblesses.

— Préjugé de femme! Je suis le comte de Lavery.

— Votre sang vaut le mien, fit-elle.

Il y avait une provocation peut-être dans cette réflexion; Raoul n'y répondit pas.

La marquise voulait-elle quelque aveu?

Elle demanda finement :

— Une chose m'inquiète. Vous vous souciez peu des femmes, et pourtant...

Elle s'arrêta.

— Achevez, dit Raoul.

— Pourtant, vous avez blessé ou tué quelqu'un pour moi, dit-elle en souriant.

Cette fois l'attaque était directe.

XXI

Où le marquis se croit ce qu'il n'était pas...

En posant cette question brusquement, la marquise avait un but qui n'échappa pas à Raoul.

Elle s'était d'abord laissé dominer, malgré elle ; toute femme a le sentiment de la résistance qui peut sommeiller un instant, mais qui ne s'éteint jamais complétement.

La curiosité, l'enthousiasme, la passion, la peur peuvent comprimer cet instinct ; on le croirait annihilé.

Tout à coup la maîtresse la plus soumise se révolte et vous échappe, rentrant en possession d'elle-même ; on n'est jamais sûr d'avoir établi sur la femme un empire absolu.

C'est pourquoi l'amour est plein d'imprévu, de revirements, de luttes, lorsque c'est l'homme qui règne ; ooolavo, au contraire, courbé devant la femme, il subit son joug avec une résignation que rien ne lasse, sauf le désir inassouvi.

Mais alors le tyran en jupons soulève lui-même des tempêtes par certains refus, certains caprices, contre lesquels proteste l'homme affamé de plaisir.

Et, en ce cas encore, l'amour est une longue querelle.

Obéissant à cette tendance qui pousse les femmes à s'emparer de notre esprit et de notre cœur, madame de Nunez semblait dire à Raoul :

— Vous qui semblez ne pas vouloir de maîtresse, qui cherchez à conserver votre liberté, vous jouez la comédie; vous m'aimez; vous avez tout fait pour me plaire; vous êtes petit, mesquin comme les autres hommes. Maintenant je connais votre jeu; je ne me livrerai pas à vous.

Et son œil étincelait de malice.

Elle était ravie, cette femme, qui cherchait un homme fort, de trouver un homme faible.

Inconséquence féminine!

Raoul, qui avait une pénétration extrême due à sa longue pratique des rouailles de la femme, était prêt depuis longtemps à la réponse; il sourit avec un calme qui arrêta sur la figure de la jeune femme la triomphante expression de dédain qui s'y répandait déjà.

— Madame, dit Raoul, je suis gentilhomme; mieux que cela, je suis vraiment noble, je vous jure, par la tête et par le cœur; et, de ma vie, je ne commettrai une lâcheté. Or, je regarde comme une lâcheté de laisser sans vengeance l'insulte faite à une de ces femmes rares que je considère comme des intelligences sœurs de la mienne, et pour lesquelles j'ai respect et sympathie.

Il ajouta :

— Je me croirais même obligé de défendre, en dehors de ma haine personnelle pour les caractères vils, de défendre, dis-je, toute femme en valant la peine soit comme instrument de plaisir, soit par suite de l'intérêt qu'inspire un être sans protection.

Prévoyant encore une objection, il reprit :

— Quoique désireux d'échapper au partage de ma royauté future, quoique jaloux de m'enivrer seul de ma toute-puissance pour une femme de votre valeur, je ferais tout, néanmoins, à la condition de ne pas m'éloigner de mon but ici; au désir d'obliger quelqu'un qui vous égale et que l'on estime, se joint une tendre amitié, lorsque ce quelqu'un est vous et lorsqu'il exerce le prestige tout-puissant d'être l'idéal de la beauté féminine.

— Ah! fit la marquise.

— Je ne crains pas d'ajouter, madame, dit hardiment

Raoul, que j'ai pour vous ce culte d'un artiste pour une statue antique ; aussi ne vous étonnez pas si je vous offre d'être votre guide à travers l'Algérie que personne ne vous montrerait comme moi sous ses aspects multiples ; j'ai devant moi toute une saison de loisirs et je vous la consacrerai avec bonheur, avec reconnaissance ; car la contemplation d'un chef-d'œuvre de l'art ou de la nature est une des plus pures jouissances qu'un esprit délicat puisse goûter.

La jeune femme, convaincue que Raoul disait vrai, ravie de cette appréciation si haute de sa beauté, honteuse de ses soupçons, et reconnaissant la supériorité du comte, lui tendit la main cordialement.

— Merci ! dit-elle simplement.

Et tous deux, cessant cet entretien où ils avaient mesuré leurs forces, se turent jusqu'au port.

La marquise, plusieurs fois, jeta sur Raoul des regards rapides ; mais il fumait avec l'impassibilité d'un Turc ; on eût dit que rien ne battait dans sa poitrine.

A l'arrivée, la jeune femme prit la main du comte pour descendre, glissa son bras sous le sien et ils regagnèrent ainsi l'hôtel, lui, sentant parfois la main de la marquise tressaillir.

M. de Nunez reçut le jeune couple avec un sourire de satisfaction extrême.

— Le dîner est servi, madame, dit-il. Vous devez avoir grand appétit, je suppose..

— Nous mourons de faim ! dit la marquise.

On s'attabla.

Le domestique arabe servait.

— Vous êtes-vous bien amusés ? demanda le vieux gentilhomme, avec un peu d'ironie.

— Oui, beaucoup ! dit la marquise.

— Et vous, cher comte ?

Raoul et la jeune femme, étonnés du mot comte que le marquis venait de prononcer, regardèrent M. de Nunez qui se dandinait sur sa chaise.

— Oui, oui, dit-il ; notre ami ne nous l'avait pas dit ; mais il est le comte de Lavery.

— Oserai-je vous demander comment vous l'avez appris ? demanda Raoul un peu inquiet. Ma sûreté m'oblige à vous faire cette question ; vous avez eu ma confidence, et vous comprendrez que je puis être inquiet.

— Cher, ne vous préoccupez point de ceci ; j'ai deviné la chose. Votre frappante ressemblance avec votre père, que j'ai beaucoup connu, m'a mis sur la voie. Mes terres avoisinent les vôtres ; je vous savais orphelin ; je connaissais de vue le sieur Billotte, un gredin ; le diable ait son âme ! Il n'en fallait pas tant pour me faire deviner bien des choses.

— Et depuis quand aviez-vous des soupçons, mon ami ? demanda la marquise.

— Depuis le premier jour, je crois.

La marquise regarda son mari avec un certain dépit, rougit un peu et dit :

— Vous auriez dû me prévenir !

— Point, chère belle, point du tout. Raoul m'en aurait voulu, j'en suis certain.

Le jeune homme sourit.

— Je voulais, continua le marquis, lui laisser le plaisir de vous révéler ses secrets lui-même.

— Mais vous venez devant moi de le saluer du titre de comte ?

— Oh ! je ne doute pas qu'en cinq heures de promenade il ne vous ait fait l'aveu de sa supercherie. En rentrant, chère belle, vos yeux disaient : je sais tout.

La marquise rougit.

Le vieux gentilhomme fit verser le xérès et leva son verre, le tendant à Raoul pour trinquer :

— Cher enfant, lui dit-il, votre père était mon meilleur ami ; il m'est particulièrement agréable de vous avoir rencontré ; je vous offre l'amitié d'un vieillard qui a pour vous beaucoup d'affection, et je bois à tous les succès que vous pouvez désirer.

Raoul fit raison au marquis.

La marquise rougit de plus belle.

— Eh bien, chère, ne trouvez-vous donc pas que Raoul est un galant homme ? Vous me semblez boudeuse et ne vous associez pas à mes vœux.

Le marquis en supposait long.

Ce vieillard-régence ne pouvait soupçonner la passion byonienne ; il pensait à soutenir gaillardement son rôle ; à fuir le ridicule ; il croyait que...

Mais ils n'en étaient pas encore là.

Il s'en douta à la réponse de la marquise.

— Mon ami, dit-elle, je fais les vœux les plus sincères pour que M. Raoul ne trouve pas la mort dans les gigantesques entreprises qu'il médite.

— Oh ! oh ! fit le marquis. A votre âge, vous songez à autre chose qu'à courtiser la brune et la blonde, mon cher Raoul ! Nous autres, nous n'avions d'ambition qu'à quarante ans.

Et le vieux marquis se fit exposer longuement les plans du comte.

— Bien ! Parfait ! dit-il. Vous avez les larges idées de votre père, mon cher ami. Seulement chez lui tout se passait en théories ; le siècle n'était pas à l'action.

— J'ai eu le malheur de peu connaître le comte, dit Raoul.

— C'était un des plus beaux garçons qu'on pût voir ; les femmes en raffolaient. Un jour, le vieux baron d'Uzès, celui qui ne pouvait avoir d'enfants, lui vint rendre visite, le pria d'accepter une invitation à son château, lui offrit des fêtes splendides qui durèrent quinze jours et autant de nuits ; la baronne était charmante ; votre père se comporta fort bien et fut neuf mois après le parrain d'un garçon qui court le monde aujourd'hui avec les titres des d'Uzès sur son blason et les traits de votre père sur sa figure.

— Oh ! oh ! fit Raoul en riant, vous me révélez l'existence d'un frère que je ne soupçonnais pas.

— Un gai compagnon, mon cher.

— Qu'est-il ?

— Officier aux chasseurs d'Afrique.

— Je le verrai, dit Raoul.

Le dîner fut très-gai.

Le marquis était intarissable.

Marie, rêveuse, ne prit point part à la discussion que Raoul soutint avec beaucoup de verve.

Au dessert, le marquis avertit sa jeune femme qu'il devait une visite au général commandant la division.

— Raoul vous mène au théâtre, très-chère, dit-il ; vous me

permettrez de ne point vous y prendre; le général est grand viveur; je serai forcé de lui tenir tête. *Par la sambleu!* je crois que je me griserai avec nos souvenirs de jeunesse et du vin de Chypre dont il m'a dit grand bien. Donc ne m'attendez point.

Et le marquis se retira.

Ils restèrent seuls...

La marquise regarda Raoul avec un fin sourire et lui dit rougissant un peu :

— S'il savait...

— Il ne s'en consolerait jamais, dit le comte.

Et il baisa respectueusement la main de la jeune femme.

— Je vais prendre un manteau, dit-elle, nous descendrons vers la plage, puis nous irons au spectacle.

— A vos ordres, madame, dit-il.

Elle monta chez elle.

Il gagna sa chambre.

— Evidemment, dit-il, elle est à moi; mais si je cède à ses agaceries ce soir, je serai dominé; je serai à elle, sa chose, son bien, son esclave, le valet de son cœur. Attendons et jouons serré.

« Ce n'est pas ainsi que je la veux.

Il s'habilla pour la soirée.

Quant à elle, se regardant dans sa glace, se voyant splendide, elle fit une toilette irrésistible et se dit :

— Il veut vivre seul; il fuit l'amour; l'amour ira le chercher, et je le veux à mes pieds ce soir. Enfin, j'ai trouvé l'homme que je rêvais; je ne veux pas qu'il m'échappe.

Et se contemplant :

— Non, il ne résistera pas.

XXII

Cédera-t-il ?

La marquise s'était enveloppée dans des flots de mousseline ; la gaze sert admirablement les femmes ; elle leur donne un je ne sais quoi qui leur va comme la mousse au vin de champagne.

Leurs charmes petillent dans les plis neigeux à la fois éblouissants et doux de cette étoffe ; la gorge étincelle sous le corsage ; la fermeté des contours, la chaleur des tons, forment un contraste avec le *flou* de la robe ; le regard se perd dans ce qui se cache après avoir été fasciné par ce qui se voit ; c'est la rose mousseuse, bouton rebondi au centre, follement éparpillé à la circonférence.

Telle apparut Marie.

Lui, dans une tenue sévère, l'attendait.

Ils prirent place au fond de la calèche.

— Vous êtes ravissante ainsi ! dit-il.

Elle ne répondit pas.

Elle avait médité une audacieuse attaque.

Elle se pencha coquettement, de telle sorte que ses épaules splendirent sous ses yeux ; sa main preste releva soudain sa pe à demi, il entrevit une naissance de jambe à désespérer Praxitèle; il ferma les yeux comme à une lumière trop vive.

— Je suis mal chaussée, dit-elle, mon soulier tient à peine; il s'est défait.

Elle eut l'air de faire quelques efforts pour rajuster sa gaîne de satin, écrin d'un bijou.

— Impossible, fit-elle.

Puis :

— Si j'osais! demanda-t-elle.

— Et moi donc! dit-il.

— Bah! un Scipion. Vous êtes la continence même, monsieur l'ambitieux; je me risque!

Et gentiment, prenant son pied mutin dans sa main, elle l'amena sur son genou :

— Essayez! dit-elle.

Il fallut bien.

Mais, gêné par la position qu'il avait à côté d'elle, il ne put réussir; elle y mettait de la malice.

Alors il se mit à genoux.

Ce que voyant, elle ramena sa jupe de façon à ne laisser dépasser que ce pied lutin, rebelle à leurs tentatives.

— Aussi bien, dit-il, à vos genoux, c'est la place de tout homme.

Il prit dans sa main la pantoufle.

— On jurerait celle de Cendrillon! s'écria-t-il.

Ses lèvres allèrent d'elles-mêmes déposer un baiser sur les ongles roses qu'on apercevait sous la soie du bas.

— Là, là, dit-elle en riant, ménagez-moi.

— Ne savez-vous pas, répondit-il, que les déesses de marbre d'Athènes avaient les doigts usés sous les respectueux baisers de leurs dévots?

Et il remit la chaussure.

Ils se regardèrent.

Ce simple coup d'œil faillit devenir un embrasement; mais, reprenant son empire sur lui-même, il se releva, s'assit et ce trouble passa rapidement.

Elle en eut quelque dépit.

Le trajet n'était pas long.

Au théâtre, on donnait le *Domino noir.*

— N'est-ce pas, lui demandait-elle, que cette musique est agaçante ?

— Musique française, musique légère.

— Voulez-vous me faire un plaisir ?

— Avec empressement.

— Retournons à l'hôtel.

— Qu'y ferons-nous ?

— Vous me rejouerez ce morceau qu'une fois déjà j'ai entendu avec délices.

— Venez ! dit-il.

Il l'emmena rapidement.

En voiture il ne dit mot.

Elle monta dans sa chambre, il fut chercher son violon ; elle s'attendait à un dénoûment.

— Il va tomber à mes pieds ; lui céderai-je ? se demanda-t-elle.

Et n'hésitant plus.

— Oui ! dit-elle.

Elle ne doutait pas qu'il ne fût vaincu.

Lisa fut renvoyée ; il entra...

Elle était palpitante.

Pour la première fois elle aimait ; elle se l'était avoué avec franchise ; elle avait attendu l'amour longtemps ; il était enfin venu irrésistible.

Elle se laissa tomber sur un sofa, ses tempes battaient avec violence, un vif incarnat couvrait ses joues.

Il vint.

Il s'assit près d'elle, ne lui jeta aucun mot banal, préluda et chanta.

C'était une poésie d'amour, une ballade algérienne, exprimant avec une intensité d'expression inouïe, une soif de volupté ardente et folle.

Sa voix magnétique la pénétrant par tous les pores, allait à son âme et en faisait vibrer tous les échos ; elle se pencha peu à peu vers lui ; l'émotion la gagnait ; un geste, il eût fait un geste et elle tombait pantelante dans ses bras !

Mais il évitait son regard :

Alors elle se rejeta en arrière, sa tête tomba sur les coussins et, brisée, elle perdit connaissance.

C'est que, refoulée pendant trois longues années, la passion brisant ses digues, l'envahissait de ses flots tumultueux, la brûlait de sa flamme, corrodait son cœur, et comme un être ne peut supporter qu'une certaine dose de sensations, que cette limite était dépassée, elle s'était évanouie.

Lui, sûr cette fois d'atteindre son but, se releva radieux et prit un flacon de sels pour la réveiller de cet assoupissement plein de langueur.

Elle ouvrit les yeux, il se mit à ses pieds, leurs mains s'étreignirent, puis leurs lèvres se cherchèrent.

— Tu me sacrifies ton ambition? demanda-t-elle.

— Oui, dit-il; mais avant de nous lier à jamais, je dois tout vous dire.

— Vous? Tu me dis vous?

— Oui, car nous ne sommes pas encore l'un à l'autre.

Ce vous et une froideur subite dans sa voix produisirent sur la jeune femme l'effet qu'il en attendait.

— Marie, lui dit-il, reprenez bien votre empire sur vous-même, redevenez la marquise de Nunez, oubliez un instant d'égarement indigne de tous deux.

— C'est fait, dit-elle.

Elle voyait devant elle un abîme béant où son orgueil allait s'engloutir : tous ses instincts de fierté se réveillèrent ; elle pressentait une humiliation.

Quoi ! Un homme avait eu d'elle un aveu; elle s'était offerte, il discutait l'acceptation...

Son cœur se gonfla de colère; la révolte poussa un flot de sang à son cerveau; elle eût tout donné pour ne pas avoir cédé à un premier mouvement.

— Parlez ! fit-elle.

Elle se croisa les bras, étouffant les soulèvements de sa poitrine, dominant un orage intérieur.

— Marie, lui dit-il froidement, nous sommes faits pour nous aimer et peut-être allons nous nous haïr.

— Je commence à le craindre, dit-elle.

— Vous êtes altière ?

— C'est vrai.

— Vous voudrez sans doute de la part d'un amant foi aveugle, adoration soumise, esclavage ?

— Oui, dit-elle résolûment.

— Je ne puis vous donner cela.

Elle étendit le bras pour le congédier.

— Je vous vaux ! dit-il.

Elle s'adoucit soudain et lui tendit la main :

— Ne pouvons-nous nous entendre? demanda-t-elle. Je ferai des concessions sur mon despotisme ; je vous octroierai une charte.

— Chère Marie, dit-il, ne transigeons pas ; deux âmes ne sauraient ainsi s'unir sans un renoncement complet de l'une d'elles à la possession de soi.

« Je vous aime, je vous le jure et vous le savez, comme il semble impossible d'aimer.

« Je vous veux tout entière.

« Pour moi un homme ne doit avoir qu'une passion, l'avarice, l'amour ou l'ambition, n'importe ; mais il doit, son choix fait, se livrer tout entier à cette passion et s'y assurer le summum de jouissance possible.

— Très-bien ; mais pourquoi abdiquerais-je, moi ?

— Parce que, — révoltez-vous, je m'y attends, — parce que l'homme est supérieur à la femme ; que la passion ne se repaît pas de chimères, mais de vérité ; que tout non-sens, toute violation des lois naturelles amène des conséquences funestes. Etre autre chose que l'esclave de mes volontés, l'humble servante de votre amant, ce que la femelle est au mâle dans la nature, vous conduirait au mépris de moi. Notre amour ne durerait pas.

La marquise bondit.

— Esclave ! esclave ! fit-elle frémissante.

— Mon Dieu, oui ; la femme européenne et la femme de l'Orient en une seule, c'est ce que j'attends de vous.

— Et ce que vous n'aurez jamais, s'écria-t-elle avec une sorte de rugissement de lionne blessée.

— Alors, adieu !

— Adieu ! dit-elle.

Il s'inclina et sortit.

Mais il revint.

Elle se roulait convulsivement sur le sofa, quand il rentra.

— Sortez ! sortez ! s'écria-t-elle exaspérée qu'il se permît de revenir ; sortez, monsieur.

— Un mot encore, dit-il.

— Mais sortez donc !

— Ce mot est nécessaire. Il s'agit de donner une excuse à votre mari, madame; il faudra lui dire que j'ai reçu avis de revenir à Paris et que je suis parti précipitamment.

— Ah oui! partez et ne revenez jamais...
Elle fondit en larmes.

Il s'approcha doucement, prit ses deux mains, se mit à genoux et lui dit d'une voix attendrie :

— Sur mon honneur, vous n'êtes pas déchue, consolez-vous, remettez-vous, je ne suis pas homme à être fat d'un choix qui m'honore et d'un élan qui vous a grandi.

— Oh! dit-elle avec un sanglot, étouffé, je me trouve bien petite!

— Et moi je vous admire. Vous sacrifiez une passsion à votre dignité, madame; vous méritez mon estime et j'emporte de vous un souvenir qui ne s'effacera pas.

— Vrai! vous ne mentez pas?

— Je vous jure que jamais je ne renouvellerai l'expérience que j'ai tentée ; les femmes n'existent plus pour moi. Je vous aurais voulue, vous seule. Puisque c'est impossible, je vivrai solitaire, sur les cimes du pouvoir, comme l'aigle vit en son aire.

Et une larme perla ses yeux :

— Adieu, Marie! dit-il.

— Adieu, Raoul, et merci! vous m'avez consolée.

Il baisa ardemment ses deux mains, la saisit un instant dans ses bras, — une étreinte folle! — et s'enfuit la laissant meurtrie sur le sofa.

Elle y demeura longtemps plongée dans une prostration profonde.

XXIII

En mer.

Le vapeur partait pour Oran le lendemain à midi.

La marquise, après avoir donné à son mari l'excuse fournie par le comte, ne voulut pas remettre l'embarquement, quoique son mari, très-contrarié de l'absence de Raoul, lui proposât d'attendre de ses nouvelles ou son retour.

— Il nous rejoindra en Afrique, dit madame de Nunez, partons toujours.

On prit la mer.

Le premier soir, la jeune femme, par un temps superbe était assise sur la dunette; elle était là, seule, car les passagers de première classe, fort rares par extraordinaire, faisaient un whist au salon, et le marquis y avait le capitaine du bord pour partenaire; c'était un lieutenant de vaisseau au service des messageries, noble et un peu cousin de M. de Nunez.

Celui-ci laissa donc Marie monter seule sur le pont; il craignait fort la brise du soir et il adorait la partie quand il avait des gens distingués pour faire son jeu.

La marquise, accoudée au bastingage, regardait, rêveuse, le soleil couchant.

La Méditerranée est par instant si douce que les marins la

comparent, un peu prosaïquement, à un lac d'huile; le navire traçait son sillage phosphorescent dans les eaux limpides et calmes; le premier quart de la nuit avait commencé; un marin à la barre, des gabiers dans les hunes et sur l'avant, plusieurs familles de colons se rendant en Afrique; quelques militaires, une trentaine de personnes au plus, couchées déjà au pied des mâts; un grand silence à bord; le bruit monotone de la machine; telle était la situation du bâtiment à cette heure.

Tout portait à la mélancolie.

Les feux mourants du jour s'éteignaient dans un vaste embrasement des flots; de rares mouettes, voletant encore, battaient l'air de leurs grandes ailes blanches; le vent bruissait dans les cordages murmurant des plaintes étouffées; l'officier de veille, immobile sur la passerelle, semblait une statue.

Rien ne rompait la solitude qui régnait à bord.

C'est à ces heures d'isolement que les femmes songent, qu'elles espèrent, se souviennent, oublient ou regrettent; c'est alors que reviennent poignantes à l'esprit les peines du cœur.

Mais c'est alors aussi que les douces joies bercent l'âme, et que l'imagination s'enfonce dans l'infini du rêve.

La marquise éprouvait-elle des regrets?

On l'eût dit.

Des soupirs s'échappant parfois de sa poitrine oppressée, s'envolaient au souffle de la brise qui les prenait au passage et les emportait au loin.

Personne n'était là pour les recueillir.

Après avoir longtemps laissé errer sa pensée, Marie se retourna à un bruit de voix qui la fit tressaillir; deux officiers supérieurs de l'armée, laissant les tables de jeu, venaient de paraître sur la dunette.

Ils saluèrent la jeune femme.

— Madame, dit gracieusement l'un d'eux, colonel d'état-major, laissez-moi vous donner un conseil.

La marquise acquiesça.

— Les nuits sont fraîches; vous n'avez point de manteau, vous pourriez vous enrhumer.

— Merci de l'avis, dit la jeune femme; je vais descendre à ma cabine.

— De grâce, restez, madame.

Et, très-galamment, le colonel héla un zouave qui fumait 1 pied du mât d'artimon.

— Voilà, colonel! dit le soldat.

— Descendez donc aux cabines de deuxième, demandez la mme de chambre de madame; elle se nomme...

Se retournant vers la marquise :

— Comment se nomme-t-elle?

— Lisa, colonel.

— Bon, une négresse, dit le zouave en souriant, je la connais et je cours, mon colonel.

Le gaillard avait déjà remarqué Lisa.

La femme de chambre ne tarda guère.

— Mon châle! dit la marquise.

Lisa s'empressa.

Elle vint jeter le cachemire sur les épaules de sa maîtresse s'éloigna.

Mais le zouave était revenu.

— Mon colonel, dit-il, je crois que c'est *lui*.

— Ah! ah! fit le colonel.

Et, se retournant vers l'autre officier :

— Je l'aurais parié, dit-il.

— Mais nous ne sommes sûrs de rien.

— Mon cher général, je vérifierai le fait.

Et au zouave :

— Où se tient-*il*?

— A l'avant.

— Sur le pont?

— Oui, mon colonel.

— Tu le connais bien, n'est-ce pas?

— Parbleu! je suis payé pour ça.

— En quelles circonstances l'as-tu vu?

— Lorsqu'il a sauvé le blokaus de Zebdau.

— Tu en étais?

— Oui, mon colonel.

— Eh bien, dit le général, voici vingt francs pour toi si tu 1s lever sa couverture.

— Ces chasseurs, ça ne dort pas, observa le zouave.

— Qu'est-ce que cela fait?

— Il s'éveillera.

— Après?
— Il sera furieux.
— Tu as donc peur de lui?
Le zouave sérieux :
— Mon colonel, quiconque m'insulterait trouverait à qui parler; mais aller contrarier un coureur de bois fort comme un lion et irascible comme une panthère, c'est d'une imprudence que vous comprendrez.
— Il a raison, dit le général.
— D'autant plus qu'il est resté enveloppé d'un burnous toute la journée, ajouta le zouave.
— Il se cache donc?
— J'en suis certain.
— En effet, dit le général, s'il ne se cachait point, il aurait pris les premières.
— Va! dit le colonel au zouave.
— Et les vingt francs? fit celui-ci effrontément.
— Comment?
— Choses promises, choses dues, dit-on.
— Mais tu n'as pas levé la couverture.
— Oh! mon colonel, vous me chicanez sur les détails!
Et il ne retirait pas sa main tendue.
— Tiens! farceur, dit le colonel.
Le zouave serra la pièce dans sa ceinture, fit un geste intraduisible qui voulait dire : merci, je suis joyeux, on vous le revaudra.
Puis il bondit sur le pont sans passer par l'échelle, et courut à la cantine.
— Drôles de corps, ces zouaves! fit le général.
— Malins comme des singes, enfants parfois, fiers et bons diables! Ça regarde un chef comme un père, et ça lui carotte un napoléon, quitte à refuser, par orgueil, cent francs d'un bourgeois qu'ils ont obligé.
La marquise écoutait curieuse.
— Général, demanda-t-elle, je suis femme, et j'ai presque le droit d'être indiscrète.
— Certainement, madame.
— Je désirerais savoir de qui vous parliez?
— D'un de nos amis, madame.
— Il vous fuit?

— Oui, madame.

— Vous n'en savez pas le motif?

— Hélas non, et nous le cherchons.

Le colonel observa :

— Mais, général, comme vous le disiez, nous nous trompons eut-être, après tout.

— Pouvez-vous me dire le nom de cet ami? demanda la marquise avec persistance.

— C'est le rival du fameux tueur de lions, Jules Gérard, et u non moins fameux tueur de panthères, Bombonel, de Juaez, le célèbre chasseur qui fut l'ami de Jacques-la-Hache, t qui rasa vingt ksours au désert.

— Mais, monsieur, ceci ne me dit pas son nom.

— Le comte Raoul de Lavery, madame.

La marquise s'y attendait; elle laissa néanmoins tomber on éventail, tant sa main tremblait.

— Le connaîtriez-vous, madame? demanda le colonel en ui rendant l'éventail.

— Mon mari, je crois, a eu quelques relations avec lui; noi, je l'ai fort peu vu.

— Saviez-vous de quelle immense et glorieuse renommée l jouit en Afrique?

— Non, général.

— Eh bien, madame, vous avez vu l'homme le plus extraordinaire, peut-être, de notre époque.

— Vraiment!

— Oh! oui, madame, appuya le colonel.

— Je regrette de l'apprendre si tard. Bonsoir, messieurs.

Et elle redescendit au salon.

Là, par un garçon, elle envoya chercher Lisa, qu'elle attendit dans sa cabine.

La négresse vint.

— Monsieur Georges, lui dit-elle, en t'amenant vers moi, m'a promis que tu m'obéirais.

— Oui, maîtresse.

— Tu es prête à faire ce que je te dirai?

— J'aime maîtresse; je me jetterais à l'eau pour elle.

— Alors tu vas, au lieu de te jeter à l'eau, remonter làhaut; tu verras un homme couché à l'avant; il dort sous une ouverture; il est seul près du grand mât.

— Bien, maîtresse, je sais de qui tu parles.
— Tu l'as remarqué?
— Oui, maîtresse; il semblait m'éviter pendant cette après-midi.
— Tu feras semblant de tomber sur lui; tu dérangeras sa couverture, et tu me diras si tu le connais.
— Maîtresse, attends minuit; l'homme dormira; je le regarderai sans l'éveiller.
— Tu crois réussir.
— Toutes les nuits je viens te voir, et quand ta tête est tournée vers le mur, je te fais changer de place pour te regarder sans que tu t'éveilles; nous autres nègres, avons des secrets pour cela.
— Tu m'aimes donc bien? fit la marquise étonnée.
— Oh! oui, va, maîtresse. Comme si tu étais ma mère, ma fille, mon frère, mon père et ma sœur.
— Pauvre petite.
La marquise lui tendit ses deux mains qu'elle lécha plutôt qu'elle ne les baisa.
— Tu reviendras, n'oublie pas.
— Oui, maîtresse.
La marquise était frémissante d'impatience; mais elle ne voulait pas se compromettre et comptait sur l'adresse de Lisa; elle préféra attendre.
Mais elle ne tint pas en place.
Etait-ce lui?
Question brûlante pour elle.
Après tout, que résulterait-il de sa découverte?
Elle n'en savait rien elle-même.

XXIV

Point noir à l'horizon.

Elle fut dire deux mots au marquis.
— On le prétend ici, dit-elle.
— Qui ? fit le vieux gentilhomme.
— Raoul.
— Le comte ?
— Oui, je voulais dire le comte.
Cette conversation avait lieu au salon, à voix basse ; le marquis jugea plus prudent de conduire sa femme à sa cabine.
— Voyons, chère belle, demanda-t-il, que me contez-vous là ? Il serait à bord !
— On s'en doute, du moins.
Et elle conta ce qui s'était passé.
— Mignonne, dit le marquis, vous êtes bien agitée et je comprends cela ; vous avoir vue, être près de vous et ne pas venir vous rendre ses hommages, c'est impardonnable, n'est-ce pas ?
— Mon Dieu, fit la jeune femme, vous vous méprenez ; je ne voulais que vous prévenir.
Et avec éclat :

— Que me fait à moi la présence ou l'éloignement de M. de Lavery.

— Quoi ! du dédain pour un si charmant garçon ?

— Mais non : de l'indifférence.

Le marquis sourit :

— Mignonne, dit-il, j'ai entendu souvent parler l'indifférence ; je vous jure qu'elle n'a pas votre accent.

— Enfin, monsieur, je voulais vous faire savoir tout simplement que votre ami...

— Notre ami...

— Soit, notre ami était à bord.

— Et puis, chère belle ?

— Que j'avais parlé de lui à deux officiers qui peuvent vous en toucher deux mots.

— Bien, bien.

— Que j'ai dit l'avoir peu vu.

— Très-bien.

— Que vous le connaissiez mieux que moi. Voilà, monsieur, voilà tout ce que je tenais à vous faire savoir.

— Quel courroux, chère Marie !

— Vos demi-mots m'exaspèrent.

— Oh ! vous avez grand tort !

Et le marquis baisa sa femme au front.

— Je tâcherai de savoir, lui dit-il galamment, et je vous dirai tout.

Elle fut désarmée et lui sourit.

Ils rentrèrent au salon.

On causait haut.

Les garçons fermaient les sabords, on assujettissait les meubles et les lampes.

— Il va venter dur ! disait un commerçant d'Alger. Diable de mistral, va !

— Qu'y a-t-il donc ? demanda la marquise, pâlissant tout à coup.

— Rien, un coup de vent ! dit M. de Nunez. Chaque nuit il s'élève une petite brise.

Tout le monde comprit que ce mari voulait rassurer sa femme.

— C'est vrai, fit le colon algérien ; mais ça ne laisse pas d'être désagréable ; je suis très-femmelette, moi, je l'avoue à ma honte, et un rien m'indispo

Le marquis remercia d'un sourire.

Il remarqua que le capitaine était monté sur le pont et que les figures exprimaient l'inquiétude.

— Allons, pensa-t-il, nous sommes sérieusement menacés, je vois des visages bouleversés.

Peu à peu les hommes quittaient le salon.

— Ma toute belle, dit M. de Nunez, vous feriez bien de rentrer dans votre cabine.

— C'est donc sérieux !

— On ne peut plus sérieux, fit le marquis avec enjouement ; le mal de mer rend une femme très-laide et met un chacun dans une position grotesque.

— Envoyez-moi Lisa, alors.

— Elle va vous rejoindre.

— Quel contre-temps, la journée était si belle !

— Bah ! un peu de roulis cette nuit, et demain il n'y paraitra plus.

— Je me sauve ; je ne voudrais pas être indisposée ici ; ce serait ridicule.

— Vous avez bien raison.

— Pourquoi faut-il que le vent s'élève ?

— Ah ! chère amie, la fortune, les femmes et les flots sont changeants.

Madame de Nunez se retira en riant de la réflexion.

Cependant le capitaine était monté sur le pont où tout le monde pâlissait d'effroi.

Le feu avait pris au navire.

Il arrive souvent que la provision de houille d'un vapeur s'enflamme spontanément.

La houille mouillée dégage des gaz qui s'embrasent à une température de quarante degrés et qui contribuent à la produire ; le feu couve longtemps, puis éclate soudain avec une intensité inouïe dès qu'il est mis en contact avec l'air extérieur.

On ne peut l'éteindre avec des pompes.

L'eau ne servirait qu'à activer le dégagement des vapeurs combustibles, et à augmenter la puissance de l'incendie ; on n'a d'autre ressource que de boucher hermétiquement tous les orifices de la soute, et l'on parvient ainsi parfois à étouffer le feu ; mais, plus souvent, il va grandissant, s'étendant, rongeant les planchers qui l'arrêtent et finissant par envahir le bâtiment tout entier.

Les officiers supérieurs tenaient avec le commandant du bord une sorte de conseil.

— Il est onze heures, disait le général, retournons vers Marseille ; nous n'en sommes pas loin.

— C'est vrai ! en temps ordinaire, je n'hésiterais pas ou je cinglerais sur Barcelone ; mais pour le moment c'est malheureusement impossible.

— Pourquoi donc ?

— Tenez, messieurs, à vous soldats, je n'hésite pas à l'avouer, parce que je compte sur votre concours pour le moment du danger, et que je dois vous le montrer tout entier.

— Inutile de vous dire que nous vous aiderons jusqu'au bout.

— Merci, messieurs. Voici la situation.

Le commandant montra le ciel.

— Devant nous, vers l'Algérie, le ciel est bleu, limpide, brillant d'étoiles, n'est-ce pas ?

— C'est vrai.

— Au-dessus de nous, il est laiteux ?

— Oui.

— Puis, vers Marseille, par teintes successives, il devient noir et menaçant ?

— Oh ! noir comme encre.

— Eh bien ! messieurs, ceci n'est pas un grain, malheureusement, un coup de vent passager ; c'est une tempête amenée par le vent du Nord ; le mistral !

— Il choisit mal son moment.

— Oh ! oui, bien mal !

— Ne serait-ce pas raison de plus pour retourner nous abriter au plus vite, capitaine ?

— Hélas ! non ; jamais, malgré la vapeur, malgré tous nos efforts, nous ne pourrions aller contre ce vent maudit, dont la puissance est incalculable.

— Diable ! diable !

— Le mieux est de filer devant lui, en lui livrant le plus de toile que les mâts en supporteront, nous aidant de la machine pour gagner en vitesse ; j'estime qu'avec une poussée pareille, nous arriverons peut-être sur les côtes d'Afrique avant que le feu ne nous ait brûlé notre coque.

— C'est là tout votre espoir ?

— Hélas ! oui.

— Capitaine, nous sommes flambés !

— Non, fumés ! dit le général.

— Ne riez pas, messieurs, c'est trop grave.

— Ma foi, tant pis, au bout le bout; nous autres soldats, nous prenons gaiement la mort.

— On voit qu'aucune responsabilité ne pèse sur vous; ma vie n'est rien; mais tous ces passagers qui sont là et qui vont peut-être mourir avec moi !

— C'est triste ! firent les officiers.

— Organisons-nous, dit le capitaine.

— Volontiers ! Que faire ?

— J'ai déjà fait rentrer les femmes aux cabines, et je les y fais garder par un matelot.

— Bien.

— Vous devriez rassembler vos soldats, leur révéler une partie du danger, les encourager à travailler avec nos matelots pour la confection d'un radeau.

— Et les barques ?

— Je n'y ai point grande confiance. Un radeau garni de barriques ne sombre jamais.

— Parfait, parfait; nous allons suivre vos conseils.

Et les deux officiers descendirent sur le pont.

Les colons et les soldats se rassemblèrent sans appel, et comme par instinct, autour des chefs.

— Mes camarades, dit le général, nous sommes f...!

— De quoi, de quoi, f...! dit le zouave aux vingt francs; on en a vu d'autres.

— Toi, dit le général, tu auras quatre jours de salle de police en arrivant à Oran, pour te permettre de m'interrompre au milieu d'une phrase.

Et avec un beau sang-froid :

— Vous noterez cela, colonel.

— Oui, général.

— Je reprends et continue ma phrase :

« .....Nous sommes f..., si vous ne montrez pas de l'énergie et du cœur à l'ouvrage.

— On en aura, général.

— J'y compte. Voici un timonnier qui va prendre votre commandement; obéissez-lui.

— Oui, général.

— Et, dans trois ou quatre jours, on débarquera tranquillement sur la côte d'Afrique, je vous en réponds.

— Hourrah! Vive le général!

Colons et soldats se mirent à l'œuvre.

Cependant la marquise attendait minuit avec une vive impatience.

L'heure vint.

Déjà le navire ressentait les effets du gros temps; il se tourmentait sur l'eau.

— Il est l'heure, et Lisa ne paraît point, pensait la jeune femme que le malaise gagnait.

Elle voulut se lever.

Mais son indisposition s'aggravant subitement, les objets tournèrent autour d'elle, sa vue se troubla, elle chancela, retomba sur son lit et y demeura.

Pendant une heure, des nausées violentes la secouèrent; puis un abattement profond la jeta dans un sommeil de plomb; pendant qu'elle dormait, le drame devenait poignant sur le pont du bâtiment.

XXV

L'incendie.

Déjà, vers onze heures et demie, l'on éprouvait des secousses assez violentes, et la houle était forte.

A minuit, les coups de vent, précurseurs de l'ouragan, se succédèrent de plus en plus rapides.

Vers une heure et demie, le mistral, le vrai mistral, s'abattit sur le navire avec fracas.

La mer, si douce quelques heures auparavant, se soulevait en lames déferlantes, battait avec rage les flancs du vapeur, s'élançait par-dessus les bordages et couvrait d'écume les travailleurs qui se hâtaient.

Le feu couvait toujours.

Les bondissements, causés par le tangage, faisaient danser la houille, remuant ses couches, propageant l'incendie; l'on sentait déjà sur le pont une chaleur lourde, une odeur suffocante se répandait dans l'air.

Le capitaine avait conservé quelques voiles.

Vers deux heures la tempête redoubla.

Le foc fut emporté.

Les vagues furieuses se déchaînaient avec une violence

inouïe et parfois tourbillonnaient avec d'effroyables mugissements.

Le radeau était terminé.

Les travailleurs, attachant des câbles à ses extrémités, le lancèrent à la dérive.

Ce frêle esquif suivit le paquebot, dansant à l'arrière, tantôt dominant la dunette au sommet d'une montagne d'eau ; tantôt perdu au fond d'un abîme liquide creusé sous la proue.

A trois heures, il devint évident que le moment solennel approchait.

Le faux pont, miné par le feu, s'écroula ; l'entrepont fut envahi par la flamme ; une fumée épaisse et des jets de flamme sortaient par les écoutilles.

Les femmes, rappelées sur l'arrière du bâtiment, pleuraient à chaudes larmes ou restaient muettes d'épouvante ; des hommes s'étaient jetés à genoux.

Au milieu de la frayeur générale, quelques braves restaient impassibles.

De ce nombre le colonel et le général, tous les officiers du bord et les vieux matelots.

D'autres narguaient le danger.

Parmi eux, le zouave aux vingt francs.

— A-t-on bien fourni le radeau de vivres ? demanda le colonel au timonnier.

— Pour ça, soyez tranquille, fit une voix, celle du zouave ; nous avons à *becqueter* et on pourra *pitancher* dur ; c'est moi qui ai pris soin de la cave. Double ration à tout le monde en calculant sur quinze jours de radeau, et « Allez-y, Jeannette, à la fête à Poissy. » On va s'en payer tout le temps ; le rhum à flots et le cognac à indiscrétion. Bon, une vague.

En effet, une lame géante s'avançait.

— Aux ficelles ! cria le zouave.

On avait attaché des bouts de cordes aux bastingages, de façon à ce que chacun pût s'y retenir ; hommes et femmes s'y cramponnaient dans les grands coups de tangage.

La secousse fut terrible.

Une masse d'eau énorme passa sur le pont de proue en poupe, cassant çà et là les manœuvres, renversant la forge, brisant les cages à poules et emportant un tambour de la machine.

— Allons-y d'un bain et gratis ! dit un soldat ; nous voilà passés à l'état de canards.

— Moi, fit le zouave, j'aimerais mieux être à l'état de canards passés.... de l'autre côté de l'eau ; mais nous n'avons pas le choix.

Il y eut quelques rires.

Le bruit des prières et des sanglots domina cette protestation toute gauloise contre la mort.

Le bâtiment s'était relevé et filait sous toute vapeur, poussé rudement.

— Encore une ! cria une voix.

C'était le zouave qui prévenait son monde.

En effet une seconde vague se dressait, avalanche croulante vers l'arrière.

Elle emporta deux embarcations, un homme et deux femmes.

Lisa était perdue sans le zouave.

Celui-ci la rattrapa d'une main, se retenant de l'autre, au moment où elle passait à sa portée au milieu d'une nappe d'eau qui balayait le pont.

Elle était folle de terreur.

La pauvre petite se cramponna à son sauveur qui l'embrassa avec une effusion comique :

— Voyez-vous ça ! dit-il. La noiraude qui faisait sa fiérotte cette après-midi, et qui vous *bécotte* papa ; ce que c'est que la venette.

Et en riant :

— Dire qu'elle m'a flanqué une gifle tantôt et que, pour me venger, je lui sauve la vie.

Cependant la situation devenait insoutenable.

L'incendie gagnait rapidement. A la vue de quelques gerbes de feu qui crevèrent le pont pour s'élancer aussi haut que les mâts, le zouave s'écria :

— Oh là ! oh ! Je crois que voilà la fin du tableau ; attention, la claque !

L'avant du navire s'embrasait.

— C'est *chic-à-mort*, comme un drame maritime à la Porte-Saint-Martin, continua le zouave ; fin finale, apothéose, grand spectacle maritime, flamme du Bengale ; le vaisseau va couler et les acteurs se sauvent.

En effet, il n'y avait pas une minute à perdre.

On fut appeler les quelques passagers (parmi eux la marquise et le marquis) qui étaient demeurés dans leurs cabines sous la dunette, et le capitaine fit procéder à l'embarquement sur le radeau.

Quelques marins descendirent d'abord.

On leur passa les enfants.

Ce transbordement s'opérait au milieu de difficultés inouïes; à chaque instant, il fallait s'interrompre pour laisser passer une vague.

Au milieu des angoisses générales, M. de Nunez parut effaré et s'approchant du capitaine :

— Monsieur, lui dit-il, je vous en conjure, faites-moi aider dans mes recherches.

— Qu'y a-t-il donc ?

— Ma femme a disparu.

— Où était la marquise ?

— Dans sa cabine.

— Lieutenant, ordonna le capitaine, mettez-vous à la disposition de M. de Nunez, vite !

— Venez, monsieur, pria l'officier.

Il donna son bras au vieillard pour l'aider à marcher.

Ils descendirent, fouillèrent le salon, les cabines, les coins les plus petits...

Rien.

D'après un examen minutieux, le lieutenant du bord s'arrêta découragé.

— Monsieur, dit-il, je ne puis comprendre ce qui arrive si la marquise n'a pas quitté sa chambre.

— Je suis sûr, monsieur, qu'elle n'en a pas bougé.

— Mais vous n'étiez pas auprès d'elle.

— Monsieur, j'étais assis en face de la porte de la cabine, guettant le réveil de la marquise et prêt à la prévenir au dernier moment.

— Vous êtes certain de ce que vous dites ?

— Bien certain.

Cependant un incident passa rapide devant les yeux du marquis, il se souvint.

— Attendez, fit-il, je me rappelle qu'il y dix minutes à peine, lors de ce violent coup de tangage qui nous a culbutés, je suis tombé par terre; je me suis senti enseveli dans un amas de coussins; puis enfin je me suis relevé.

— Ah! voyez-vous!

— Mais la porte de la cabine était close.

— Dans ces secousses une porte s'ouvre et se ferme toute seule, monsieur.

— Et vous pensez...

— Que la marquise éveillée s'est précipitée sur le pont, que la vague l'aura jetée à la mer et qu'elle est perdue; venez, venez, monsieur, on nous appelle.

— Allez; je reste, fit le marquis.

— Le bateau va couler.

— Tant mieux; je veux mourir.

— C'est insensé.

— Non, c'est sage.

Deux grosses larmes coulaient le long des joues du vieillard, larmes pénibles à voir.

— Si vous saviez comme je l'aimais! dit-il.

— Je le crois, mais montons.

— Ah monsieur! c'était une fille pour moi : bonne, douce, aimante, reconnaissante de mes soins.

— Eh! monsieur, ce n'est pas le moment de me conter cela!

— Partez!

Le lieutenant murmura:

— Il est fou!

— De douleur, oui. Raoul l'avait charmée; il nous aurait rejoints en Afrique, elle l'adorait.

Puis avec un accent de regret profond :

— J'aurais eu d'eux un enfant charmant!

Le lieutenant ne douta plus.

— La peur le fait délirer, pensait-il.

Le vieux marquis le prit par le bras tout à coup :

— Mais que faites-vous donc là, vous? demanda-t-il. Votre entêtement est stupide; partez.

Puis avec un sanglot :

— Laissez, laissez mourir, monsieur, le dernier des Nunez! Mon nom meurt par ma faute.

Le lieutenant, hélé par le capitaine, prit une résolution énergique : saisissant le vieux gentilhomme dans ses bras, il l'emporta.

Il était temps.

On descendit M. de Nunez dans le radeau, puis les deux officiers le suivirent.

Le navire était abandonné.

Sur le radeau, en un clin-d'œil, un épisode étrange attrista tous les spectateurs de ce drame.

Le marquis, assis sur une barrique, avait l'air d'être calmé et regardait les flots ; quand soudain il se leva, tendit ses bras vers la mer, comme pour y appeler quelqu'un, et s'écria d'une voix attendrie :

— Marie, ma pauvre petite Marie !

Son accent fut si déchirant que chacun, malgré la gravité des circonstances, se sentit ému ; mais on ne se doutait pas de ce qu'il allait faire.

Tout à coup le vieillard se retourna :

— Adieu, vous autres, dit-il, et bonne chance ! Il n'y a plus de Nunez au monde.

Et il se laissa glisser dans les flots qui se refermèrent sur lui...

XXVI

Le radeau.

Cette mort causa une impression douloureuse à ceux qui en furent témoins.

— Vieille bête ! fit le zouave en essuyant une larme ; il me fait pleurer comme un caniche.

Et à Lisa qu'il tenait près de lui :

— Ton maître était une ganache renforcée, ma fille, dit-il, c'est défendu d'aimer comme ça !

Lisa ne comprenait guère ce qui se passait ; elle pleurait sa maîtresse, mais ne savait pas pourquoi le marquis s'était suicidé ; car, selon elle, celui-ci n'avait aucune affection pour sa femme.

— Maître pas aimer maîtresse ! dit-elle.
— Hein ! fit le zouave.
— Jamais ombraoor ollo.
— Bah !
— Mépriser elle.
— Qu'est-ce que tu chantes là ?
— Avoir deux lits !
— Quoi ! sans blagues ?
— Maîtresse, aimer M. Georges !

— Un amant!
— Monsieur savoir ça.
— Et il ne disait rien?
— Non, content, très-content.

Le zouave leva sa calotte en l'air :

— Salut au mort, dit-il. C'était un cocu sublime et ça se voit rarement!

Puis revenant à autre chose :

— Lisa! dit-il.
— Que veux-tu?
— Tu n'as plus de maître!
— Non.
— Donne-moi ta main.
— Voilà.
— Regarde-moi.
— Je te regarde.
— Me trouves-tu beau?
— Très-beau!

Elle dit cela ingénument.

— Ton aveu me séduit; embrasse ton vainqueur, ma fille, et écoute-moi bien.
— J'écoute.
— Je t'épouse, si tu veux.
— Oh! je veux bien.
— J'ai remplacé pour deux mille francs; j'irai trouver le colonel, en arrivant à Oran; nous nous convenons, pas vrai?
— Oui, maître!
— Appelle-moi chéri, j'aime mieux ça?
— Oui, chéri.
— Bien; je te prends pour femme et tu deviens cantinière de zouaves.
— Oh! je suis bien contente.
— Alors, vive la joie! En avant la musique!

Cette scène burlesque, sincèrement jouée, fit diversion à la mort du marquis.

Les officiers et les marins admiraient cette gaieté folle, dont rien ne pouvait arrêter l'expansion; pareille verve remit du cœur au ventre à tout le monde.

Le radeau était bien aménagé.

Le chef timonnier prit le gouvernail en main et s'orienta au vent.

Les gabiers dressèrent un mât, le munirent d'une vergue et larguèrent une petite voile ; jusqu'alors on était resté près du vapeur arrêté ; on s'en éloigna.

Chacun prit une place.

L'ordre régna.

La tempête ayant atteint son *summum* de violence, entrait en décroissance.

Le capitaine, après un regard jeté sur tout et sur tous, déclara que l'on atterrirait bientôt sur les côtes sud-ouest de l'Espagne, dont on n'était pas loin, ou sur celles d'Afrique; dont on était peut-être aussi fort près ; cela dépendait de la position que l'on occupait et qu'il était difficile de préciser au juste.

Le vapeur allait à la dérive ; il disparut peu à peu ; mais longtemps l'horizon resta embrasé.

Enfin, un grand jet de lumière monta vers le ciel, puis l'obscurité se fit.

Le paquebot avait *sombré*.

XXVII

Lui et elle.

On ne se doutait guère sur le radeau de ce qui se passait à bord du navire.

Raoul était bien au nombre des passagers.

Lorsque le feu fut signalé, il descendit dans la cale et s'y confina pendant près de trois heures ; personne ne s'occupa de lui en raison du trouble général.

Quand la tempête fut dans toute sa fureur, il se glissa au salon, déguisé en matelot.

Le marquis ne remarqua pas ce marin qu'il supposa être un homme du bord.

Raoul, ne voyant pas la marquise sur le pont, se douta bien qu'elle était couchée dans sa cabine ; il prépara une pile de coussins.

Lorsque le moment lui parut favorable, profitant d'une oscillation, il ensevelit le marquis sous l'avalanche qu'il tenait prête.

Bondissant aussitôt dans la cabine, il saisit la marquise dans ses bras, lui jeta un châle épais sur la tête et s'enfuit avec elle.

Arrivé dans la cale d'arrière, il ôta le cachemire qui l'étouffait et elle respira bruyamment.

— A moi! cria-t-elle.

Mais sa voix ne pouvait être entendue.

— Marie, dit Raoul, taisez-vous et attendez; je veux vous sauver et j'y parviendrai.

— Quoi ! Raoul, c'est vous !

— Oui, moi, qui veille sur vous.

— Qu'y a-t-il donc ?

— Le navire est en feu.

— Grand Dieu !

— Il sombrera dans deux heures.

— Nous allons périr !

— Puisque je vous promets de vous sauver.

— Mais comment ?

— Qu'importe ! Laissez-moi faire.

— Raoul, j'ai foi en vous.

La marquise pensa à son mari.

— Et M. de Nunez ? demanda-t-elle.

— Ah ! chère amie, le malheureux !

— Que lui est-il arrivé ?

— Il est mort.

La marquise fondit en larmes.

— Pauvre ami ! s'écria-t-elle.

— J'ai autant de regrets que vous.

— Oh Raoul! qu'allez-vous dire ?

— Que je l'avais apprécié et jugé.

— Il était si bon !

— Un vrai gentilhomme.

— Charmant pour moi.

— Et grand seigneur en tout.

— Comment ce malheur est-il arrivé ?

— Un mât l'a écrasé en tombant.

— Il n'est peut-être que blessé.

— Hélas ! non.

— Etes-vous sûr ?

— Il a eu la tête broyée.

— C'est affreux !

La marquise laissa tomber sa tête sur l'épaule du jeune homme et pleura.

Celui-ci mentait.

Mais il ne pouvait faire autrement, on le verra plus tard.

Le temps s'écoula assez rapidement, car il s'occupait de certains préparatifs ; elle lui aidait de son mieux ; muni d'une lampe, il travaillait sur deux barriques, en défonçant le fond de chacune.

— Que faisons-nous donc ? demanda-t-elle.
— Deux appareils de sauvetage ! dit-il.
— Mais, entendez-vous ?
— Oui, certes, et je me hâte.

Les pétillements, les sourds mugissements du feu se mêlaient aux gémissements du navire, craquant sous les vagues qui hurlaient avec furie.

Raoul déploya deux sacs goudronnés, ouverts par les deux bouts ; il en cloua un par le fond tout autour de chaque barrique défoncée.

Cela fait, il enduisit les bords de la toile, là où elle collait aux douves, d'une épaisse couche de goudron.

— Et ceci nous sauvera ? fit la marquise.
— Mieux qu'une barque :

Raoul avait apporté du pain, du biscuit, du vin, des gourdes pleines d'eau, des viandes prises chez le maître d'hôtel ; tout un ensemble de provisions.

Il en garnit le fond des tonnes.

— Ce sera le contre-poids qui les tiendra debout, dit-il ; vous y prendrez garde.
— Nous nous mettrons donc là dedans ?
— Oui.
— Et les autres ?
— Ils font un radeau.
— Pourquoi ne pas y prendre place ?

Raoul regarda avec chagrin la jeune femme.

— Croyez-vous donc, demanda-t-il, que je ne fais pas pour le mieux, Marie ?
— Oh si ! dit-elle.

Et elle lui donna, toujours marquise, sa main à baiser.

Un coup de cloche retentit.

— Ils partent ! dit-il.

Cette cloche appelle les passagers qui seraient restés dans les cabines.

— Et nous restons seuls?

— Tout seuls.

Elle frissonna.

Il la laissa dans la cale, s'assura que le pont était évacué et vint la chercher.

Il redescendit prendre les barriques, les amena l'une après l'autre, et s'assit tranquillement.

— Causons, dit-il.

Elle lui trouva l'air étrange.

— Vous me faites peur! dit-elle.

Raoul, en effet, avait un visage effrayant de calme en un pareil moment.

Une idée affreuse traversa le cerveau de la jeune femme.

Elle pensa que les préparatifs de sauvetage n'étaient qu'une plaisanterie lugubre destinée à lui faire prendre le change et elle crut deviner que Raoul avait pris une terrible résolution.

XXVIII

A la dérive.

Raoul crut remarquer une sorte d'effroi dans les yeux de la jeune femme, un effroi causé par lui.

— Qu'avez-vous donc, Marie? demanda-t-il.
— Et vous, Raoul?
— Rien, absolument.
— Tenez, avouez-le, vous voulez mourir?
— Moi!
— Oh! je comprends tout.
— Vous vous effrayez à tort.
— Je me résigne.
— Mais, chère Marie...
— A quoi bon nier?

La marquise était dans un état de surexcitation extrême; la chaleur devenait intense, le feu gagnait de toutes parts; Raoul était là, impassible.

Ce sang-froid montrait une détermination inébranlable dans quelque projet fermement arrêté, et la marquise crut avoir deviné le plan de Raoul.

— Vous voulez vous venger de mon refus; ces sacs n'étaient qu'un prétexte.

Et avec mépris :

— Comme si l'on pouvait se sauver là-dedans !

Elle le fixa.

— Vous ne craignez pas la mort, vous avez un orgueil immense ; vous m'aimez ?...

— Sans aucun doute.

— Vous ne voulez pas vivre avec moi sans m'avoir courbée sous un joug déshonorant.

— Oh ! fit Raoul.

— Oui, déshonorant. D'autre part, vous avez une ardente passion qui vous dévore...

— Je suis maître de moi.

— Ne mentez donc point.

— Je ne mens pas.

— Vous mentez, vous dis-je ! Vous vous êtes déterminé à mettre le feu au bâtiment, à me retenir ici, et nous allons y mourir ensemble.

— Attendez, je vais vous répondre.

Et Raoul, indigné de ces suppositions, monta sur le pont les deux barriques, les amarra, et revint prendre la jeune femme.

— Si je me suis assis, vous disant : causons, fit-il, c'est qu'il fallait donner à ce radeau le temps de s'éloigner ; sans quoi, nous voyant, on eût voulu venir à nous et nous prendre à bord.

— Mais c'eût été sage.

— Je vous jure, moi, que le radeau n'a que soixante chances sur cent d'arriver.

— Cela vaut mieux que le sort qui nous attend.

— Allons donc, Marie, abandonnez ces idées-là. Nous avons à peine dix chances mauvaises contre cent, nous !

Et il se mit à ses genoux.

— Folle ! lui dit-il, avoir des idées pareilles !

— Mais c'est donc sérieux ?

Il l'embrassa doucement.

— Qui a pu vous faire faire ces suppositions ?

— Votre incroyable tranquillité.

— Faudrait-il perdre la tête ?

— Non, mais, voyez : nous avons une tempête sur nos

têtes, la mer en furie sous nos pieds, autour de nous, le feu; et vous ne paraissez pas ému.

— Ma chère amie, je suis habitué aux vrais dangers, et celui-ci n'est rien.

Il tira sa montre.

— J'ai vu brûler deux navires, je me connais en incendies maritimes.

— Comme vous dites cela!

Elle le regardait avec admiration.

— On dirait, reprit-elle, qu'il s'agit de la chose du monde la plus simple.

Et souriant :

— Moi, par exemple, je n'étais pas plus inquiète quand, regardant une parure, je disais à M. de Nunez : « Ça doit valoir cent mille francs, je m'y connais! »

Il sourit.

— Tenez, dit-il, la situation, à l'arrière, sera tenable pendant plus de trois heures encore.

Et montrant sa montre :

— Vous verrez que je prédis juste.

Il l'emmena sur la dunette.

— Asseyons-nous, lui dit-il. Aussi bien voici un beau spectacle, la mer a épuisé sa rage, la vague ne nous mouillera plus, quoique la houle soit très-forte encore.

Et il fit asseoir la jeune femme sur un banc.

— Ma chère Marie, lui dit-il, je me suis vu cent fois face à face avec la mort, qui me touchait du doigt. Je vous assure que, dans ces circonstances, mon cœur ne bat pas une pulsation de plus qu'à l'ordinaire.

— Vous êtes donc de bronze?

— Je me suis bronzé.

— Moi, j'ai peur!

— Je vais vous rassurer (1).

Lui montrant les barriques :

— Jamais, dit-il, on n'a vu un tonneau bouché descendre au fond de l'eau.

---

(1) L'appareil qui va être décrit a été exposé en 1867 au Champ-de-Mars, et il est adopté par un grand nombre de capitaines de navires.

— Ça me paraît impossible, dit la jeune femme.

— Bien mieux, un navire chargé de barils vides, ayant une voie d'eau, ne sombre pas.

« Voici, dès lors, ce que j'ai imaginé.

Se retournant vers elle :

— Il y a de cela dix ans! fit-il.

— Vous pensiez déjà à ces appareils?

— J'avais à me sauver d'un naufrage.

— Vous avez donc naufragé souvent?

— Onze ou douze fois.

Elle joignit les mains.

— J'ai imaginé, reprit-il, de défoncer une barrique, de la garnir d'un sac, de prendre place dans le sac, mes pieds reposant au fond de l'appareil, le sac noué solidement autour de mes reins.

— Je saisis! fit la marquise.

— On navigue très-légèrement ainsi.

— Oui, je me souviens d'avoir, étant toute petite, fait le tour d'un bassin dans une cuve.

— Nous avons cet avantage, nous, que l'eau ne peut entrer dans la cuve, grâce au sac.

— C'est vrai.

— Le baril n'enfonce qu'aux deux tiers environ dans la mer.

— Pas plus?

— Non. Il cède à la vague, en occupe la crête ou la base, monte ou descend, mais n'est point submergé.

— Une bouée, en un mot.

— C'est cela.

La marquise se rassurait.

— Franchement, dit-elle, vous me guérissez de ma poltronnerie, et je commence à espérer.

— A la bonne heure.

— Si mon mari n'était pas mort, me laissant là un regret profond, je trouverais l'aventure gaie.

— Oh! dit-il, prenez garde.

— A quoi?

— Ne vous dorez pas la chose.

— Vous m'effrayez.

— La médaille a un revers.

— Dites vite.
— On n'est pas à l'aise.
— Bah! un peu de gêne.
— Beaucoup.
— Il faut rester debout ?
— Non, chère Marie, nous placerons un pliant au fond de nos tonneaux, ce qui nous permettra de nous asseoir.
— Mais, alors, ce sera très-confortable.
— Et l'ennui ?
— Je ne m'ennuierai pas avec vous.

Elle lui tendit ses deux mains avec un mouvement enfantin et un laisser-aller charmant.

— Deux esprits cultivés et supérieurs ne sauraient pas se distraire! fit-elle. Vous nous offensez, Georges.

Et elle reprit :
— Du reste, j'ai une idée.
— Laquelle?
— Prenons des livres; le temps calmé, nous lirons.
— Oh! fit Raoul, la mer est un livre si intéressant que nous n'avons pas besoin d'en avoir d'autres.
— Nous étudierons les mœurs des poissons; c'est cela. Mais pourquoi ne descendons-nous pas?
— Ne vous apercevez-vous pas que j'ai remis le bâtiment en marche, et que nous avançons?
— C'est vrai.
— Nous allons droit sur l'Afrique.
— Et c'est autant de gagné.

Cependant, le milieu du pont commençait à être envahi, et les flammes devenaient gênantes.

Raoul descendit.
— Où allez-vous ?
— Un instant, et je remonte.

Il rapporta deux paquets et deux parapluies.
— J'allais oublier ceci, dit-il.

Elle se mit à rire franchement.
— Quoi! des parapluies ?
— Il le faut bien, fit-il, nous avons le soleil qui peut nous gêner et les grains qui nous mouilleraient.

Il avait disposé un aviron.

Le feu gagnait.

— Il est temps, dit-il.

Et il plaça lui-même la jeune femme dans sa tonne, ajusta [le] sac avec mille précautions autour de cette taille souple [qu']il enlaçait de ses doigts frémissants ; elle le laissait faire, [fri]ssonnant au contact de ses mains fiévreuses.

Quand tout fut paré, il la descendit à la mer, très-grosse [en]core, si grosse que la jeune femme poussa un cri perçant, [lo]rsqu'elle toucha l'eau entre deux grosses vagues.

— Courage ! lui cria-t-il.

Il s'empressa d'entrer dans son appareil, l'enleva à l'aide [d']une corde et d'une poulie, se hissa par-dessus le bord, et [co]mme la poulie était attachée à un bras de fer auquel on [am]arre les canots, comme ce bras surplombait, il n'eut qu'à [lâ]cher de la corde.

Il atteignit le flot.

Alors il abandonna la corde, et tirant son aviron de dessous [so]n bras, se dirigea vers l'autre barrique.

Il l'atteignit bientôt.

La jeune femme était évanouie.

— Quelle faiblesse ! murmura-t-il.

Il la laissa dans cet état un instant, amarrant les barriques [bo]rd à bord par deux anneaux scellés d'avance et un huit [de ch]iffres déjà passé dans un de ces anneaux.

Puis, saisissant Marie dans ses bras, il la couvrit de bai[s]ers furieux.

Elle revint à elle.

Elle sentit brûler ses joues.

Mais il avait repris son air calme.

— Ma chère Marie, dit-il, voyez comme la femme, par sa [c]onstitution, est soumise à l'homme.

— En quoi ? dit-elle.

— Un rien vous fait tomber en syncope.

— C'est vrai ! dit-elle.

Elle fit cet aveu sans se douter du point où il voulait en [v]enir ; lui n'insista pas.

On navigua pendant quelque temps ; le navire en feu se [d]essinait sur les flots.

Quand il s'abîma, Raoul dit à la jeune femme :

— Voici le jour !

L'aube, en effet, pointait à l'horizon.

— Je me suis trompé de bien peu, dit Georges; le soleil se lève à cinq heures!

— Trompé... sur quoi?

— Ne vous ai-je pas dit que nous avions trois heures devant nous, pour voir s'abîmer le paquebot dans les flots.

— Je me le rappelle, dit-elle.

L'aurore succéda peu à peu, avec ses brillantes clartés, aux premières lueurs du jour.

Le ciel s'était éclairci; le vent, complétement apaisé, n'agitait plus les flots; peu à peu la nappe des eaux, longtemps secouée, s'aplanissait.

— Ce lever de soleil est splendide! s'écria la jeune femme ravie d'admiration.

Rien de plus poétique que le spectacle qui se déroulait devant ses yeux.

Au loin, la mer encore moutonneuse.

Sur toute son étendue, une légère brume dorée par des reflets de pourpre; le ciel était azuré par place, teinté d'or et moiré de nuances soyeuses à l'orient; noir encore au midi, vers lequel fuyait l'orage, argenté au nord, d'où la tempête fuyait à tire d'ailes; à peine éclairé vers l'ouest.

Les oiseaux marins voletaient déjà, commençant leur pêche matinale.

Des bandes de marsouins jouaient, sautant, masses énormes, par-dessus les vagues.

Les poissons montaient à la surface par bancs épais, cherchant leur proie dans l'écume.

Tout s'animait.

Le soleil émergea de l'onde, pâle d'abord, bientôt tiède et brillant.

— J'avais froid! dit la marquise.

— La chaleur va nous incommoder bientôt, dit Raoul; heureusement, nous y parerons.

— Avec nos parapluies?

Ils se mirent à rire.

— Si nous mangions? dit le jeune homme.

— Tiens, j'ai faim! exclama Marie.

— Attendez, reprit-elle, je vais mettre la table.

— Oh! oh! une marquise!

— A la mer, comme à la mer.

Elle entr'ouvrit un peu son sac, sans danger, du reste; :au ne jaillissait qu'à peine autour des barriques; elle glissa n bras et retira un gigot.
Elle le tendit à Raoul.
— Tenez! dit-elle.
Il le prit.
Elle ramena du pain.
— Voici, lui dit-elle.
Il la débarrassa.
— Une bouteille, maintenant! fit-elle.
Et elle sortit une gourde.
— Asseyons-nous, dit Raoul.
En se plaçant sur les pliants, leur sac formait creux sur urs genoux.
— Nous avons une table! dit-elle.
— Et voici un couteau, reprit Georges.
— Donnez, je découpe.
Elle tailla le gigot et le pain en tranches, prépara deux rtines et en tendit une à Raoul.
En ce moment, il n'y avait plus de marquise, mais une mme charmante.
Le péril, des émotions sérieuses, le besoin de protection ivaient transformée.
— Vraiment, j'avais appétit! fit-elle.
— Grâce à la peur.
— Elle donne faim, c'est vrai.
— Il faudra devenir brave, pourtant.
— Est-ce bien nécessaire?
— Sans doute, vous seriez incomplète sans cela.
— Le rôle d'une femme est-il bien dans le courage physi- ie, Raoul?
Celui-ci sourit encore.
— Un aveu de plus! pensa-t-il.
Et sans répondre :
— Buvons! dit-il.
Il lui offrit la gourde.
— A notre santé! dit-elle.
Elle but une gorgée.
Une pensée amère lui vint.
— Suis-je affreusement égoïste! fit-elle.

— Que dites-vous?
— Une triste vérité.

Et son visage devint sombre.

— Je ris, quand M. de Nunez, mon meilleur ami, vient à peine de rendre le dernier souffle.

Et avec deux larmes :

— Oh! je me méprise!

— Chère Marie, dit Raoul, j'ai eu des amis que j'affectionnais fort; je les ai vus mourir, et je vous jure que je les regrettais beaucoup. Cependant, je les oubliais toujours dans des moments semblables à celui-ci.

— Vous voulez me faire absoudre par ma conscience.

— Je vous ramène au vrai. Vous pleurerez souvent M. de Nunez dans vos heures de rêveries; mais, pendant l'action, e chagrin s'efface toujours.

Et pour la distraire :

— Voyez donc à votre droite.

Un énorme poisson nageait près d'elle.

— Dieu! qu'est-ce que cela?
— Un requin, tout simplement.
— Il va se jeter sur moi!
— Ne le craignez pas.
— Deux petits poissons nagent près de ses ouïes.
— Deux guides.
— Je croyais que c'était une fable.
— Vous voyez que non.
— C'est singulier.
— C'est fort naturel. Le requin est fort, mais grossier, stupide et sourd. Ces pilotes, mâle et femelle, lui prêtent leur finesse, leurs oreilles, leur adresse pour le conduire à sa proie, dont il leur abandonne les reliefs.
— Une association.
— Du fort et des faibles.

La marquise, regardant devant elle, vit une terre.

— Raoul! fit-elle.

Et elle montra la rive très-rapprochée.

— Je la voyais, dit-il.
— Vous ne m'en préveniez pas?
— Parce que je ne voulais point vous préoccuper trop tôt, et vous gâter votre lever de soleil.

— Quelle est cette plage?
— Celle du Maroc.
— Quel sort nous y attend?
— Je ne sais trop.
— Des dangers?
— A coup sûr.
— La mort?
— Peut-être.
— Me revoilà bien triste.
— Bah! reprenez courage.
— Avec une telle perspective.
— Mon Dieu, Marie, que vous êtes faible!
— Mais, fit-elle avec dépit, on dirait que je suis un homme, un soldat, un héros!
— Décidément, les femmes ont conscience de leur infériorité, fit-il tout haut.

Elle ne releva pas le mot.

Il la regarda avec surprise.

— Écoutez, lui dit-il, je suis sans arme à feu.
— Que n'avez-vous pris une carabine?
— Où cela?
— Sur le navire.
— Je vous assure bien qu'il n'y avait ni fusil, ni pistolet à bord.
— Nous voilà sans défense.
— Un couteau, voilà tout. Je continue.

« Nous allons aborder la terre du Kiss, couverte de tribus féroces et barbares; je n'ai que ceci.

Il montrait une sorte de poignard.

— Eh bien? fit-elle.
— Eh bien! j'aurai ce soir fusil, vêtements, burnous, chevaux, tout ce que je voudrai.
— Ah! je ne vous aiderai pas! fit-elle.
— Je le pense bien. Il s'agit de tuer probablement cinq ou six de ces sauvages.

Elle pâlit.

— Du sang! fit-elle.
— Eh oui! du sang!

Et la prenant par la main :

— Pauvre Marie! fit-il. Elle se croyait si forte! Mais vous n'avez pas d'énergie!

— C'est mon sexe qui le veut ainsi.

Il triomphait.

Pour la troisième fois, elle laissait échapper des mots précieux pour lui.

Il regardait la plage.

— C'est bien le Kiss, fit-il.

Il prit son aviron.

— Nous avons à manœuvrer un peu, dit-il, pour aborder au bon endroit.

— Vous connaissez la côte?

— On ne peut mieux.

Il ramait, imprimant une direction aux appareils.

— Voyez ces falaises! dit-il.

— Là-bas?

— Oui, à l'est.

— Un village les couronne.

— Nous y souperons ce soir, et on nous y fera fête; pourtant, c'est un village situé en plein cœur d'une contrée ennemie de la France.

— Et vous oserez vous y présenter?

— Oui, mais pas sous ce costume. Diable!

— Quoi donc?

— Une barque!

— C'est vrai, et des hommes armés de fusils.

— Marie, fit Raoul d'un ton grave, soyez passive, laissez-moi agir, ne dites pas un mot, quoi qu'on vous fasse, ou vous êtes morte et moi aussi. Nous avons été aperçus, malheureusement!

XXIX

Ruse de mer.

Cependant la barque approchait rapidement.

Elle était montée par trois hommes.

La marquise était fort effrayée; Raoul, le sourcil froncé, la regarda.

— C'est désolant ! dit-il. Je vous ai montré ce que je vaux, et pourtant vous n'avez pas encore confiance en moi, après tant de preuves d'énergie, d'intelligence et de courage.

— Mais qu'allez-vous faire ?

— D'abord, détacher nos barriques.

— Me laisser seule ?

— Eh oui ! pour nous sauver.

— Raoul, je vous en supplie, ne faites pas cela. J'aimerais mieux mourir avec vous que de rester abandonnée toute seule.

Le jeune homme se croisa les bras, toisa la jeune femme et murmura :

— Et dire que ça croit nous valoir !

Puis, comme elle semblait écrasée par cette dure parole, il défit le huit chiffres qui amarrait ensemble les deux barriques, et mit le plus de distance possible entre elles.

Déjà il s'était dépouillé d'une partie de ses vêtements; il se débarrassa du reste.

La marquise pleurait.

Peu à peu le canot approchait.

Entraînée par cette invincible curiosité dont les femmes ne sont jamais maîtresses, et qui domine tout en elles, madame de Nunez oublia bientôt son isolement, pour suivre les péripéties de la scène qui allait se dérouler devant ses yeux, et du dénoûment de laquelle dépendaient son honneur, sa liberté et sa vie.

Elle était à cent mètres de Raoul environ quand la barque fut à portée de la voix.

Le jeune homme la héla vigoureusement en langue arabe.

Les marins du kiss parurent surpris, et il se mirent à converser vivement entre eux.

Raoul les interpella de nouveau.

Ils répondirent.

Évidemment, ils étaient vivement intrigués.

Le jeune homme ramait dans leur direction.

— Qui es-tu? lui demandèrent-ils.

— Le marabout Sidi-el-hadj Bou-Bekem, répondit-il.

— D'où viens-tu?

— De France.

Les marins se mirent à rire.

— Tu es fou, Sidi Bou-Bekem! dirent-ils.

— Pourquoi?

— Veux-tu faire croire à des hommes qui ont été corsaires sous le dey, que tu as traversé la Méditerranée là-dedans!

— Ce n'est pas dans cette barrique que je suis venu, mais sur un vaisseau.

— Et où est-il ce vaisseau?

— Il a sombré cette nuit.

En ce moment la barque touchait à la barrique et manœuvrait pour l'accoster.

— Loué soit Dieu! s'écria Raoul en sautant à bord, je suis donc débarrassé de ces chiens d'infidèles, et au milieu des serviteurs du prophète.

Et il embrassa chacun des marins à la mode arabe, ce à quoi ils se prêtèrent de bonne grâce, car ils croyaient avoir sauvé un compatriote.

— Qui est là-bas, dans l'autre barrique? demandèrent les marins.

— Une femme française, qui s'est attachée à moi pendant ma captivité.

— Tu étais donc prisonnier?

— Oui. Depuis deux ans, pour avoir prêché la guerre sainte contre les Français.

— Et comment t'es-tu tiré de là?

— Grâce à cette femme, auquel Allah inspira pour moi une vive passion. Elle était fille d'un chef important qui m'obtint ma grâce.

— Et il t'a donné sa fille en mariage?

— Il le fallait bien! Les Français regardent comme perdue de réputation la fille qui, ayant aimé un homme, ne s'est pas mariée avec lui.

— Et le navire?

— Il a sombré, vous ai-je dit.

— Comment?

— Par le feu.

Toutes ces explications, données dans le plus pur arabe, convainquirent les marins.

Ils se dirigeaient vers la barque pour recueillir la jeune femme, qu'ils regardaient curieusement.

Ils avaient déposé leurs longs fusils au fond de la barque, deux s'étaient remis à ramer pour accoster la barrique, l'autre était à la barre, près de lui se tenait Raoul, qui tout d'un coup, le saisissant par le cou d'une main, par la ceinture de l'autre, le jeta à la mer.

Les deux autres marins lâchèrent les avirons; mais déjà Raoul avait pris un fusil par le canon, et l'avait brandi sur la tête du plus rapproché.

La crosse siffla dans l'air, tomba comme une massue sur le crâne du marin et le broya; l'autre avait saisi son pistolet à sa ceinture.

Il tira.

Mais, comme l'a si bien remarqué le maréchal Lefebvre, on ne manque jamais mieux un homme qu'à bout portant; la balle se perdit dans l'espace, et la crosse du fusil de Raoul, furieusement dirigée en pleine poitrine de ce dernier adversaire, le renversa suffoqué.

Restait le barreur.

Un coup de feu le traversa au moment où il nageait vers le canot.

Il se débattit sur l'eau, suffoqua, puis disparut sous les flots.

— C'est fait, dit Raoul à la marquise, qui se trouvait à quelques brasses.

Et d'un coup d'aviron il poussa l'embarcation de son côté, l'enleva d'une secousse vigoureuse, et l'assit sur l'un des bancs.

Elle était pâle d'épouvante.

Raoul, sans plus s'occuper d'elle, s'empressa de prendre tous les vivres qui se trouvaient au fond des barriques; il attacha celles-ci à la remorque du canot, orienta celui-ci, et fila vers l'est.

Les deux marins gisaient aux pieds de la marquise; l'un d'eux n'était pas mort.

— Raoul, dit-elle, voyez donc!

Elle lui montrait le Marocain qui, encore tout étourdi, s'était levé sur son séant et regardait, effaré, autour de lui; à la vue de son adversaire, il fit un geste de terreur.

Raoul avait enlevé de la ceinture du mort un pistolet qu'il avait armé.

Il allait tirer.

— Grâce! s'écria la marquise.

Mais lui, impitoyable, déchargea son arme.

— Oh! mon Dieu! s'écria la jeune femme, quel épouvantable meurtrier vous êtes!

— Merci bien! fit-il.

Et, railleur, il ajouta :

— Les femmes sont singulièrement reconnaissantes!

— Mais c'est atroce! s'écria la marquise.

— Fallait-il donc nous laisser massacrer par ces gens-là? Dites-le, y teniez-vous?

— Mais puisque nous étions sauvés.

— Pas encore positivement. Nous ne sommes pas arrivés dans un port français.

— Hélas, non!

— Nous pouvons rencontrer une tartane marocaine en

route ou être jetés à la côte ; ce blessé nous eût compromis et perdus.

— Il eût toujours été temps plus tard !

— Ah ! oui, vraiment, voilà bien les femmes et leur niaiserie ordinaire !

— Oh ! Raoul !

— Eh oui ! leur niaiserie. Me voyez-vous pardonner à ce gaillard-là ; puis de sang-froid, dans une heure ou dans deux jours, le tuer !

Il se mit à fouiller les vêtements des cadavres.

Il en tira l'argent que contenait leur ceinture ; les boîtes à poudre, tous les menus objets ; il les déshabilla ensuite et lava les taches de sang laissées aux vêtements.

Elle le regardait faire, la poitrine oppressée, les yeux gros de larmes contenues.

Il étendit au soleil les effets mouillés, lança les corps à la mer, et mit tout en ordre à bord.

— Nous sommes en sûreté, ou à peu près, maintenant, dit-il doucement.

Et souriant :

— Vous me boudez ?

— Vous avez été si dur pour moi ! s'écria la jeune femme avec explosion.

— C'est vrai ! avoua-t-il.

Et se mettant à genoux près d'elle :

— Chère Marie, lui dit-il, oubliez et pardonnez ; il y a deux hommes en moi ; l'un, celui que vous connaissez, est un gentilhomme civilisé.

— Et l'autre ?

— Un sauvage !

— Ne soyez plus que gentilhomme.

— Impossible, tant que je serai en présence d'un péril ; dix ans de combats, de luttes et de dangers m'ont donné des habitudes de brutalité qu'à certaines heures il m'est impossible de dominer.

Elle jouait avec les boucles de ses cheveux, tout émue de le sentir si près d'elle.

— Méchant ! murmurait-elle, m'avoir refusé la grâce de ce pauvre diable !

— Ah ! plaignez-le, je vous le conseille.

— Il n'avait pas l'air de vouloir nous faire de mal; il nous avait bien reçus.

— Parce que je l'avais trompé.

— Comment?

— Il me croyait Arabe.

— Et s'il nous eût sus Français?

— Ce soir on m'aurait torturé.

— Vous me faites frémir!

— Et vous seriez devenue la femme de l'un de ces trois marins.

— Grand Dieu!

— Ou vous auriez été vendue.

Elle pâlit.

— Eh bien! demanda-t-il, vous ne me trouvez plus aussi féroce, Marie?

— Mon ami, répondit-elle, la vie que vous menez a des nécessités si épouvantables, que je me demande quel attrait elle a pour vous?

— Celui du péril.

Il se leva et visita les burnous des marins; ils étaient secs, et il apporta le plus petit à la jeune femme.

— Il vous faut vous déguiser, dit-il.

— Quoi! fit-elle. Endosser l'habit d'un mort!

— Mais vous serez donc toujours sous le coup de ces maudits et mesquins préjugés, indignes de votre haute intelligence?

— Raoul, épargnez ma faiblesse, et déridez votre front, mon ami. Je tâcherai de ne plus vous mécontenter; êtes-vous satisfait?

Il lui baisa la main.

La barque avait déjà fait bien du chemin; le vent était excellent.

Le soleil, radieux, resplendissait au ciel; la mer étincelait au loin, reflétant les cieux.

La jeune femme, montée sur la banquette d'arrière, dénouait un à un ses vêtements, qui tombaient au fond du canot, et grande dame, sans sottes résistances, sans gestes alarmés, laissait le regard enchanté du jeune homme admirer, sous les plis des derniers voiles, les splendeurs de son corps divin.

Ce ne fut pas sans regrets qu'il jeta sur ce marbre vivant le burnous indigène; mais l'heure n'était pas propice; car il eût fallu laisser paraître ce qu'il voulait cacher : l'ardent amour qu'il voulait paraître avoir dompté depuis cette soirée où elle avait refusé d'être pour lui ce qu'il voulait qu'elle fût.

Il dissimula ses cheveux blonds sous le fez, et termina sa toilette, non sans avoir cent fois la tentation folle de se jeter à ses pieds.

Quand il eut fini :

— C'est fait! dit-il.

— Me voilà Marocaine ! s'écria-t-elle.

— Marocain, voulez-vous dire.

— C'est vrai.

— Qui nous eût prédit ce qui arrive, il y a seulement huit jours, nous eût certainement paru fou; vous, marquise de Nunez, naufragée en vue d'une côte peuplée de tribus féroces, réduite à vous cacher sous le burnous d'un Bédouin, n'ayant qu'une protection : la mienne.

— Protection efficace, Raoul.

— Et qui ne vous manquera jamais, Marie.

Il lui tendit fraternellement sa main, qu'elle étreignit avec une crispation convulsive.

— Je crois que vous n'êtes pas encore rassurée, dit-il, vous tremblez.

— Après tant d'émotions !...

— Tenez, voici une bouteille de rhum; croyez-moi, buvez-en une gorgée.

La jeune femme manifestait une certaine répugnance.

— Allons, lui dit-il, faites comme les conscrits qui se montent la tête faute de cœur; aussi bien, il vous faudra montrer peut-être beaucoup de fermeté dans quelque temps.

Elle obéit, et avala quelques gouttes de rhum.

— Une recommandation importante, lui dit Raoul; dès que vous me verrez avec des indigènes, rappelez-vous que vous êtes muette.

— Pourquoi?

— Vous ne savez pas l'arabe ! Comment pourrais-je expliquer que vous ne le parlez point?

— Quelle linotte étourdie je suis! Je ne pensais point à cela ; mais vous, Raoul, vous songez à tout.

— Diable ! s'écria tout à coup le jeune homme.
— Quoi donc ?
— Une balancelle qui nous donne la chasse.

Et Raoul montra à la jeune femme une voile qui se détachait de la rive.

C'était un simple point blanc à l'horizon.

— En voyant la direction que nous avons prise, les gens des tribus, rassemblés sur le bord de la mer, ont été inquiets, quoiqu'ils n'aient pu distinguer ce qui passait. Ils lancent sans doute à nos trousses leur meilleure barque et elle nous atteindra probablement en peu d'heures.

— Et vous serez massacré ?
— Si l'on nous prend !
— Et je tomberai entre leurs mains ?
— Pour cela non.
— Que ferez-vous ?
— Tout espoir perdu, je vous poignarderais plutôt que de vous voir au pouvoir de ces gens-là.
— Et je bénirais votre main, Raoul, qui me délivrerait en me frappant.
— Heureusement, dit le jeune homme, nous n'en viendrons pas là, Marie.
— Mais, puisque vous pensez que la balancelle marche mieux que ce canot !
— On trouvera peut-être le moyen de la retarder. Et d'abord, vous allez voir.

Raoul dirigea la marche de son embarcation, de manière à se rapprocher de la terre, puis il détacha l'une des barriques qui resta flottante comme une bouée au point où on l'avait lâchée.

— Ils iront d'abord à cette barrique, dit-il, cela nous fera certainement un quart d'heure de répit.
— C'est bien peu.
— C'est énorme.
— L'autre barrique nous donnera plus d'une heure, grâce à une idée qui m'est venue,

Et Raoul, prenant un aviron, le coupa à hauteur d'homme avec le couteau d'un des morts.

— Que fabriquez-vous ? demanda la marquise.
— Un mannequin.

— A quoi servira-t-il ?

— A retarder la chasse.

Le jeune homme forma, en enroulant les vêtements de la marquise autour de l'aviron, une sorte de renflement pour simuler un dos et une poitrine ; il jeta sur le mannequin son paletot et plaça ce bonhomme postiche dans la barrique.

La marquise ne put retenir un sourire.

Raoul, sur le sommet de l'aviron, attacha son chapeau solidement.

Par derrière on aurait cru vraiment apercevoir un bourgeois de Marseille, ayant la singulière fantaisie de se promener en mer dans une cuve.

Raoul regarda la jeune femme.

Elle riait.

— Allons, dit-il, vous vous habituez au danger. C'est bien cela ; je vous aime mieux brave que poltronne.

— C'est qu'en vérité cette ruse est burlesque ; les Marocains y seront pris.

— Je l'espère bien.

— Ils seront furieux.

— Il y aura de quoi !

Raoul n'avait pas fini.

Il prit le fusil dont il s'était servi comme d'une massue, et qui était faussé.

— Celui-ci est hors de service ; du reste, il nous en reste deux, dit-il.

— Vous allez le placer dans la barrique ?

— Oui, ma foi, vous l'avez deviné ; les gens qui nous poursuivent agiront de prudence en voyant reluire le canon et perdront quelques minutes de plus.

— Ils tireront peut-être sur le mannequin.

— Pas peut-être, sûrement.

La marquise avait un visage rayonnant.

— Tenez, Raoul, dit-elle, votre présence d'esprit, votre calme, vos ingénieuses combinaisons me rassurent à ce point que je m'amuse de cette farce.

— Dans huit jours, vous serez un petit César en jupons ; la bravoure n'est souvent qu'une question d'habitude.

— Mais, dites-moi, je vois bien une heure et quart de gain, mon ami ; mais la fin ?

— La fin ?

— Oui, le vrai moyen de salut ?

— Je le trouverai, soyez tranquille.

— Vous ne l'avez pas encore ?

— Non, mais jamais je ne suis à court d'inspiration; pris à l'improviste, je ne suis jamais au dépourvu, et nous avons trois ou quatre heures devant nous. C'est plus qu'il n'en faut pour inventer vingt combinaisons.

Et Raoul lâcha la barrique au mannequin.

Tout à coup le canot doubla un petit cap.

La marquise jeta un cri.

Sur le bord d'une baie, derrière le promontoire, cinq ou six cents personnes étaient assemblées.

Le sourcil de Raoul se fronça.

On vit au loin, vers la région d'où la première barque était partie, un grand feu flamber.

— Ceci est un signal, dit Raoul. La tribu à laquelle nous avons pris ce canot, prévient celle-ci qu'il se passe quelque chose d'extraordinaire.

— Ils comprennent que nous fuyons; tenez !

En effet, les gens assemblés sur la plage poussèrent des cris furieux à l'aspect du canot.

Déjà une barque était à flot; elle fit force de rames pour atteindre les fuyards.

— Ah ! Raoul, dit la marquise, je crois que l'heure est venue de mourir...

Lui, impassible, serrant le manche d'un poignard mauresque, ne répondit pas, mais il jeta un sombre regard sur la jeune femme.

XXIX

Sous bois.

Raoul vira de bord tout à coup.
Il avait pris sa résolution.
— Vous savez nager, Marie ? demanda-t-il.
— Oui, dit-elle.
— Tout va bien.
— Mais, nous retournons donc vers l'autre barque ?
— Nous allons au salut.
Et Georges manœuvra pour doubler le cap de nouveau ; ce qu'il fit rapidement :
Au moment où il en rasait presque la pointe, alors que du fond de la baie on ne pouvait le voir, alors que l'autre barque était trop éloignée pour rien distinguer, il orienta son canot de façon à filer droit entre les deux bateaux qui le poursuivaient.

Quand il exécuta cette manœuvre il était à vingt mètres de la côte.

Marie remarqua qu'il plaçait en croix les avirons et les liait.

Sur ce radeau, il posa les fusils, les munitions, quelques

provisions, puis il engagea la jeune femme à se jeter à la mer ; ce qu'elle fit sans hésiter.

Il la suivit.

La barque fila loin de la terre.

Eux, prirent bien vite pied, poussant les avirons devant eux, et se hâtant.

Ils saisirent leurs armes, leurs vivres, leurs sachets de poudre demeurés secs heureusement, et ils se blottirent dans les rochers du cap.

Il était temps.

La barque doublait le cap à son tour.

— Oh ! dit Georges, en la voyant, nous pouvons être tranquilles ; elle est lourde.

— Mais qu'allons-nous faire ?

— Attendre un peu. La chasse durera quelque temps ; nous pourrons fuir avant que l'on nous soupçonne à terre ; après quoi, vous me verrez payer d'audace.

— Que tenterez-vous ?

— Un vol à main armée.

— Raoul, prenez garde à moi.

— Je ne vous demande que de savoir monter à cheval, ma chère Marie.

— Pour cela je suis une excellente écuyère ; mais...

Jugeant le moment venu :

— Mais le reste me regarde.

« Levez-vous et venez ! dit-il.

— Où ?

— Au village de ces gens.

— Grand Dieu !

— Mais venez donc.

— Raoul, c'est folie !

— Le village est désert ou à peu près ; il est là-bas, sur cette hauteur.

— Je le vois.

— Toute la population est sur la plage.

— Cependant...

— Je suis sûr que personne n'est resté dans les cases et que nous ne verrons pas une tête ; un vieillard ou deux, peut-être.

— Et s'ils crient ?

— On ne les entendra pas de la plage.

La marquise, dominée par le ton d'autorité de Raoul, le suivit.

Il n'y avait pas à lui résister.

Cette grande dame, faite pour la domination, cette jolie femme, habituée à toutes les adulations des hommes, pliait sous le regard de Raoul, s'accoutumait à l'obéissance, et ne discutait un ordre que par peur et non par dignité.

C'est que pour faire rentrer la femme dans la voie que la nature lui a tracée, il suffit qu'elle se retrouve en présence de la nature même; alors, le bras de l'homme se fait sentir pour protéger et pour défendre; mais en même temps il commande et il exige la soumission et le respect.

En pleine civilisation, au contraire, l'être frêle, chétif, incomplet, est le tyran de l'être fort; toutes les lois primordiales sont renversées.

On voit devant le fauteuil où trône une coquette, on voit se courber platement les échines d'un millier d'adorateurs et c'est là vraiment un spectacle déshonorant.

Raoul n'était pas homme à accepter un rôle pareil; il avait sacrifié son amour à son orgueil; il avait refusé d'être le valet de cœur de la marquise.

Et voilà que les circonstances les avaient jetés tous deux dans une situation telle que, d'elle-même, cette fière marquise de Nunez se faisait petite, affichait ses faiblesses et se suspendait tremblante au bras de l'homme dont elle avait si hautainement repoussé la domination.

Mais aussi la mâle conduite de Raoul au milieu de tant de périls la frappait d'admiration.

Il était de bronze.

Pas un muscle de sa face léonine ne bougeait dans les crises les plus graves; son œil même ne flambait qu'au moment de l'action.

Ils marchaient le long des rocs.

Lui, comme s'il se fût trouvé à une partie de plaisir, dans les falaises d'Etretat.

Elle, pâle, défaillante.

Ils gagnèrent le village.

La marquise, près des maisons, eut un tel accès d'angoisses qu'elle fléchit.

Il la soutint.

— Marie, du courage, que diable! lui dit-il; dominez-vous par un effort de volonté.

— Mon ami, je n'ai plus de force.

— Allons, sacrebleu! il le faut.

Il la secoua presque rudement.

Une larme perla les yeux de la jeune femme; mais elle se releva et marcha.

Il ne dit plus mot.

Comme il l'avait prévu, le village était désert; il le visita paisiblement.

Comme dans tous les bourgs berbères, les chevaux avaient pour écuries des hangars.

Raoul, sans se hâter, visita ces hangars et y prit les deux meilleurs coursiers.

Comme il l'avait supposé, plusieurs vieux guerriers avaient préféré demeurer dans leurs cases que courir vers la mer; un de ces vieillards, voyant ces étrangers qui s'emparaient de deux coursiers, vint à eux avec son bâton.

— Chiens de voleurs! leur cria-t-il; vous avez de l'audace! Laissez ces chevaux!

Raoul ne prit pas garde au bonhomme.

Mais la marquise était dans des transes mortelles.

— Il va nous faire prendre, dit-elle.

— Et par qui? fit Raoul.

— Mais il crie.

— Eh bien! qu'il crie; personne ne viendra, sinon des podagres comme lui.

Il était entré dans la maison et avait rapporté les harnachements des chevaux.

Le bonhomme continuait à bramer, mais à distance; il n'osait trop s'approcher.

Raoul mit la marquise en selle; puis il y monta à son tour.

— Partons! partons! dit la jeune femme.

— Un moment! fit-il.

— Oh! Raoul, ne perdons pas une minute.

Il haussa les épaules.

Se tournant vers le vieillard, il lui cria :

— Tu diras aux tiens que c'est le Coupeur de Têtes, qui

est venu leur prendre leurs chevaux ; n'oublie pas, vieux chacal.

Et passant près d'une maison, basse comme toutes celles des Berbères, il se dressa sur ses étriers, arrêtant son cheval un instant.

— Raoul, ne partirons-nous jamais ?

— Un moment, j'ai à laisser à ces gens un souvenir de moi ; quand je visite un douar ennemi j'ai pour habitude d'y marquer ma trace.

Et le jeune homme, répandant une traînée de poudre sur le chaume du toit, tira sur cette traînée un coup de pistolet qui l'enflamma.

Le feu prit comme par enchantement.

— Maintenant, chère poltronne, dit-il, piquons des deux ! Il est temps !

La jeune femme ne se fit pas répéter deux fois la recommandation ; elle lança son cheval.

Ils sortirent du village et galopèrent le long d'un chemin conduisant à une forêt.

En cinq minutes, ils l'atteignirent.

— Ouf ! dit Raoul en entrant sous bois, me voici chez moi ; chère Marie, nous sommes sauvés.

— On va nous poursuivre.

— Je m'en soucie peu.

— Mais, mon ami, nous restons là ?

— Mon Dieu, oui !

— Raoul, expliquez-moi votre plan ?

— Il est bien simple, vous allez voir.

Il la fit descendre de cheval et sauta à terre ; il coupa deux branches épineuses de jujubier, les attacha sous la queue de chaque cheval, et leur piquant le flanc, les fit détaler sur le chemin.

Au village on entendait des clameurs stridentes.

Raoul riait.

— Les sauvages ! Ils sont furieux ! dit-il.

Et à Marie :

— Venez !

Il l'entraîna à cent pas sous le couvert.

Le galop d'une troupe de cavaliers résonna bientôt ; la poursuite commençait.

— Ils vont aller loin, dit Raoul, le chemin traverse dix lieues de forêt. Nos chevaux ne s'arrêteront pas, et tant que les guerriers verront leurs traces sur la poussière du sentier, ils continueront la chasse.

— Mais nous, mon ami?

— Nous allons marcher pendant une heure, après quoi, chère Marie, je vous montrerai que le Tasse a pu peindre sa forêt enchantée d'après nature.

Et souriant, il passa avec une câlinerie gracieuse le bras de la marquise sous le sien et la guida.

De temps en temps il la faisait se retourner et lui montrait à travers la feuillée les rouges lueurs de l'incendie, empourprant le ciel.

— Ça brûle adorablement ces nids à pirates, n'est-ce pas? Je crois que pas une case ne restera debout.

La jeune femme soupira.

Il lui demanda avec intérêt :

— Vous êtes fatiguée?

— Non, dit-elle.

— Pourquoi donc ce soupir ?

— Je songe à ces pauvres gens!

— Décidément, dit-il, vous êtes incomplète; vous n'aimez pas la vengeance, Marie.

Et après un silence :

— Pourtant il m'avait semblé...

— Mon ami, je me souviens du trait auquel vous faites allusion et j'ai mauvaise grâce, vindicative comme je le fus autrefois, de me montrer pleine de pitié; cependant, si j'ai des haines violentes contre qui m'offense, je n'ai pas de rancune contre des gens qui, en somme, ne m'ont rien fait.

— Rien...

— Que nous ont donc fait ces pauvres Berbères?

— Ils voulaient nous prendre !

— Je sais.

— Nous torturer.

— C'est vrai. Aussi je n'aurais pas plaint les hommes que vous auriez frappés. Mais les femmes, les enfants que vous venez de ruiner par cet incendie...

— D'abord les richesses de tout ce monde sont le produit

de crimes atroces. Ces gens du Kiss sont des assassins sur mer et sur terre, pillards éhontés, fieffés coquins.

— Les hommes! mais les femmes?

— Ah! chère Marie, les femmes sont des bêtes fauves qui vous brûlent un prisonnier avec des raffinements de cruautés inouïes; un de nos chasseurs a été affreusement déchiré morceau par morceau, il y a un an à peine, dans ce même village que depuis nous avons détruit de fond en comble. Si vous aviez vu les femmes et les enfants s'acharner sur ce pauvre diable, vous auriez pris en haine toute cette engeance. Plus tard, on a reconstruit les maisons et j'avoue que je suis ravi d'avoir jeté mon nom à ce vieillard. Il est bon que, nous autres chasseurs, nous soyons la terreur de ces bandits.

Tout à coup Raoul s'arrêta :

— Tiens, dit-il, il y avait par ici un coureur de bois, il n'y a pas dix jours.

— A quoi reconnaissez-vous cela, mon ami? demanda la marquise étonnée de cette remarque.

— A ceci, tenez!

Et il ramassa une balle déformée au pied d'un chêne qu'elle avait frappé.

— C'est un projectile tout particulier, dit-il; on ne peut le confondre avec un autre.

— Mais pourquoi, dix jours?

— Parce que voici l'endroit de l'écorce qui a été touché et que l'état de la cicatrice m'apprend qu'il y a au moins dix jours que le coup a été tiré.

— Et cet homme est encore dans ce bois?

— Je ne sais.

— Comment ose-t-il chasser si près de ces pirates qui sont vos ennemis?

— Parce que nous avons dans cette forêt un sûr asile; parce que le chasseur est dans un couvert comme dans un fort imprenable; nul n'oserait traquer l'un des nôtres au milieu de hautes futaies. Les Arabes n'ont pas de chiens au flair développé comme les nôtres. Nous dépistons donc facilement à travers les arbres ceux qui nous chassent; vous savez qu'il est très-difficile de forcer un sanglier sans chien; or, ce que fait le sanglier, nous le faisons avec une grande supériorité intellectuelle pour nous.

15.

— Ainsi les deux ou trois cents guerriers de ce douar sont impuissants contre un homme?

— Oui, si cet homme est un chasseur. Ils m'ont donné la chasse ici même.

— Ah!

— Ils ont fait une battue. Ils étaient très-nombreux et armés jusqu'aux dents; ils n'ont pu me cerner et j'en ai tué sept ou huit, tout en les fuyant d'arbre en arbre; avouez que c'est décourageant!

— Je vous comprends maintenant.

— Et vous vous tranquillisez?

— Oui, mon ami.

— Vous avez bien raison; ils vont trouver les chevaux en liberté, ils se douteront que nous sommes en forêt, et ils se garderont de nous y traquer. Bien plus, de même que, quand un lion est signalé dans le voisinage, les tribus ne s'aventurent plus sans de grandes précautions, dès qu'un chasseur est dans un bois, on n'approche qu'en tremblant et avec prudence.

— Mais vous me parliez de je ne sais quels enchantements; que vouliez-vous dire, Raoul?

— Vous le verrez bientôt.

Plus on avançait, plus le site devenait sauvage.

Les chênes immenses allaient s'épaississant en fourrés inextricables; les buissons s'enchevêtrant formaient, au pied des arbres, une forêt sous l'autre; le ciel n'apparaissait plus qu'à de rares éclaircies; le sol était à chaque pas sillonné de ravins; la jeune femme, vivement impressionnée, s'était tue peu à peu et suivait son guide péniblement.

Tout à coup on entendit une voix gutturale, une voix terrible résonner sous la feuillée.

Puis un monstre fauve se précipita sur l'étroit sentier que suivaient les fugitifs.

C'était un lion.

Il y a dans le lion une telle majesté d'allure, la force éclate si bien dans tous ses mouvements, sa large face est empreinte d'une telle intelligence, qu'il produit sur les plus braves une impression irrésistible.

La marquise n'était qu'une femme.

Anne-Marie de Nunez s'évanouit.

XXX

Le lion Sélim.

Quand elle reprit ses sens, elle vit Raoul souriant lui montrer le lion à ses pieds.

Le gros mufle de la bête touchait aux sabattes mauresques de la jeune femme qui les retira effarée.

Elle voyait les yeux du lion fixés affectueusement sur les siens, un chien n'eût pas eu pour sa maîtresse un meilleur, un plus doux regard.

Madame de Nunez croyait rêver.

Elle fit un geste.

Le lion remua sa longue queue à la façon d'un caniche qui mendie une caresse et il tendit son énorme tête à hauteur des genoux de la marquise.

Il quêtait un signe d'amitié.

— Allez, Marie, donnez à ce pauvre Sélim ce qu'il demande; promenez, dans sa royale crinière, votre main mignonne et flattez-le comme vous feriez d'un chien.

La jeune femme hésitait.

Sélim regarda le chasseur d'un air si inquiet, si désolé d'inspirer tant de frayeur, que la jeune femme se décida et posa ses doigts roses sur le front du lion.

Celui-ci, agitant fiévreusement sa queue, en balaya le sol en témoignage de sa joie.

— Raoul, mon ami, j'ai cru mourir de peur ! dit la jeune femme d'un air de reproche.

— Je l'ai pardieu bien vu, répondit-il ; on ne s'évanouit ni plus vite, ni plus souvent.

— Vous auriez dû m'avertir.

— Pas du tout. Il faut se faire à l'imprévu et aux émotions fortes.

— Vous me direz bien toutefois, je l'espère, comment il se fait que ce lion soit là, docile et soumis.

— Sans doute. C'est la plus drôle d'histoire qu'on puisse imaginer ; le pendant de celle d'Androclès. Comme nous n'avons rien de plus pressé à faire, je veux vous la dire.

« Imaginez-vous que, certain soir, en traversant cette forêt, je rencontrai le pauvre Sélim, alors un joli lionceau de deux ans, dans le plus grand embarras où un lion puisse se trouver ; il était tombé dans un piége que les Arabes lui avaient tendu, une sorte de fosse couverte de branchages et d'une mince couche de terre ; il avait passé dessus et était tombé au fond.

« Les Arabes me sachant dans le bois depuis la veille, — j'avais signalé mon arrivée par un des plus beaux coups de fusil de ma vie, en abattant un drôle qui battait la plus jolie fille du monde, son esclave, en l'abattant à six cents pas ; — on n'osa plus venir au bois, le piége ne fut point visité.

« Donc me voilà en face de Sélim.

« Je l'ajuste pour l'abattre.

« Il a l'air de comprendre et me regarde d'une certaine façon qui me va droit au cœur.

« Je passe sans tirer.

« Mais Sélim avait soif et faim, il était là depuis quelque temps et il risquait fort de mourir d'inanition ; j'entendis toute la nuit ses rugissements étouffés.

« Au matin, j'avais pris ma résolution.

« Le lion est un noble animal, j'éprouve pour lui, ma foi, plus de sympathie que pour l'homme.

« Les tortures de Sélim me touchaient plus que je ne saurais dire, je lui apportai de l'eau et je lui jetai un quartier de venaison.

« Il but avidement, mangea de même et parut me vouer une profonde reconnaissance.

« J'avais entendu parler de lions apprivoisés, je voulus tenter une expérience.

« Pendant une semaine, je me fis le pourvoyeur de Sélim, puis je songeai à le dégager.

« Je creusai les bords de la fosse en talus.

« Croiriez-vous qu'il comprit et joua des griffes pour m'aider, avançant rapidement en besogne.

« Enfin, il put d'un bond s'élancer dehors et son premier mouvement fut de venir frotter son gros museau contre ma poitrine; chez le lion, il paraît que le premier mouvement est aussi le bon.

« Mais ils ont ceci de remarquable, c'est que le second est encore meilleur.

« Mon Sélim me suivit partout.

« Nous chassâmes ensemble et nous fîmes merveilles; notre association dura dix mois.

« A cette époque, il devint inquiet.

« Mon Sélim trouvait que si l'amitié a des charmes, l'amour lui est supérieur à certain moment.

« Il disparut.

« Quelque temps après il revint; mais, dans le voisinage, j'entendais les cris d'une lionne.

« Mon ami avait une famille.

« Je dus le quitter à mon tour; l'heure était venue de me rendre au Sahara.

« J'aime cette forêt comme station d'été; car nous allons passer en bandes l'hiver au Sahara; mais dans la saison chaude nous nous installons dans le Tell, non loin de la mer et de ses brises fraîches.

« Donc, je revis souvent mon Sélim qui n'a jamais fui ce bois et qui en a fait sa résidence.

« Ce brave lion, autant que j'ai pu voir, a souvent changé de lionne; c'est un gaillard capricieux en amour; mais, comme ami, il est d'une fidélité à toute épreuve.

« Il me garde mon domaine.

« J'ai un domaine ici.

« Je n'y laisse pénétrer que les coureurs de bois, mes compagnons; pour lui, les amis des amis sont des amis.

« Et maintenant que vous avez vu mon cerbère, je vais vous montrer le paradis qu'il surveille. »

Raoul aida la jeune femme à se lever, lui offrit son bras, et tous deux se mirent à suivre Sélim dans un passage que les Arabes appellent : trouées de lion.

Ils arrivèrent, par une pente douce, sur un sommet où Raoul arrêta sa compagne.

« Cette fois, lui dit-il, je vous préviens. »

Elle tressaillit à son bras.

— Ne craignez rien, ajouta-t-il. La surprise est agréable; voilà l'enchantement promis.

Ils firent dix pas en avant, et la marquise poussa un cri de surprise et d'admiration

XXXI

Un paradis perdu.

La marquise se trouvait au bord d'un abîme, au fond duquel se déroulait le plus joli paysage qu'on pût rêver pour faire contraste.

Qu'on s'imagine un entonnoir gigantesque, entièrement clos par des entassements de rocs.

Des crêtes à la base les sublimités de la nature, quand elle est plu à faire de l'horrible.

Gouffres béants !
Blocs surplombants !
Grottes mystérieuses !
Torrents mugissants !
Végétation bizarre !
Arbres nains !
Granits géants !

Et tout cela bouleversé, tourmenté, s'amoncelait dans un désordre inouï pour former un effet grandiose.

Puis tout à coup, au fond de la gorge, sans issue, l'œil étonné apercevait un Eden microscopique, où se dessinait un jardin délicieux d'où montait le parfum des fleurs ; çà et là apparaissaient des bosquets ombreux de citronniers, d'orangers et de figuiers aux fruits d'or et d'émeraude !

Un ruisseau tranquille susurrait sous l'herbe épaisse !

Un champ de maïs poussait sans culture ses plants verdoyants et dressait ses panaches élégants.

Bref, c'était là un paradis dans un enfer !

La vie au fond du chaos !

— Voici mon séjour, Marie, dit le chasseur ; je ne me doutais guère qu'une jolie femme viendrait y passer quelques heures !

— Quelle délicieuse retraite ! murmura-t-elle.

— On y serait adorablement pour s'aimer...

Elle le regarda, puis baissa les yeux...

— C'est une féerie, reprit-elle ; on ne sait par quel chemin descendre.

— Ce chemin, je l'ai cherché longtemps ; d'autres aussi l'ont cherché ; seul je l'ai trouvé.

— En sorte que les indigènes ne sont jamais descendus là, et que vous y êtes à l'abri !

— Complétement. Mes amis seuls savent mon secret et je vais vous le dire.

Le jeune homme, montrant le bord du précipice à la marquise, lui indiqua un chêne-liége six fois centenaire, qui étendait ses rameaux au-dessus du vide.

— Voilà ma porte, dit-il.

L'arbre était creux.

Raoul débarrassa d'une couche de feuilles sèches et de terreau, le fond du tronc, dans lequel il entra ; puis il tira à lui une racine qui semblait s'enfoncer fort avant et qui en réalité était coupée à quelques centimètres.

C'était l'entrée d'un couloir étroit fournissant juste passage à un homme.

— Voilà, dit le chasseur, un passage que je me suis pratiqué patiemment et où, même quand un indigène le trouverait, il n'oserait s'engager, car vous devez voir que c'est le trou le plus noir, le moins attrayant.

— Il me faudra passer par là !

— Oui.

— Raoul, fit la marquise, j'aimerais mieux la porte cochère de mon hôtel ; mais nécessité n'a pas de loi.

— Je descends le premier, dit le jeune homme.

Il se laissa glisser et disparut.

Elle savait bien, la marquise, qu'il n'y avait aucun danger; mais ce terrier était si sombre qu'il lui répugnait d'y descendre; la voix de Raoul l'appela.

Alors elle avança timidement un pied, puis l'autre, et se laissa aller en fermant les yeux.

La pente était si douce qu'elle fut surprise de se trouver au bas sans secousses.

Une main serrant la sienne dans l'obscurité la guida; on fit une vingtaine de pas et le jour parut.

— Où sommes-nous? demanda la jeune femme.

— Dans une des grottes creusées aux flancs du précipice par la rencontre de plusieurs rochers lors du cataclysme qui l'a formé; je n'ai pas eu dix mètres de terrain à creuser pour établir ma communication.

— Mon cher Raoul, je marche de surprise en surprise, et il me semble que je suis en plein fantastique quand je songe qu'il y a à peine quatre fois vingt-quatre heures nous étions à Marseille, ensemble dans cette barque...

— Où je conçus un espoir bien vite envolé.

Elle sourit à cette allusion.

Ce sourire, il ne sut comment l'interpréter.

Ils parvinrent au bord de la grotte.

Là, des parois à pic ne permettaient pas d'aller plus loin; mais Raoul souleva une pierre sous laquelle se trouvait une échelle de cordes.

Il l'assujettit.

— Je descends, dit-il; une fois à cette plate-forme que vous voyez, à dix mètres sous nous, un chemin nous mènera tranquillement à mon gourbi, et nos épreuves seront finies.

Le chasseur mit le pied à l'échelle et gagna rapidement la plate-forme; il y maintint l'échelle.

— Allez, Marie! dit-il.

Elle avait un burnous, Marie de Nunez; mais un burnous, voire un haïque, sont des voiles indiscrets pour cacher certains trésors.

Quand elle fut à terre, Raoul était bien rouge; elle aussi; ils échangèrent un regard embarrassé.

Elle y mit de la malice, elle; son sourire lui revint aux lèvres : ce sourire que Raoul ne savait s'expliquer.

Il retira l'échelle.

— Comment remonterons-nous? demanda la marquise.

— Nous avons un moyen de sortie ; mais il est impraticable à la descente.

— Bien, mon ami. Du reste, sortirons-nous de sitôt?

— Que voulez-vous dire ?

— Rien.

Et elle sourit encore.

Oh! ces femmes qui méditent un projet, comme elles savent le dissimuler, vous inquiétant, vous préparant par des transes, vous jetant au cœur la soif de savoir leur secret!

On descendit.

Sélim grognait en haut des crêtes.

Le pauvre lion ne pouvait s'habituer à l'impossibilité de suivre son maître.

Plus on approchait, plus le paysage devenait charmant, plus le chemin allait s'élargissant.

Il était environ midi; le soleil, tombant d'aplomb, éclairait splendidement la campagne qui rayonnait sous ses baisers de feu ; des milliers d'oiseaux, attirés par l'abondance de la végétation, chantaient sous la ramée; des nuées d'insectes bruissaient sous l'herbe ; il semblait que la nature fût en fête gaiement.

A travers un épais bouquet de lentisques, la marquise crut distinguer une cabane.

Peu à peu la maisonnette se dessina.

C'était un gourbi.

Rien de plus coquet, de plus gracieux, de plus frais que ce nid humain.

Creusé à la base d'un escarpement, à demi caché dans le sol, fait de branchages entrelacés, couvert de palmes aux larges feuilles, laissant circuler l'air et ne protégeant que juste ce qu'il fallait contre l'humidité des nuits et la chaleur des jours, ce gourbi, extérieurement, évoquait les pensées de bonheur calme et agreste qui sont au fond de tout cœur humain.

La marquise, en traversant les jardins, en respirant l'air embaumé, en voyant autour d'elle la terre en liesse, éprouva un vague désir de rester longtemps dans ce coin reculé du monde.

— Si j'étais complétement tranquille au sujet des Arabes, lit-elle à Raoul, je serais ravie.

— Et comment voulez-vous qu'un Arabe vienne nous troubler ici, ma chère Marie?

— S'ils s'apercevaient un jour, en passant dans la forêt, de notre présence dans ce singulier vallon !

— Ils n'y sauraient descendre. Puis j'ai, vous ai-je dit, un moyen de fuir par une seconde issue.

Montrant ensuite à la jeune femme un burnous :

— Ceci nous protége, du reste, dit-il.

— Sommes-nous donc tellement déguisés que des indigènes ne nous reconnaîtraient pas?

— De près, je les tromperais, moi.

— Vous... mais moi?

— Ils ne vous verraient que de loin. Or, ces pauvres Arabes sont très-superstitieux, et il court sur ce vallon des bruits légendaires qui en écartent les plus braves :

« D'abord, la partie du bois qui nous environne est sacrée ; on n'y ramasse même pas les branches mortes; ce coin de la forêt est consacrée à un marabout fameux.

« Ensuite le vallon passe pour être hanté par des djenouns ou démons familiers, qui affectent tantôt la forme humaine, tantôt la forme d'un animal.

— Les indigènes sont naïfs comme nos Bretons, à ce que je vois, dit la jeune femme.

— Dix fois, cent fois plus naïfs.

« Le surnaturel leur inspire une crainte respectueuse, et ils frissonnent à l'idée de venir ici.

« Quelques-uns, des téméraires, se sont égarés timidement de ce côté; les uns ont vu mes gazelles, les autres Sélim, mon lion, d'autres la fumée de mon feu; peut-être en est-il qui m'ont vu moi-même; mais ils se sont sauvés.

« Au village, ils ont raconté que les djenouns leur avaient apparu en troupeaux de gazelles, paissant au fond de l'inaccessible vallée, que dans la peau d'un lion un esprit gardait le ravin ; que le vieux marabout lui-même se promenait dans ses jardins.

« Et tout le village de trembler.

« De temps à autre, j'entretiens la terreur salutaire de ces imbéciles par quelques moyens bien combinés ; ainsi je me suis grimé, avec une barbe blanche comme la neige que je m'étais procurée à la mort d'un de nos plus vieux chasseurs, et l'ayant, je suis allé me promener en plein marché ; Sélim me suivait !

« Toute la population prit la fuite.

« A vingt lieues à la ronde, il ne fut bruit que de l'apparition du fameux marabout Sidi-il-Eliacim !

La marquise rit de l'histoire.

— Mon cher Raoul, fit-elle, vous avez l'air toujours si sérieux que je ne vous imaginais pas capable de pareilles plaisanteries.

— Je suis peu jovial de ma nature, c'est vrai ; mais quand il s'agit de ma sûreté, je ne recule pas devant un bon tour à jouer aux Arabes. En serais-je déchu dans votre esprit ?

— Quelle folle question !

— Tiens ! fit tout à coup Raoul, voici ma gazelle favorite ! Ici, ici, Falouque !

Bondissant à travers les arbres, la gazelle accourut et vint tomber aux pieds du jeune homme.

— C'est le mâle de mon troupeau, dit-il, celui qui conduit la bande ; tenez, toute la famille accourt.

La marquise, en effet, se trouva tout à coup entourée d'une dizaine de femelles, suivies de leurs petits ; tous faisant fête au maître de retour à la maison.

C'était un tableau patriarcal.

— Je vais me figurer, dit la marquise, passer une saison dans un chalet suisse.

— Une saison !

— N'avez-vous pas l'intention de demeurer ici quelque temps, mon cher Raoul ?

— Quelques jours seulement pour organiser notre voyage vers la première ville française.

— Ah ! fit la marquise.

Et son sourire lui revint encore.

Cette fois, Raoul ne put s'empêcher de demander :

— Pourquoi donc avoir cet air railleur ? Vous semblez cacher quelque arrière-pensée.

— Vous vous trompez, mon ami. Je suis contente de me trouver ici après tant de périls encourus.

— Marie, vous me cachez quelque chose !

— Du tout !

— Soit ! Je n'ai pas le droit de vous questionner davantage ; entrons au gourbi.

Il poussa la porte de feuillage et se recula tout à coup ; puis se retournant vers la marquise :

— Ma chère Marie, dit-il, vous allez avoir besoin de courage ; cette fois, je vous préviens !

— Qu'y a-t-il ? Parlez vite !

— Un spectacle affreux nous attend.

— Raoul, ne me tuez pas avec vos réticences.

— Il y a là, dans le gourbi...

— Quoi ! grand Dieu !

— Au fait, regardez.

Elle avança la tête et poussa un grand cri.

Deux cadavres gisaient au fond du gourbi, étendus et enlacés ; c'était celui d'un chasseur et d'une femme.

La mort datait de la veille à peine.

Raoul fit asseoir la marquise hors de la maisonnette et saisissant les deux corps, il les porta devant la porte, les examinant avec attention.

— Pauvre Antonio ! dit-il, en reconnaissant un de ses amis ; je savais bien que sa maladresse lui serait funeste quelque jour.

Et à la marquise :

— Marie, ma chère, je puis vous expliquer ce qui s'est passé ; ceci est un drame d'amant.

Il s'assit près d'elle :

— Petite poltronne, dit-il en lui prenant les deux mains, écoutez cette histoire.

« Le chasseur dont les restes sont là fut un brave ; mais un maladroit.

« Il tirait mal.

« Il y a dix jours, le pauvre garçon a visé une panthère dans la forêt.

— Mais Raoul...

— Mais Marie, je vous vois venir ; comment puis-je savoir, n'est-ce pas ?

Elle fit un signe approbatif.

— Je vous rappellerai que certain chêne a été frappé d'un projectile dans le bois.

— Je m'en souviens.

— Que l'arbre était fortement entamé.

— Vous l'avez remarqué, c'est vrai.

— Eh bien! si la balle a touché l'arbre, elle a manqué l'animal auquel le tireur la destinait; c'est évident, n'est-ce pas?

— Je commence à comprendre.

— Or, la bête était une panthère?

— Pourquoi?

— Voyez les traces de sa griffe sur le corps de ce malheureux garçon!

Et Raoul mit des plaies à nu.

— Cachez-le! s'écria la marquise.

Il laissa retomber le vêtement qu'il avait soulevé et il continua :

— Une jeune femme, celle-ci, suivait partout Antonio; c'était sa compagne fidèle; une brave fille et une fille brave, celle-là, chère Marie.

— Un reproche!

— Ai-je le moindre droit de vous en faire?

— Vous pourriez me souhaiter plus vaillante!

— Si vous étiez ma femme, oui; mais comme nous ne pouvons nous aimer, comme nous ne serons jamais que des amis, comme il y a entre nous la barrière de nos deux orgueils, comme...

— Ah! mon ami, dit la jeune femme en riant, grâce pour le reste; revenons à notre histoire.

Raoul un peu dépité reprit :

— Bref, Antonia, qui sans doute était à la chasse aussi, porta secours à son mari, quand la panthère bondit sur lui, après ce coup de fusil manqué.

— Une héroïne, cette Espagnole!

— Non. Une amante bien éprise, voilà tout.

Il montra le sein de la jeune femme lacéré de larges blessures.

— Elle a dû se jeter à coups de couteau sur la panthère après avoir fait feu de ses pistolets, dit Raoul; il y a eu lutte

…rps à corps. L'animal a dû fuir en lâchant prise ; Antonio … sa femme se sont traînés jusqu'ici ; puis le chasseur est …ort après plusieurs jours de souffrance.

— Et elle ?

— Lui n'étant plus, qu'eût-elle fait ? Elle a pris son cou…au et, quoique pouvant survivre à ses blessures, elle s'est …ée sur le cadavre de son amant.

La marquise se leva.

— Raoul, dit-elle, l'amour vrai est chose sainte ; deux …ands cœurs battaient dans ces poitrines-là ; nous leur de…ons un dernier hommage.

— Et nous allons le leur rendre.

Le jeune homme entra dans le gourbi, fouilla dans une …rte de cave, y prit un outil et se dirigea vers son jardin …us un oranger.

Il y creusa un trou profond.

Pendant ce temps, la marquise priait à genoux profondé…ent émue.

Raoul prit ensuite les cadavres et les coucha dans la tombe …près les avoir enlacés comme ils étaient unis au moment de …agonie d'Antonio.

Au moment où la terre retombait sur ces cadavres, deux …urlements retentirent.

Raoul leva la tête et vit deux lévriers.

— Ce sont les chiens d'Antonio, dit-il.

— Pauvres bêtes ! murmura la jeune femme.

Ils achevèrent leur triste besogne.

— Et maintenant, dit Raoul, quand tout fut fini, qu'ils dor-…ent en paix ! Ils se sont aimés, ils ont passé dix ans en-…emble, ils ont plus vécu que ceux qui arrivent à cent ans …ans avoir connu la passion.

Il prit alors les deux mains de la marquise :

— Vous voilà attristée, fit-il.

— Non, mon ami.

Il fut étonné.

— Je ne suis pas la même au moral qu'au physique, dit-…lle. Un danger matériel m'épouvante ; mais une scène …omme celle-ci ne m'effraye pas. J'ai au cœur beaucoup de …itié pour ces pauvres amoureux ; mais au fond, je jalouse leur …assé.

« Dix ans !
« Une éternité !
— Si vous aviez voulu, Marie...
— Ah oui ! si j'avais voulu... et vous Raoul... si vous aviez voulu aussi...
— Jamais, dit-il, jamais aux conditions que vous m'imposiez ; il n'y a pas d'amour vrai sans la soumission aveugle, absolue de la femme à l'amant.

Puis, comme elle le regardait avec ses grands yeux noirs, et comme il sentait une flamme l'envahir, il se roidit contre toute faiblesse et entra dans le gourbi.

Ah ! comme elle souriait fièrement Marie de Nunez, en le suivant dans la cabane.

Celle-ci était adorablement meublée.

La jeune femme ne s'attendait pas à ce luxe bizarre et champêtre.

Un lit, fait de deux troncs d'arbres supportant une claie, occupait le fond de la salle ; mais ces piliers agrestes étaient sculptés avec un art original et simulaient deux sphinx couchés sur le sol.

Les têtes avaient un caractère si puissant que le talent de l'artiste devait être hors ligne.

— Est-ce vous qui avez fouillé ces troncs d'arbres d'un ciseau si habile ? demanda la jeune femme.

— Oui, dit-il.

— Vous êtes donc cet artiste complet qu'étaient jadis les Michel-Ange et les Léonard de Vinci ? Vous avez donc toutes les aptitudes ! Ah ! mon cher Raoul, quel malheur que mon orgueil me sépare de vous !

Il voulut savoir quel sens avaient ces mots ; il regarda la jeune femme.

Elle était aussi impénétrable que les sphinx qu'elle admirait.

— Quelle couche moelleuse, dit-elle, en tâtant de la main les fourrures épaisses dont la claie était couverte ; c'est un vrai lit d'amoureux.

Raoul ne savait que penser ; il leva la tête et regarda la marquise qui dit :

— Mon ami, cette réflexion vous froisse-t-elle ! Dois-je être bourgeoise, rougir à volonté, afficher des pudeurs ridicules à la moindre allusion ?

— Non! non! dit Raoul en riant; redevenez grande dame et soyez encore cette femme supérieure que j'estime tant à cause de la virilité de son esprit.

— Merci de la permission, mon cher Raoul, fit-elle avec une pointe de raillerie.

Et elle continua à s'extasier sur le gourbi.

Elle foulait aux pieds un tapis fait de peaux de panthères; elle voyait aux murs des panoplies rutilantes de pierreries, garnissant des crosses et des poignées d'armes.

Un coffret élégant taillé en plein cœur de chêne attira son attention.

Elle l'ouvrit.

Il était rempli de parures orientales d'un prix fabuleux, parures de femme!

— C'était le trésor d'Antonia; dit-elle.

— Oui, elle aimait, je le sais, à se parer pour son mari, le soir au retour des chasses.

Raoul jeta un regard autour de lui, vit une caisse poussée sous le lit et l'attira à lui.

— Vous trouverez là, dit-il, vous trouverez j'en suis sûr, les costumes espagnols, orientaux et français; Antonio me disait qu'il avait dix femmes au lieu d'une. Un soir c'était une Mauresque qui se courbait à ses pieds sur un coussin; le lendemain c'était une Parisienne qui sautillait sur ses genoux; aux heures de la sieste, Antonia dansait des boleros andaloux devant lui.

— Une femme protée, comme vous me le disiez une fois, en parlant de votre idéal.

— Oui toutes les femmes en une, le rêve des hommes supérieurs.

La jeune femme ouvrit la caisse et en tira des robes soyeuses, des vestes catalanes, des sedrias arabes qu'elle étala devant elle.

— Tout ceci me semble fort joli, murmura-t-elle; cette jeune femme avait du goût.

« Raoul ?

— Vous désirez ?

— Être seule, mon ami; ce costume masculin me pèse et m'ennuie.

— Je sais, dit-il; je vous laisse à votre toilette et vais m'occuper du dîner.

— Au fait, j'oubliais que je meurs de faim. Dînerons-nous à peu près bien ?

— Je l'espère.

Il s'éloigna.

Il était tout rêveur, pressentant quelque chose d'extraordinaire dans l'attitude bizarre de la jeune femme; toutefois, il s'enquit du repas.

Une heure s'écoula.

Lui, s'impatientant.

Elle...

Enfin elle se montra sur le seuil.

Ce fut une délicieuse apparition.

Elle avait natté ses longs cheveux qui tombaient en deux tresses soyeuses sur ses épaules; sa taille s'emprisonnait dans l'étroit corsage d'une robe de velours un peu courte, mais qui laissait voir un pied charmant.

Pour une toilette improvisée, celle-là laissait bien peu à désirer.

— Suis-je supportable ainsi ? demanda-t-elle à Raoul, qui s'avançait.

— Vous êtes trop séduisante, répondit-il.

Elle lui donna sa main à baiser et elle sentit que les lèvres du jeune homme frémissaient.

Un éclair de triomphe resplendit dans ses yeux.

— Dînons-nous ? demanda-t-elle.

— Quand vous voudrez, tout est prêt.

— Apprenez-moi comment je dois dresser le couvert, mon cher Raoul.

— Voici la table, dit-il.

Il montrait le gazon formant un magnifique tapis vert devant le gourbi.

Quant aux assiettes, reprit-il, voici de larges palmes qui nous en tiendront lieu.

Il allait en cueillir, quand elle lui dit :

— Laissez-moi ce soin. Ceci est dans mon rôle, les soins du ménage me regardent.

Elle s'approcha d'un feu qui flambait cuisant les mets improvisés par Raoul; c'était d'abord un lapin de garenne avec cœurs de palmiers nains hachés.

Puis une perdrix rôtissant à la soubise.

Enfin des patates sous la cendre.

Pour dessert des arbouses, des raisins, des oranges et des fraises.

— Vous m'apprendrez à faire la cuisine, n'est-ce pas, mon cher Raoul? fit la marquise. Il doit vous en coûter de me servir ainsi et de vous occuper de ces soins-là !

— Pour le peu de temps que nous avons à passer ici, dit-il, à quoi bon vous initier aux connaissances culinaires que chacun doit posséder?

— Savons-nous si nous resterons longtemps ensemble dans les bois ?

— Encore sept ou huit jours.

— On ne peut répondre de rien.

— Je réponds, moi, que nous partirons d'ici, demain, pas plus tard.

— Et si j'étais fatiguée?

— Ce serait après-demain.

— Et si j'avais la fantaisie de goûter un peu à cette vie sauvage que vous menez qui commence à me plaire, que diriez-vous ?

— Je vous supplierais, Marie, de renoncer à votre caprice que je trouverais dangereux.

— Et si le danger m'attirait.

— Il ne s'agit pas du vôtre.

— Je comprends, une femme à protéger, vous expose à être pris par vos ennemis. J'étais égoïste et sotte; pardonnez-moi, Raoul.

Il la fixa, puis soudain la prit dans ses bras et s'enfuit avec elle au fond du gourbi.

Là, se mettant à ses genoux :

— Ma chère Marie, dit-il, de grâce, ne jouez pas avec moi un jeu cruel.

— Voilà un reproche immérité ! s'écria-t-elle; que vous ai-je donc fait ?

— Vous me rendez fou !

— Moi !

— Oui, fou d'amour et de colère. Vous me savez épris, vous me savez déterminé à ne pas manquer à cette dignité d'homme qui m'est chère, parce que sans elle je sais ce qu'il advient des amours ; vous savez enfin que je lutte avec héroïsme pour ne pas tomber à vos pieds et vous dire : voilà un esclave : prends-le ! Vous savez tout cela, et vous êtes coquette, vous vous rendez irrésistible ! Epargnez-moi; aussi bien j'en appelle à votre générosité; la victoire vous serait trop facile.

Puis, se relevant et s'asseyant près d'elle :

— Allons, Marie, dit-il ; plus de tentatives pour me courber sous votre joug. Je céderais, soit, vous me domineriez, soit ; puis un jour ou l'autre vous vous lasseriez d'un pantin sans volonté, ou je me lasserais de mon rôle humiliant et tout se terminerait par une catastrophe.

Il attendait une réponse.

— Dînons ! dit-elle.

Elle se leva et sortit.

Lui, soucieux, la suivit.

— Allons, sultan, lui dit-elle en riant, assieds-toi, ton humble esclave va te servir.

— Raillez, raillez, dit Raoul, mais je souffre.

— Pauvre garçon !

Et riant aux éclats, elle apporta le dîner et s'assit en face de lui.

Ils mangèrent en silence ; elle, le regardant à la dérobée, lui, sombre et ne levant pas la tête; cette situation lui pesait lourdement.

— J'ai bien soif, mon cher Raoul, dit-elle; dans quoi allons-nous puiser de l'eau ?

— Attendez ! j'ai du vin ! dit-il. Du moins je dois en avoir.

Il alla fouiller dans un coin du gourbi et revint avec une gourde.

— Voilà, quand elle est pleine, la provision de huit jours, dit-il.

— Où la renouvelez-vous ?

— Au fort français le plus proche.

— Et les coupes ?

— N'avons-nous pas ces feuilles de lavecelles qui nous en tiendront lieu.

Il lui montra à rouler une de ces feuilles en cornet, et versa.

— A votre santé, Raoul ! dit-elle.

— Merci ! fit-il brusquement.

— Boudeur ! répliqua-t-elle. Je n'ai mis aucune méchanceté à ce que j'ai fait ; cessez de m'en vouloir ; voyons, faisons la paix.

Il trinqua de mauvaise grâce.

— Mon cher, lui dit-elle, vous êtes un mauvais convive ; vous avez le caractère le plus détestable qu'on puisse voir. Notre repas aurait pu me sembler charmant ; un sourire de vous en face de moi, avec un sourire du soleil qui est là haut et qui ne boude pas, lui ; un peu de gaieté et d'amabilité chez mon hôte, quand il y a tant d'invitations muettes à la joie autour de nous, cela m'eût rendu bien heureuse.

— Vous avez raison, dit-il ; tenez, me voilà redevenu maître de moi.

— A la bonne heure ! fit-elle. Maintenant donnez-moi votre bras et visitons ce domaine.

Il s'exécuta de très-bonne grâce.

Le vallon ou l'entonnoir, comme on voudra appeler ce singulier site, si petit en apparence vu de haut, était très-vaste ; pendant une heure, ils le parcoururent en tous sens.

Au bout d'une heure, la marquise eut une idée d'enfant ; elle voulut grimper sur une roche à la pointe de laquelle pendait une fleur.

— Mais cette fleur je vais vous la donner, dit Raoul ; tenez.

— Non, je désire la prendre moi-même, interrompit-elle avec mutinerie.

— Vous êtes trop petite !

— N'avez-vous pas vos grands bras pour me porter, monsieur le tyran ?

Il la saisit par la taille et l'enleva ; elle cueillit la fleur.

— Je l'ai, dit-elle.

Raoul la redescendit.

— Comme vous êtes pâle ! fit-elle.

— Est-ce donc étonnant que je sois ainsi ému, troublé, affolé. Je vous étreins de mes dix doigts, je sens mon cœur battre à se rompre ; je...

16.

« Il faut en finir.

— Grand enfant, lui dit-elle tout à coup en lui jetant la fleur au visage, finissons-en puisque tu le veux.

Et elle se sauva vers le gourbi.

Mais il l'atteignit bien vite.

Se sentant sur le point d'être prise, elle se retourna vivement et se jeta à son cou et cacha sur son épaule sa tête allanguie.

Il l'emporta.

— Tu ne comprenais donc pas, lui dit-elle, que depuis le moment où je t'avais revu, j'étais décidée à te faire tous les sacrifices que tu exigerais.

— J'espérais... dit-il.

— Aurais-tu résisté longtemps encore ? demanda-t-elle.

— Je me sentais vaincu. Et je te sais gré d'avoir épargné une défaite à mon orgueil. Jamais je ne me serais pardonné cette faiblesse.

— Et tu aurais eu raison. Vois-tu, le soir où tu m'as fui, je t'ai admiré plus que je ne saurais dire. Le jour où nous nous sommes retrouvés, j'étais à toi ; depuis j'ai compris de combien l'homme dépasse la femme en intelligence, et pourquoi il doit régner sur elle ; mais en revanche, que nous vous sommes supérieures par le cœur !

— Tu me l'as bien prouvé, dit-il, en tombant à ses genoux.

Et de longtemps ils ne parlèrent...

En ce moment un homme parut au sommet des crêtes ; il portait un costume indigène.

— Pardieu ! murmura-t-il en espagnol, ils sont là, j'en suis sûr et j'en aurai le cœur net.

Il entendit du bruit dans les feuilles.

Sélim accourait ; mais il était encore assez éloigné pour que l'homme pût fuir sans être vu par le lion.

XXXIII

Le piége.

Beaucoup d'Espagnols, repris de justice, bandits, forçats des présides, viennent se réfugier au Kiss parmi les tribus farouches qui les accueillent avec joie, lorsqu'ils consentent à devenir musulmans.

Au village que Raoul avait incendié, se trouvait un de ces renégats.

Cet homme n'avait aucun préjugé, lui ; il ne se laissait pas influencer, comme les indigènes, par la réputation des chasseurs; il ne croyait pas aux revenants ; il se doutait que le vieux marabout du ravin mystérieux était tout simplement quelque coureur de bois.

Furieux d'avoir eu sa maison brûlée, désireux de conquérir au douar une grande renommée, ayant soif de vengeance, il se décida à pénétrer le secret du ravin.

Il venait de le deviner.

Courant aussitôt à travers bois, il gagna le douar et, montant sur le minaret de la mosquée, il cria : Aux armes! d'une voix stridente.

En un clin d'œil, la tribu entière se précipita sur la place de la mosquée,

Toutes les têtes étonnées, stupéfaites, effarées, se tournaient vers le renégat.

Celui-ci, avec une ardente éloquence, échauffa tous les courages.

Il prouva que le vieux revenant n'était autre que le *Coupeur de têtes*; il expliqua le prodige de son apparition lorsqu'il s'était montré suivi d'un lion, et il entraîna tous les guerriers du douar à sa suite vers le ravin.

Une rage froide s'était emparée des Marocains, ils marchaient sombres et déterminés.

Ils s'attendaient à livrer bataille à ce lion apprivoisé qui gardait les abords du refuge ; et ils savaient par expérience, que, si nombreux qu'on pût être, c'était là une chasse dangereuse.

D'autre part le Coupeur de têtes, ce terrible ennemi, se défendrait à outrance ; mais chacun comptait les forces du douar.

Cinquante cavaliers !

Trois cents fantassins !

Une véritable armée !

Aussi les courages s'affermissaient-ils.

Cependant, en arrivant près de la forêt, les cavaliers d'avant-garde montrèrent de l'hésitation.

A chaque instant le lion, débusquant de quelque fourré, pouvait s'élancer.

Puis, le fusil du Coupeur de têtes était peut-être braqué sur quelque poitrine ; et l'on savait que le coup parti, un homme était mort ; que, rapide et prompt, le tireur disparaissait et restait introuvable jusqu'au moment où un nouveau projectile venait jeter un homme par terre.

Puis, le bois sacré inspirait par lui-même une superstitieuse terreur.

Mais le renégat espagnol donna l'exemple de l'audace ; il flagella les guerriers de quelques mots méprisants et entra dans la forêt.

On le suivit.

Qui eût vu les Marocains, pâles sur leurs coursiers, baissant la tête quand les branches frémissaient sous la brise, qui les eût vus, se fût fait la plus grande idée de l'ennemi qu'ils allaient combattre.

Ils avaient peur.

Néanmoins, ils arrivèrent au vallon sans encombre ; ni le Coupeur de têtes, ni le grand lion roux, ni les souloughis d'Antonio ne parurent.

Les plus braves s'avancèrent sur le bord du précipice ; et, tremblants, mais curieux, regardèrent la vallée anxieusement.

Rien !

Rien ne parut.

L'Espagnol, hardi, téméraire même, proposa de descendre dans l'asile des coureurs de bois ; il y eut un frémissement dans la troupe.

Descendre par où ?

L'abîme était béant.

Puis qu'adviendrait-il des premiers qui parviendraient en bas des rampes escarpées ?

Mais le renégat était poussé par une force plus grande encore que le désir de la vengeance : l'espoir !

Il avait vu, au milieu des fleurs, une forme féminine adorable ; il était nouveau dans le douar, on lui avait donné pour épouse une négresse laide et déguenillée ; il voulait mieux.

Il voulait cette admirable créature, qu'il avait contemplée du haut des rocs et dont le suave profil, la taille svelte, les contours charmants se dessinaient à son regard enchanté sous les palmiers de la vallée.

Il était hors de l'Europe, hors des Espagnes, sans espoir de retour.

Il se voyait réduit aux bestiales amours du harem ; il avait chance de s'emparer d'une Européenne et il saisissait cette occasion avec ardeur.

— Si la tribu, dit-il, veut m'assurer la possession de celle qui accompagne le Coupeur de têtes, je descendrai le premier.

— Va, c'est juré ! s'écrièrent les guerriers.

— Dénouez les ceintures ! ordonna l'Espagnol.

Chacun déroula l'écharpe dont il était ceint ; et les cordes en poil de chameau, dont les haïques étaient entourés, furent défaites ; le douar fabriqua un immense câble, capable d'atteindre le fond de la vallée, et l'Espagnol s'attacha à l'une des extrémités de cette corde par laquelle on le descendit le long des pentes.

Il avait le poignard aux dents, le fusil aux mains, et cent canons de moukalas (espingoles) dépassant les crêtes, étaient prêts à tirer.

Mais le Coupeur de têtes ne se montra pas ; un silence profond régnait dans le vallon.

La corde avait été attachée à un arbre ; et le renégat, la tendant du bas, fit un appel aux plus braves ; un, deux, dix, cent indigènes se laissèrent bientôt glisser les uns après les autres et envahirent la vallée.

Un soupçon s'était élevé.

« Ils sont partis ! » pensaient les Marocains.

L'on fouilla l'asile et l'on ne trouva nulle trace des fugitifs dans la vallée.

— Ils ont fui, dit le renégat.

« Le Coupeur de têtes a débarqué de son canot avec cette femme ; ils a cherché un moment de repos dans cette retraite et maintenant ils sont en marche vers Nemours ou Zebdou sur la frontière française. »

Et c'était vrai, Raoul avait quitté le ravin la veille.

Pleins de cette conviction, les Arabes remontèrent en toute hâte.

Habiles limiers, ils trouvèrent facilement les pas de Sélim, des deux lévriers de Raoul et de Marie ; ils les suivirent rapidement.

L'Espagnol en tête menait la meute ; il dirigeait la chasse avec une rare adresse.

Lorsqu'après deux heures de poursuites, il vit que les traces devenaient plus fraîches, il arrêta ses cavaliers d'un geste et leur dit :

— Ils sont à pied.

« Nous les avons presque rejoints.

— C'est vrai ! fit un cavalier.

— Il faut maintenant se montrer très-prudent. Nous allons tâcher de découvrir le lieu où ils pensent faire halte, où ils sont arrêtés peut-être déjà ; puis nous les cernerons en silence et nous attendrons que nos camarades, qui sont à pied, nous aient rejoints.

Le plan fut approuvé.

Le renégat mit pied à terre et trois guerriers seulement l'accompagnèrent.

Ils rampèrent sous les buissons dont la plaine où il se trouvait était couverte.

La nuit commençait à tomber.

Le soir prêtait aux indigènes ses voiles d'ombre pour cacher leur marche.

Ils gagnèrent, toujours sur la piste, les abords d'une montagne qui fermait l'horizon.

Glissant sur le sol, ils parvinrent à cent pas d'une grotte et s'arrêtèrent.

Un sourd rugissement avait retenti.

Dans la direction du son, ils aperçurent la masse énorme du lion Sélim qui, le muffle à terre, les pattes étendues, s'étirait paresseusement, humant l'air frais et les senteurs de la solitude qui s'épandait partout.

— Ils sont là ! se dirent les Arabes.

Et retournant vers les cavaliers, ils les prévinrent du succès de leurs recherches.

Une partie des guerriers tourna le point où le lion avait été vu.

L'autre s'approcha de face à cinq cents mètres environ et se dissimula sous les arbres.

Des émissaires furent envoyés aux gens de pied pour les engager à se hâter.

Vers onze heures du soir, tout le douar était rassemblé et les fugitifs étaient enveloppés.

L'attaque fut fixée au lever du soleil !

Il était impossible que le Coupeur de têtes pût échapper au piége qu'on lui tendait.

Des cavaliers nombreux occupaient tous les passages praticables.

Il n'avait pas de monture.

Quant à lutter contre deux cents hommes, il n'y fallait point songer.

S'il n'avait pas eu une femme à protéger, peut-être eût-il eu quelques faibles chances de salut; mais avec Marie, toute espérance était vaine.

Il n'avait qu'à mourir et à se faire un de ces trépas glorieux, qui mettent au front d'un cadavre une immortelle auréole...

Les Marocains, résolus à vaincre, passèrent la nuit à tenir conseil.

Pendant de longues heures, ils étudièrent la position avec une patience extrême, étudiant les moyens de salut de leur adversaire et prenant les précautions les plus minutieuses.

Aussi, quand le jour parut, se sentaient-ils sûrs du succès; pas un sentier n'avait été oublié; de toutes parts un cercle infranchissable enveloppait le coureur de bois.

Et les Marocains étaient décidés aux plus sanglants sacrifices; griffes du lion, balles de l'homme, ils avaient résolu de tout braver.

FIN DE LA PREMIÈRE SÉRIE.

cceaux. — Typographie de E. Dépée.

COLLECTION A 1 FRANC LE VOLUME.

PAUL DUPLESSIS.
vol.
- Les Peaux-Rouges.... 1
- Juanito le harpiste.... 1
- Une Fortune à faire... 1
- Le Batteur d'Estrade.... 2
- Les Mormons..... 2
- Etapes d'un volontaire.. 4
- L'illustre Polinario... 1
- Un Monde inconnu... 1
- Aventures mexicaines.. 1
- Grands-Jours d'Auvergne. 4
- La Sonora......... 2
- Les Boucaniers..... 4

A. DE GONDRECOURT.
- Le Légataire....... 1
- Chevalier de Pampelonne. 2
- Le Baron La Gazette... 2
- Les Péchés mignons... 2
- Un ami diabolique.... 1
- Le bout de l'Oreille... 3
- Le dernier des Kerven.. 2
- Médine........... 2

PUBLIÉS PAR ALEXANDRE DUMAS.
- La Princesse de Monaco. 2
- Mémoires d'un Policeman. 1

JULES BOULABERT.
- La Femme bandit..... 4
- Le Fils du Supplicié... 2
- Catacombes s. la Terreur. 2
- La fille du pilote..... 3

HENRI DE KOCK.
- Amoureux de Pierrefonds. 1
- L'Auberge des 13 pendus. 2
- L'amant de Lucette.... 1
- La Tigresse......... 1
- Les Mystères du Village. 2
- La Dame aux émeraudes. 1
- Brin-d'Amour....... 1
- Les Femmes honnêtes.. 1
- La Tribu des Gêneurs.. 1
- Minette............ 1

ALEX. DUMAS FILS.
- Sophie Printemps..... 1
- Tristan le Roux...... 1

ÉLIE BERTHET.
- Le Garde-Chasse..... 1
- Le Château de Montbrun. 1
- Les Mystères de la famille. 1
- Une Maison de Paris... 1
- Le roi des Ménétriers... 1
- Antonia............ 1
- L'Etang de Précigny... 1
- Le Nid de Cigogne.... 1

MARQUIS DE FOUDRAS.
vol.
- Madame Hallali..... 1
- Lord Algernon....... 2
- Caprice de Grande Dame. 3
- Soudards et Lovelaces... 1
- Capitaine de Beauvoisis. 2
- Gentilshommes Chasseurs. 1
- Jacques de Brancion... 2
- La comtesse Alvinzi... 1
- Madame de Miremont... 1

ALEX. DE LAVERGNE.
- La duchesse de Mazarin.. 1
- La Pension bourgeoise.. 1
- Recherche de l'Inconnue. 1
- Le comte de Mansfeld... 1

XAVIER DE MONTÉPIN.
- La Perle du Palais-Royal. 1
- La Fille du maître d'école. 1
- Compère Leroux..... 1
- Les Valets de Cœur... 1
- Sœur Suzanne....... 2
- L'Officier de fortune... 2
- Un Brelan de Dames... 1
- La Sirène.......... 1
- Viveurs d'autrefois.... 1
- Les Amours d'un Fou... 1
- Geneviève Galliot..... 1
- Chevaliers du Lansquenet. 4
- Pivoine............ 1
- Mignonne.......... 1
- Les Viveurs de Paris... 4
- La comtesse Marie.... 2
- Les Viveurs de Province.. 3

ERNEST CAPENDU.
- Le Pré Catelan...... 1
- Mademoiselle la Ruine.. 2
- Les Mystificateurs..... 1
- Les Colonnes d'Hercule.. 1
- Le Chasseur de Panthères. 1

ADRIEN ROBERT.
- Jean qui pleure et Jean qui rit........... 1
- Les Diables roses..... 1
- Léandres et Isabelles... 1

MADAME V. ANCELOT.
- Laure............. 1
- Le Nœud de ruban.... 1
- Gabrielle.......... 1
- Georgine........... 1

CHARLES DESLYS.
- Le Mesnil-au-Bois.... 1
- La Jarretière rose..... 1
- Le Canal Saint-Martin.. 2
- Simples Récits....... 1
- L'Aveugle de Bagnolet.. 1

VICTOR PERCEVAL.
vol.
- Un Amour de Czar.... 1
- La plus Laide des Sept. 1
- Béatrix............ 1
- Un excentrique...... 1

CHARDALL.
- Les vautours de Paris.. 2

G. DE LA LANDELLE
- Les Iles de Glace..... 2
- Les Femmes à bord... 1
- Contes d'un Marin.... 1

DIVERS.
- La reine des Lieuvres, par Jean Bruno....... 1
- Est-il fou? par De Peyremale............ 1
- Le Comte de Soissons, par Alexis Muénier..... 1
- Ces Messieurs et ces Dames, par Jules de Rieux... 1
- Mémoires de Roquelaure. 4
- La jolie fille du Marais, par Louis de Montchamp... 1
- La Bergère d'Ivry, par Octave Féré........ 2
- La Louve, par Paul Féval 2
- Le Médecin des Femmes, par Jules Rouquette et Eugène Moret............. 2
- Le chien de Jean de Nivelle, par Fabre d'Olivet 1
- Mémoires d'une Lorette, par Maximilien Perrin. 1
- Les gens de notre âge, par Victor Thierry...... 1
- Les Orages de la vie, par Charles Maquet..... 1
- Les Amours de d'Artagnan, par Albert Blanquet. 2
- La Succession Lecamus, par Champfleury.... 1
- Chasses et Pêches de l'autre monde, par Bénédict Révoil............ 1
- Rachel, par Léon Beauvallet............ 1
- Les Inutiles, par Angelo de Sorr............. 1
- Six mois à Eupatoria, par Léon Palin........ 1
- Une Histoire de soldat, par Louise Colet..... 1
- Les Secrets du hasard, par Louis Beaufils..... 1
- Souvenirs d'une Actrice 1

www.ingramcontent.com/pod-product-compliance
Lightning Source LLC
Chambersburg PA
CBHW070745170426
43200CB00007B/652